CHRISTIAN MEYER

Ein Kurs in wahrem Loslassen

arkana

Christian Meyer

Ein Kurs in wahrem Loslassen

Durch das Tor des Fühlens zu innerer Freiheit

arkana

Karen Horney gewidmet

Die deutsch-amerikanische Psychoanalytikerin wollte die Wissenschaft des Wachstums allen Menschen zur Verfügung stellen und war ihrer Zeit in vielem weit voraus. Sie hatte einen gewaltigen Einfluss auf die Entwicklung der Psychotherapie – sie inspirierte Fritz Perls und die Gestalttherapie, Claudio Naranjo und die Enneagramm-Arbeit, Abraham Maslow und die Transpersonale Psychologie, Erich Fromm und seine Verbindung von Psychoanalyse und Zen-Buddhismus. Ihre psychologischen Einsichten inspirierten auch dieses Buch.

Hinweis

Weitere Informationen zu wichtigen Personen, Methoden und Begriffen sind im Glossar auf den Seiten 350–351 zu finden.

DANK

Ich danke allen, deren innere Reise auf dem Weg zu Lebendigkeit und Freiheit ich begleiten durfte und darf; durch sie habe ich immer weiter gelernt. Ich danke meinen Lehrerinnen und Lehrern, von denen ich so vieles lernen konnte und die mir das Wichtigste bereits mitgegeben und geschenkt haben. In allererster Linie danke ich Eli Jaxon-Bear, der das westliche psychologische Wissen verbunden hat mit der Weisheit verschiedener spiritueller Wege auf der Suche nach vollständiger Freiheit. Weiter danke ich dem Gestalttherapeuten Leland Johnson, der mir in intensiver und lebendiger Weise die Weisheit der Humanistischen Psychologie nahebrachte; er hat den Körper in das Persönlichkeitswachstum einbezogen, mit seiner Gestalt-Körpertherapie eine eigene Richtung menschlichen Wachstums entwickelt und zugleich die spirituelle Dimension verkörpert und integriert.

Von den vielen, die mich bei der Abfassung dieses Buches unterstützt haben, möchte ich vor allem Nici Rutrecht danken, die das ganze Manuskript sorgfältig und kritisch las und zahlreiche Hinweise und Anregungen gab. Für kritische und anregende Diskussionen des Manuskriptes und wichtiger Einzelaspekte danke ich vor allem Angelika Winklhofer, Corinna Vallant, Julia Kahrass und Corinna Schönebeck. Ich danke ebenfalls dem Verlag, der das Buch so wohlwollend und verständig begleitete, und Felicitas Holdau, die es so intelligent redigiert hat.

Sie alle und noch viele andere haben dazu beigetragen, dass der Prozess und die Struktur des Wachstums wie auch der tieferen befreienden Transformationen immer klarer, immer deutlicher und in der Praxis immer wirkungsvoller werden.

✴ INHALT ✴

✳ EINFÜHRUNG ✳

LOSLASSEN, UM ZU WACHSEN

Leben ist Wachstum. Es geschieht von allein. Auch das Wachstum eines Tomatenstrauches kann ich nicht dadurch fördern, dass ich ihn jeden Tag kräftig nach oben ziehe. Aber bestimmte Bedingungen erleichtern Wachstum; für die Tomate sind das Sonne, Wasser und fruchtbarer Boden. Das gilt auch für uns Menschen: Wachstum geschieht von allein, aber es kann behindert und blockiert oder durch gute Bedingungen gefördert werden. Inneres Wachstum ist das Anliegen dieses Buches.

Das Buch handelt von dem Ballast, den jeder mit sich herumträgt, von innerem Druck und innerer Hetze, von Gelassenheit und innerer Freiheit, von Langeweile und Kreativität – und vor allem handelt es von einem authentischen Leben und von dem, was dafür nötig ist oder einem dazu verhelfen kann.

Das Buch handelt zugleich von der Liebe. Es handelt von der Liebe, die nichts will und nichts braucht und die oft die bedingungslose Liebe genannt wird. Es handelt vor allem von der Liebe zu dir selbst. Diese Liebe zu dir selbst darf wachsen, von allen Gefühlen ist sie die größte Kraft – und sie ist viel mehr als ein Gefühl. Wenn die Liebe zu dir wächst, wird alles andere leichter, ja manchmal erst möglich. Sie führt zu einem freien Leben, sodass du im Einklang mit dir selbst und mit den anderen sein kannst. Die Liebe zu dir selbst ist der Weg zum Glücklichwerden.

Ich schreibe über den Unterschied von einem »Loslassen«, das einfach vergessen will, dabei aber alles nur ins Unbewusste, in den Untergrund verdrängt, und einem wahren Loslassen, das zur Freiheit führt. Das wahre Loslassen macht leichter und freier und gleichzeitig erfüllter.

Dabei stehen das Fühlen und der Umgang mit dem Fühlen im Mittelpunkt. Wer seinen Gefühlen mehr Raum gibt – der Freude und dem Schmerz, der Lust und der Angst, der Wut und der Heiterkeit und vielen mehr –, gewinnt einen großen Teil seiner inneren Ressourcen zurück, die bisher brachlagen. Sogar noch mehr: Wenn Gefühle nicht wahrgenommen, gefühlt und gelöst werden, verliert man einen großen Teil seiner Lebendigkeit und seines Potenzials. Das Fühlen macht einen Großteil des Reichtums dieses Lebens aus. Das Leben wird dadurch nicht nur lebendiger, sondern das Fühlen öffnet auch das Tor zur Freiheit.

Jahrzehntelang habe ich Menschen auf ihrem Weg der Veränderung begleitet und dabei erforscht, wie menschliches Wachstum geschieht. Die »7 Schritte des Loslassens« sind das Ergebnis. All diesen Menschen danke ich, denn sie haben an der Entstehung dieses Buches mitgewirkt. Es gibt in der ganzen Welt zahlreiche Wege zu Veränderung und Wachstum, und ich hatte das Glück, sehr viele dieser Wege zu erlernen. Ich habe entdeckt, dass alle Wege etwas Gutes haben, und habe mich gefragt, was das Gemeinsame dieser Wege ist. Was ist das Wesentliche, das dem Einzelnen wirklich weiterhilft, sich zu verstehen und zu wachsen? Als Antwort sind diese »7 Schritte des Loslassens« entstanden. Viele kennen sie als die »7 Schritte zum Aufwachen«; mit dem jetzt vorliegenden Buch sind diese sieben Schritte viel konkreter geworden und mit zahlreichen, bisher unveröffentlichten und neuen Übungen versehen, sodass sie noch wirkungsvoller dabei helfen, das menschliche und persönliche Potenzial zu entfalten.

Die wirkungsvollen Wege der Psychologie und Psychotherapie, Verhalten zu verstehen und zu verändern, helfen nicht nur, psychische Probleme zu lösen, sondern sie sind für jeden wertvoll und nützlich, um innerlich zu wachsen und die Persönlichkeit zu entwickeln. Dieser Gedanke wurde erstmals in den 1940er-Jahren von der Psychoanalytikerin Karen Horney geäußert und dann von vielen aufgegriffen. Er hat nicht an Aktualität verloren und kann daher auch heutzutage als Motto für dieses Buch gelten.

Ein Übungs- und Erfahrungsweg

Es ist ein praktisches Buch, mit dem man arbeiten kann, ein Kurs mit vielen Übungen, die sich gut allein zu Hause, im Park oder im Kaffeehaus machen lassen. Manchmal ist es noch besser, sie mit einem guten Freund oder einer guten Freundin durchzuführen. Natürlich kann man dies über längere Zeit in Form einer regelmäßigen Partnerarbeit machen. In vielen Städten gibt es bereits Bewusstheitsgruppen, in denen sich Menschen treffen, um sich gegenseitig bei diesen Übungen zu unterstützen (Seite 348).

Man kann mit dem Buch unterschiedlich umgehen. Vielleicht möchte man es erst einmal als Ganzes lesen, ohne schon eine Übung zu machen, und es auf sich wirken lassen und sehen, was das Buch mit einem macht. Vielleicht hat man danach Lust, die eine oder andere Übung auszuprobieren und vielleicht dann auch mehrere. Man kann sich die Übungen auch gleich parallel zum Lesen Schritt für Schritt erarbeiten und ein Tagebuch dazu anlegen. Man kann die Übungen der Reihe nach durchgehen oder sich die herausgreifen, die einen besonders ansprechen.

In vielen Städten in Deutschland, Österreich, der Schweiz und auf Mallorca gibt es Bewusstheitsgruppen, die von kompetenten, bei mir ausgebildeten Trainern geleitet werden. Dort kann man Unterstützung beim Üben bekommen oder über ein bestimmtes Thema oder Problem, das auftaucht, sprechen und damit arbeiten. Hinweise gibt es am Ende des Buches.

Es gibt vier verschiedene Übungsarten

SCHRIFTLICHE ÜBUNG

Wenn dieses Symbol auftaucht, handelt es sich um eine Übung, bei der man sich mit einem »Arbeitsbuch« und einem Stift an einen ruhigen Ort zurückzieht; das kann zu Hause sein, draußen auf der Parkbank (verbunden mit einem Spaziergang) oder in einem Kaffeehaus, in dem man sich wohlfühlt. Bei der Übung geht es dann oft darum, über eine bestimmte Frage nachzudenken oder zu »meditieren» und die jeweiligen Einfälle, Entdeckungen und Gefühle aufzuschreiben. Manchmal ist es eine sehr offene, manchmal eine strukturiertere Frage.
Die Übungen dienen nicht »nur« der Selbsterkenntnis, sondern sind zugleich ein Teil der inneren Veränderung.

KÖRPERÜBUNG

Wenn dieses Symbol auftaucht, handelt es sich um eine Körperübung. Bei jeder Körperübung ist genau angegeben, was zu tun und worauf zu achten ist. Manche Körperübungen sollten anfangs einige Male zu zweit gemacht werden, damit man sich gegenseitig unterstützen kann.

MENTALE ÜBUNG

Wenn dieses Symbol auftaucht, handelt es sich um eine Übung, bei der man sich ebenfalls an einen ruhigen Ort zurückzieht; das kann wieder zu Hause sein, draußen auf der Parkbank (verbunden mit einem Spaziergang) oder in einem Kaffeehaus, in dem man sich wohlfühlt.

Bei der Übung geht es dann oft darum, über eine bestimmte Frage nachzudenken oder zu »meditieren». Manchmal ist es eine sehr offene, manchmal eine strukturiertere Frage.

Dabei geht es dann auch darum, die Gefühle zu entdecken, die mit den auftauchenden Antworten, Bildern und Erinnerungen zusammenhängen.

Manchmal kann es auch eine Übung sein, in der man mit geschlossenen Augen bestimmte Aufgaben erledigt, um neue Lösungen zu finden.

Diese Übungen dienen ebenfalls nicht »nur« der Selbsterkenntnis, sondern sie sind zugleich ein Teil der inneren Veränderung.

PARTNERÜBUNG

Wenn dieses Symbol auftaucht, handelt es sich um eine Übung, die man gut zu zweit machen kann; alternativ kann sie aber auch allein gemacht werden.

Ein Weg zu tieferem Sein und Glück

Aus eigener Erfahrung und aus der Erfahrung mit hunderten Teilnehmerinnen und Teilnehmern meiner Seminare und Retreats weiß ich: Über die alltägliche Gedankenwelt, die Bilder und Fantasien, die Gefühle und Körperempfindungen hinaus gibt es ein tieferes, ein erfüllendes Sein. Seit vielen Tausend Jahren sind die Menschen auf der Suche nach diesem tieferen Sein, und seit ebenso langer Zeit gibt es Menschen, die in diese tiefere Realität hineingefunden haben. Aus diesem tieferen Sein heraus lebten Buddha, Sokrates, Laotse, Jesus, Meister Eckhart und Johannes Tauler, Ramana Maharshi, Krishnamurti, Martin Luther King oder auch der UNO-Generalsekretär Dag Hammarskjöld in den 50er-Jahren. Rumi hat davon erzählt und Rainer Maria Rilke. Auch die Psychoanalytikerin Karen Horney sowie Erich Fromm, Fritz Perls und viele weitere Psychotherapeut(inn)en und Psycholog(inn)en waren auf der Suche nach dieser Selbstverwirklichung, die über das hinausgeht, was normalerweise unter Persönlichkeitswachstum verstanden wird. Die Psychologie hat in den letzten 100 Jahren so viel Wertvolles und Brauchbares entdeckt und erforscht! Gleichzeitig können wir uns vorurteilsfreier den alten und neuen spirituellen Wegen zuwenden und entdecken, was uns wirklich helfen kann, das Leben reicher, lebendiger und auch tiefer werden zu lassen.

Wenn man das Wertvollste der Psychologie und der spirituellen Wege miteinander verbindet – das ist seit 20 Jahren mein wichtigstes Anliegen – kann man viele praktische Methoden und Übungen entdecken und entwickeln, die helfen, lebendig zu werden und mit sich in Einklang zu kommen.

Wenn man dann noch weiter gehen will, kann man in der eigenen inneren Tiefe ein tieferes Sein, eine vollständigere Freiheit und wirkliche Gelassenheit finden. Für beides – für die Lebendigkeit und den inneren Einklang einerseits und die Entdeckung der tieferen Wirklichkeit andererseits – gibt es nichts, was wichtiger wäre als das Loslassen.

Dieses Buch ist eine Einladung nicht nur zum Lesen, sondern auch zum Erfahren, zum Erforschen und Entdecken. »Erkenne dich selbst!«: Das war der wichtigste Rat, den uns schon griechische Philosophen wie Platon und Sokrates gegeben haben.

Es entsteht ein Weg der Selbsterkenntnis und der inneren Erfahrung. Dieser Weg hat ein entscheidendes Charakteristikum: Es ist ein Weg zu Authentizität und Lebendigkeit, es ist ein Weg, der mitten hineinführt in das Leben und dann weiter und darüber hinaus zur Entdeckung eines tiefen inneren Glücks und einer tiefen Gelassenheit, eines tiefen Friedens – ein Weg zu dem, was immer schon Ziel der menschlichen Sehnsucht war.

Das vorliegende Buch will alle auf diese Reise einladen. Es ist ein Buch für den Kopf und das Herz. Es ist ein Buch fürs Verstehen und Verändern. Es ist ein Buch für dich selbst.

Ich möchte nicht, dass du das Buch liest und aus den Händen legst mit der wehmütigen Frage: »Das sind so viele kluge und schöne Gedanken, aber wie komme ich bloß selbst zu dieser Gelassenheit, zu der inneren Mitte und zu den tieferen Erfahrungen?« Ich wünsche mir vielmehr, dass du das Buch aus der Hand legst und ein anderer Mensch geworden bist. Eigentlich gar nicht ein anderer, sondern genau der Mensch, der du bist, der bisher nur noch nicht so sichtbar war, sich nicht ganz zeigen konnte.

✳ SCHRITT 1 ✳

WAS ICH WIRKLICH WILL UND WAS ICH LOSLASSEN KANN

✳

Glücklich sein

Der Mensch möchte glücklich sein, aber er weiß viel zu wenig darüber, was das eigentlich bedeutet, und er weiß noch weniger, wie Glück erreichbar ist.

Er sehnt sich nach einem erfüllten Leben. Oftmals merkt er aber irgendwann, dass es ihm nicht wirklich Erfüllung bringt, wenn er sich alles kaufen und überall auf der Welt Urlaub machen kann; dass es nicht in erster Linie die äußeren Objekte sind, die ihn glücklich machen.

Glücklich zu sein heißt, lebendig zu sein – und das mit all seinen Sinnen: spüren zu können, was wirklich im Augenblick spürbar ist, zu sehen und zu hören, zu riechen und zu schmecken und vor allem, das fühlen zu können, was das Leben im Augenblick gibt und schenkt. Manchmal ist es eine große Freude, und manchmal wird einem einiges zugemutet. Zum Lebendigsein gehört auch, in der Lage zu sein, sich einzusetzen für das, was einem wichtig ist, was man sich wünscht und was man will und möchte.

Glücklich zu sein heißt auch, lieben zu können, geliebt zu werden und sich geliebt zu fühlen. Lieben heißt: Die Menschen, die ich liebe, so wahrzunehmen, wie sie sind, und sie so sein zu lassen; offen für sie zu sein, für ihre Wünsche und Träume und für das, was im Augenblick ist. Lieben heißt auch, schenken zu wollen und zu begehren. Die Liebe ist ein Kind der Freiheit, heißt es.

Wirkliche Liebe hat nicht so viel zu tun mit einem Brauchen, Haben oder Besitzen. Liebe will frei sein und lebendig.

Glücklich zu sein heißt aber vor allem, im Einklang mit sich selbst zu sein. Dann stimmen die Ziele des eigenen Lebens mit den eigenen wirklichen Wünschen überein. Diese Übereinstimmung heißt auch Selbstverwirklichung, und die kann der Mensch nur fühlend entdecken. Daher kann man nicht im Einklang mit sich sein, wenn man nicht wirklich lebendig ist – innerlich lebendig und fähig zu fühlen; und das hängt nicht davon ab, ob der Körper Einschränkungen hat. Mit sich im Einklang zu sein heißt vor allem, einverstanden zu sein: mit sich selbst und seinem Leben, und aus tiefstem Herzen »Ja« zu sagen zum Leben, das immer im Hier und Jetzt geschieht.

Dazu gehört auch, im Einklang zu sein mit den anderen, mit den Menschen, die einem wichtig sind. Es bedeutet, sich verstanden zu fühlen und die anderen zu verstehen, ihnen nah sein zu können, genug Nähe zu bekommen und auch genug Raum für sich selbst zu haben.

Es gibt eine Sehnsucht nach einem Ganzsein, nach der Erfahrung des Einsseins und der Verbundenheit mit allem. Viele Menschen ahnen, dass dieses Einssein und Verbundensein einhergeht mit einem tiefen, lebendigen Frieden und dass darin ein tieferes Glücklichsein liegt.

Es setzt voraus, sich wirklich zu kennen und zu entdecken, wer man in Wahrheit ist – ob unter den Gedanken, Bildern und Fantasien, unter den Körperempfindungen und Gefühlen etwas Tieferes zu finden ist, vielleicht eine Tiefe, die mich und mein Menschsein ganz wesentlich ausmacht. Durch die Entdeckung dieser Tiefe, durch die Erfassung des ganzen Menschseins kommt man auch dem erfüllten Leben näher. Wir werden sehen, wohin uns unsere Reise noch führt.

Was hindert einen daran, sich das zu wünschen, was man wirklich will?

Die Bedürfnisse, die wir wahrnehmen, und die Wünsche und Ziele, denen wir nachrennen: Sind das eigentlich unsere wirklichen Bedürfnisse und unsere eigenen Wünsche und Ziele? Was geschieht, wenn man sich diese Frage ernsthaft stellt und offen ist für jegliche Antwort? Ist nicht vieles von dem, was wir tun, bestimmt durch Gewohnheiten, von denen wir gar nicht mehr wissen, wie sie entstanden sind? Ist nicht manches von all dem, für das wir vielleicht sogar viel Energie, Zeit und Geld aufwenden, etwas, das wir nur von anderen übernommen haben? Wie viel von dem, was wir tun, tun wir deshalb, weil es die anderen auch so machen, ohne dass wir uns ernsthaft gefragt hätten, ob wir das eigentlich wirklich selbst tun möchten?

Was man sich wünschen sollte …

Ein großer Teil der Wünsche und Ziele folgt dem, *was man tun und haben sollte*. Dies liegt daran, dass für die meisten Menschen das Bedürfnis nach Anerkennung und Bewunderung sehr wichtig ist, vielleicht wichtiger als alles andere. Um Anerkennung zu bekommen, strengt der Mensch sich an, das und jenes zu haben und so zu sein, wie er glaubt, *in den Augen des anderen sein zu sollen.*

Manch einer mag sein Urlaubsziel mit der Absicht aussuchen, im Anschluss gut dazustehen, wenn er erzählt, wo er war. Das Meiste läuft jedoch vermutlich viel subtiler und unbewusster ab. Was man anzieht, wird subtil von der Mode bestimmt oder davon, was die anderen tragen. Das Fahrrad kann genauso wie ein Auto ein Statussymbol sein. Wenn man regelmäßig ins Fitnesscenter geht: Tut man es, weil die Bewegung mit den Gewichten und in den Übungen, auch wenn es anstrengend ist, sich dennoch gut anfühlt, weil die gleichmäßige und konzentrierte Bewegung eine Art angenehme und erfüllende Meditation darstellt und weil man sich über die Energie und Spannkraft des Körpers freut, die durch das regelmäßige Training zunimmt? Oder geht man doch nur hin, weil es die anderen tun und es gut angesehen ist oder weil man für andere attraktiver werden will? Nimmt man dafür in Kauf, dass man es lustlos tut, die Anstrengung unangenehm findet und letztlich froh ist, wenn man wieder draußen ist?

Besonders wichtig ist, dass nicht nur die Erwartungen der anderen ausschlaggebend sein können für das, was jemand sich wünscht und als Ziel verfolgt. Es ist vor allem das eigene Bild, das jemand von sich selbst hat, das bestimmt, *wie er sein sollte*. Eigentlich hat jeder ein solches Idealbild von sich selbst, nach dem er strebt und dem er nachjagt. Wenn er diesem Idealbild, diesem Selbstideal entspricht, glaubt er, dass er dann mit sich zufrieden sein kann und von anderen genug Anerkennung bekommt. Dieses Selbstbild ist nicht einfach nur 1:1 von anderen übernommen worden – es wurde zwar übernommen, hat sich dann aber weiterentwickelt in dem Versuch, nicht mehr der Angst, der Hilflosigkeit und dem Alleinsein ausgesetzt sein zu müssen. Dieses Thema wird uns später im vierten Kapitel über die Muster des Lebens wiederbegegnen.

Wenn man diesem Idealbild nachjagt, verbiegt man sich. Man ist sich selbst entfremdet, weil man gar nicht mehr wahrnimmt, was man eigentlich wünscht und will. Man hat den Kontakt zu sich selbst buchstäblich verloren und damit auch den Zugang zu seinen eigenen Gefühlen. Sobald man seine Gefühle – wieder – fühlen kann, sie erlebt und manchmal auch erleidet, erfährt man die Unzufriedenheit und das Zerrissensein dieser Entfremdung und dass die bisherigen Ziele gar nicht zu einem selbst gehören.

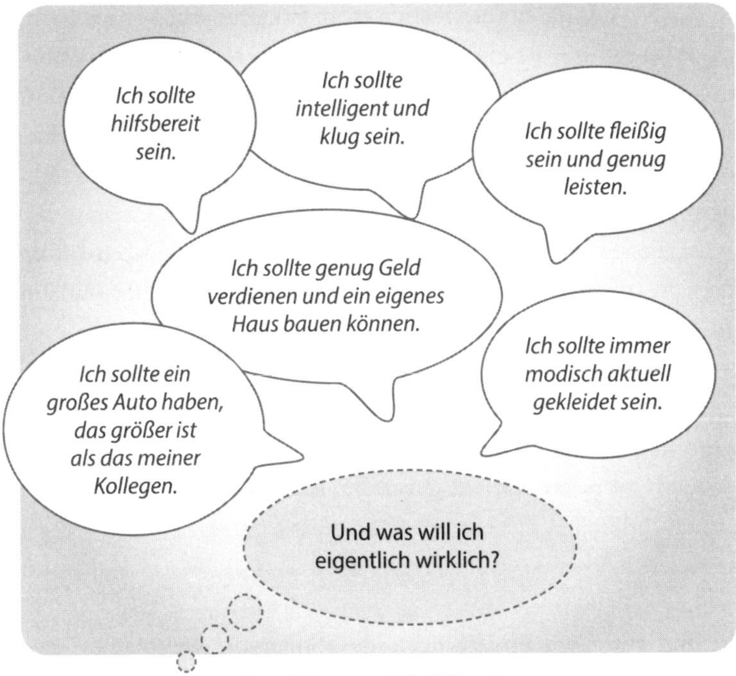

Die »Solltes« und die Wünsche

Haben oder Sein

Das Buch von Erich Fromm, das den Titel »Haben oder Sein« trägt, ist eines der psychologischen Bücher, das weit über den Kreis der Fachleute hinaus bekannt geworden ist. Das Streben des modernen Menschen ist viel zu sehr darauf ausgerichtet, Dinge zu haben und sie zu besitzen, Reichtum anzuhäufen oder Geld zu sparen, ohne zu wissen, wofür, und oft ohne die Möglichkeit, es je auszugeben. Da scheint der Selbstwert davon abzuhängen, wie viel man hat. Da ist das Haben wichtiger als das Sein. Aber es geht noch weiter: Etwas, das eigentlich ein Erleben beinhaltet, wird zu einem Ding, zu einem Objekt, das man besitzt und »hat«.

Auch ein Urlaub, der eigentlich ein Erlebnis sein könnte, kann als Statussymbol zu einem Objekt werden, wodurch sich Wahrnehmung und Aufmerksamkeit verschieben können. Man ist nicht mehr gefesselt vom Spüren, vom Fühlen und von der Lebendigkeit, sondern man steht mehr neben sich selbst und erlebt den Urlaub gar nicht wirklich.

Ist die sexuelle Begegnung wirklich lebendig erlebt, eine körperliche Ekstase, die sich aus dem Augenblick entfaltet und im Augenblick ganz gefühlt und gespürt wird, oder ist Sexualität etwas, das getan werden sollte, das eine Erwartung befriedigt oder eine »Nummer« ist? Etwas, das vielleicht sogar nur auf den Imagegewinn abzielt, mit dem oder der im Bett gewesen zu sein, und dadurch zu einem Objekt geworden ist?

Das entfremdete Leben

Es sind vor allem Erwartungen, die »Solltes«, das »Ich sollte dies, ich sollte das …«, die uns vom Leben entfremden. Mit dem, was jemand wirklich will und fühlt, hat das oft gar nichts zu tun; es sind eher Wünsche nach etwas, das man haben sollte, ohne dass man fühlen kann, ob man es tatsächlich möchte. Das Schlimme ist, dass die eigenen Gefühle und damit auch die wirklichen Wünsche und Bedürfnisse gar nicht mehr wahrgenommen werden. Dann sind die Wünsche, auf die man ausgerichtet ist, entfremdet, sie haben mit einem selbst nicht mehr wirklich viel zu tun. Dann wird das Leben als leer erlebt, dann gibt es Wünsche, die, selbst wenn sie erfüllt werden, kein Gefühl von Glück und kein Erfülltsein hervorrufen können.

Wenn sich die Ziele und Wünsche an den tatsächlichen und vermeintlichen Erwartungen der anderen ausrichten sowie an den Erwartungen, die man an sich selbst hat, dann ist es buchstäblich nicht das eigene Leben, das gelebt wird, sondern ein entfremdetes Leben. Solch ein Leben ist nur dazu da, eine bestimmte Fassade aufrechtzuerhalten. Es ist das »falsche Selbst«, ein Begriff, den Karen Horney zum ersten Mal verwendete.

Um zum »wahren Selbst« zu kommen, also zu dem, was man wirklich ist und sein könnte, ist es notwendig, wirklich fühlen zu können. Mit dieser Fähigkeit steht und fällt alles, wenn man sich auf den Weg der Selbsterkenntnis begeben möchte.

Das heilsame Gefühl

Oft ist jemand erschüttert, wenn er wirklich begreift, wie weit er von seinem eigenen Fühlen entfernt ist und dass er sich stattdessen nur auf das bezieht, was seiner Meinung nach sein sollte und sein müsste; er ist erschüttert, wenn er wirklich sieht und spürt, wie entfremdet sein bisheriges Leben war und wie wenig es mit ihm zu tun hatte. Diese Erschütterung, so schmerzhaft sie auch ist, bewirkt jedoch vielleicht zum ersten Mal seit langem, das wirklich etwas gefühlt wird, nämlich Schmerz und Verzweiflung. Zum ersten Mal seit langem ist da ein Moment, in dem jemand endlich einmal wieder wirklich er selbst ist. In dieser Erschütterung taucht oft reflexhaft die Frage auf: *»Was soll ich jetzt tun?«*

Dabei ist genau diese Frage fehl am Platz; sie schiebt das so unendlich heilsame Gefühl der Erschütterung, des Schmerzes und der Verzweiflung einfach beiseite. Das ist die Funktion dieser Frage, dieses Gedankens: die unangenehmen Gefühle beiseitezuschieben. Wir werden im zweiten Kapitel genauer sehen, welches Unheil daraus entsteht. Die Frage: »Was soll ich jetzt tun?« enthält sofort wieder das »ich soll«.

Wenn sie doch wenigstens lauten würde: »Was will ich jetzt tun?« Aber auch diese Frage hat Zeit, und wird sie ernst genommen, weiß man: Bevor man nicht wirklich fühlt, kann man auch nicht entdecken, was man wirklich will. Der Untertitel dieses Buches, »Durch das Tor des Fühlens zu innerer Freiheit finden«, deutet darauf hin: Nur durch das Tor des Fühlens kann ich entdecken, was ich wirklich will und was zu mir gehört.

Dem »Fühlenkönnen« ist ein eigenes, das zweite Kapitel gewidmet. Das Thema des Fühlens zieht sich zugleich durch alle anderen Kapitel, und die »Solltes« werden uns aufgrund ihrer Wichtigkeit im vierten Kapitel wiederbegegnen.

Bewusste und unbewusste Wünsche und Ziele

Es gibt viele verschiedene Wünsche und Ziele, die nur zum Teil bewusst und zum Großteil unbewusst sind. Mehr als 98 Prozent unserer Informationen werden unbewusst aufgenommen und auch unbewusst verarbeitet. Das Unbewusste gleicht einer gigantischen Fabrikanlage mit verschiedensten Maschinen und Abteilungen, die aber ganz im Untergrund, unterhalb des Sichtbaren, arbeiten und von Zeit zu Zeit einen Gedanken ausstoßen, der ins Bewusstsein dringt.

Wir sind nicht Herr im eigenen Hause, das war die Erkenntnis Sigmund Freuds, die auch »die dritte große Kränkung des Menschen« genannt wird – nach der ersten Kränkung, dass die Erde durchaus nicht der Mittelpunkt des Universums ist, um den sich die Sonne und auch alles andere dreht, und der zweiten Kränkung, dass wir uns nicht im Mittelpunkt des Universums, sondern ganz weit am Rand davon bewegen.

Wie wenig ist uns von all den inneren Prozessen eigentlich bewusst und wie wenig davon unterliegt unserer Kontrolle! Oft regieren die unbewussten Wünsche unser Leben viel stärker als die bewussten. So mag sich einer mit all seiner Energie wünschen, beruflich Karriere zu machen; es gibt da jedoch einen unbewussten Wunsch, den Vater nicht zu übertrumpfen aus Angst, ihn dadurch so zu verletzen, dass er seine Liebe verlieren würde. Daher wird derjenige bezüglich seiner Karriere ein ums andere Mal scheitern und nie verstehen, weshalb, solange der zweite Wunsch unbewusst bleibt und er sich deswegen nicht damit auseinandersetzen kann.

In einem anderen Fall mag der bewusste Wunsch darin bestehen, eine Doktorarbeit oder einen Roman zu schreiben; gleichzeitig ist aber ein unbewusster Wunsch darauf gerichtet, sich so zu verhalten, dass man auf jeden Fall einer möglichen Kritik aus dem Weg geht und ihr zuvorkommt, aus der unbewussten Angst heraus, mit einer Kritik zugleich ausgeschlossen zu werden aus der Gemeinschaft und allein umzukommen – so wie es immerhin vier Millionen Jahre lang war, wenn man aus der Horde ausgeschlossen war. Dann wird man die Doktorarbeit oder das Buch einfach nicht fertig bekommen, weil man damit einen Standpunkt einnehmen müsste und Kritik in welcher Form auch immer auf einen zukommen könnte.

Die unbewussten Wünsche und Ziele können also unsere besten Pläne sabotieren und scheitern lassen.

Mit den konflikthaften, oft entgegengesetzten Wünschen und Zielen verhält es sich wie mit jemandem auf einem Segelschiff ohne Ruder und mit Segeln, die in verschiedene Richtungen gesetzt sind, wodurch das Schiff mal in die eine, mal in die andere Richtung getrieben wird. Solange ein großer Teil der Wünsche unbewusst bleibt, weiß man noch nicht einmal – um im Bilde zu bleiben –, woher der Wind weht.

Da ist es gut, wenn die zuvor unbewussten Wünsche bewusst werden, damit man die verschiedenen Wünsche ins Auge fassen und entscheiden kann, welche bestehen bleiben sollen und was besser losgelassen wird, weil es nichts als Ballast darstellt. Und vor allem: »Für welches Ziel lohnt es sich wirklich, meine Energie einzusetzen? Was von all den Wünschen ist mir wirklich wichtig?«

Sigmund Freud ging noch einen Schritt weiter, als er sagte: »Wer nichts hat, für das er bereit wäre, sein Leben aufs Spiel zu setzen, nimmt sich selbst und das ganze Leben nicht ernst.« Und Albert Einstein sagte dazu: »Wenn du glücklich sein willst, dann suche dir ein Ziel, für das du dein Leben einsetzt.«

Die Ich-Bedürfnisse

Glücklich zu sein, so hatten wir gesagt, heißt: lebendig zu sein, zu lieben und sich geliebt zu fühlen; im Einklang zu sein mit sich und den anderen, die einem wichtig sind; und Ja sagen zu können zu seinem Leben. Dies wird unterstützt und leichter, wenn man getragen ist von dem Gefühl der Verbundenheit mit allen und mit dem Ganzen. Aber leider erleben sich die meisten Menschen als getrennt – als getrennt von den anderen und sogar als getrennt von sich selbst.

Wenn der Mensch sich als getrennt erlebt, hat sein Ich einen drängenden Wunsch, sich zu behaupten, besonders zu sein und auch besser zu sein als die anderen. Es werden nicht nur Gedanken, Gefühle und Handlungen wahrgenommen, sondern alle diese Wahrnehmungen werden auf ein Ich bezogen. Es entstehen dadurch besondere Ich-Bedürfnisse.

Der menschliche Geist entwickelte sich durch die wachsende Fähigkeit des Vorausschauens und später dann durch die des Planens beständig weiter. Die Aussaat des Kornes wird begleitet von der Erwartung des Erntens, und trotz des Hungers im Winter durfte eben wegen dieser Erwartung nicht das gesamte Korn aufgegessen werden. Die Erfahrung, dass Erwartetes eintrifft, war für unsere Vorfahren in der Steinzeit ein außerordentlich positives Erleben. Das ist etwas, das wir gar nicht mehr richtig wahrnehmen können, denn es ist uns ganz selbstverständlich geworden, zu glauben, dass unsere Erwartungen eintreffen werden.

Der ich-hafte Verstand drängt darauf, dass unsere Erwartungen *in allen Bereichen* eintreffen. Er will recht haben und recht behalten. Es gibt ein schönes Sprichwort, das besagt, man könne entweder recht haben oder Freunde, aber nicht beides. Eine Variante davon ist, dass man glücklich sein oder recht haben könne, aber nicht beides. Das Ich möchte Kontrolle ausüben und nicht nur da, wo Kontrolle sinnvoll und nötig ist, wenn es darum geht, eine Maschine zu bauen oder ein Essen zuzubereiten. Es möchte auch Kontrolle über Gefühle haben, über die jeweilige Situation und oftmals sogar über den anderen. Es ist nicht unbedingt die reale Kontrolle, auf die das Ich abzielt, die ja auch oftmals gar nicht möglich ist, sondern es geht um die Kontrolle in der Vorstellung, die Kontrolle über das Wissen, was als Nächstes geschieht. So denkt man sich eine Theorie darüber aus, wie der andere funktioniert und was er aus welchen Gründen tut.

Reale Bedürfnisse werden verbogen und pervertiert

Bei der Gestaltung der materiellen Welt kann Planung notwendig sein, und wir freuen uns, wenn unsere Erwartungen erfüllt werden. Das Ich verbiegt dies jedoch gern zu dem Bedürfnis, dass auch das innere Erleben und die Gefühle mit den eigenen Erwartungen übereinstimmen und der eigenen Kontrolle unterliegen. Wie oft sagt jemand über ein Gefühl: »Ja, das kenne ich, und daher …« Das entspricht dem Bedürfnis des Ichs, dass es möglichst nichts Unbekanntes und Unkontrollierbares geben möge.

Die Einzigartigkeit des Menschen, das Bedürfnis nach Lebendigkeit und das Bedürfnis, die eigenen Fähigkeiten und Talente zu entfalten, werden pervertiert zum Bedürfnis, besonders zu sein und besser zu sein als die anderen.

Das reale und fundamentale Bedürfnis nach Wahrheit, nach Verstehen und Weisheit wird verdreht zum Bedürfnis nach Konzepten und Kontrolle auch in all den Bereichen, wo Konzepte und Kontrolle dem Leben nur im Wege stehen. Unterschiedliche Konzepte von Gott haben zu furchtbaren Kriegen geführt. Wie viele Konzepte von den anderen, gerade gegenüber Fremden, waren und sind nur dazu da, die eigene Unsicherheit nicht fühlen und die Angst vor dem Unbekannten nicht ertragen zu müssen.

Die Ich-Bedürfnisse haben eine wesentliche Ursache: das Gefühl von Mangel, der immer als quälend und bedrückend erlebt wird. Was das materielle und vor allem das kulturelle Leben angeht und die Möglichkeiten, sich schöpferisch und kreativ in der Arbeit und in anderen Tätigkeiten zu entfalten, lebt ein Großteil der Menschen in unserer so reichen Gesellschaft tatsächlich im Mangelzustand.

Als noch schmerzlicher und größer wird der Mangel an Liebe erfahren. Die Ursache dieses Mangels ist eine Verzerrung der Perspektive: Liebe wird als etwas wahrgenommen, das von außen zu bekommen sein muss. Wenn der Mensch erst einmal die innere Erfahrung macht, ganz und gar Liebe und überfließende Liebe zu sein, hört die Suche im Außen auf. Und paradoxerweise wird dann, und erst dann auch fließende Liebe im Außen wahrgenommen und im Kontakt mit Menschen erlebt und gefühlt. Es ist eine der verschiedenen Paradoxien des Daseins: Erst wenn ich die Erfahrung mache, selbst Liebe zu sein, verschwindet der Mangel.

Neben dem materiellen Mangel und dem Mangel an Liebe wird ein dritter Mangel erlebt: der Mangel an Sinn.

Welchen Sinn hat das Leben?

Wenn nach dem Sinn des Lebens gefragt wird, geht man meistens an diese Frage genauso heran wie an die Frage: »Welchen Sinn hat der Stuhl?« Bei dem Stuhl ist es einfach: Der Stuhl hat den Sinn (gleichbedeutend mit Zweck), dass er Gelegenheit zum Sitzen gibt. Und eigentlich ist uns klar, dass wir an den Sinn des menschlichen Lebens anders herangehen müssen. Aber genau das wird oftmals nicht getan.

Wenn jemand fragt: »Welchen Sinn hat mein Leben denn?«, dann meint er tatsächlich oft: »Welchen Nutzen hat es?« Und er meint damit: »Welchen Nutzen hat es für andere?« Oder es wird gefragt: »Welche Bedeutung hat es?« Aber auch dahinter steckt die Frage, was es darstellt, bewirkt, für andere bedeutet … Hier schlägt sich sicher auch das Erbe des Reformators Calvin nieder, der glaubte, dass am wirtschaftlichen Erfolg des Menschen abzulesen sei, ob Gott ihn liebe und für den Himmel vorgesehen habe. Auch das instrumentelle, das auf die Zweckmäßigkeit gerichtete Denken durch die Industrialisierung und Ökonomisierung des ganzen Lebens wirkt sich hier aus.

Was steckt hinter dem Zweifel am Sinn des Lebens, hinter der Frage nach dem Zweck und Nutzen des eigenen Daseins? Es ist der Versuch, sein Dasein zu rechtfertigen, sodass man zu Recht einen Platz in der Welt bekommt, weil man nützlich ist und eine Bedeutung hat. Die Tragödie besteht genau darin, dass den meisten Menschen ihr Dasein nicht als ganz und gar selbstverständlich erscheint und die Daseinsberechtigung ebenso wenig.

Die Selbstverständlichkeit drückt sich als ein ganz und gar grundlegend gefühltes »Ich bin« aus. Ein unbezweifeltes, weil unmittelbar erfahrenes »Ich existiere«. Ohne ein »Ich bin dies oder jenes«, genauso ohne ein »Ich existiere, damit …«

Wenn diese gefühlte und erfahrene Selbstverständlichkeit fehlt, dann besteht das ganze Leben aus dem Kampf, seinen Platz im Leben zu behaupten oder überhaupt erst zu bekommen. Es ist eine kontinuierliche Anstrengung, sein Dasein zu rechtfertigen, indem man etwas Wichtiges leistet und für andere nützlich ist. Man muss etwas geben, um da sein zu dürfen. Die Selbstverständlichkeit dagegen ist ein Dasein ohne Zweck und Nutzen. Meister Eckhart hat gesagt, das Leben selbst würde auf die Frage, warum es lebe, antworten: »Ich lebe, um zu leben«, ohne ein Warum.

Dann bleibt der Wunsch des Menschen, zu schenken und zu geben, ohne dies als Rechtfertigung seines Daseins zu brauchen. Dies entspricht der natürlichen Bewegung der Liebe. Dieser Wunsch ist anstrengungslos und eine Freude. Er entspringt dem Gefühl, mehr als genug zu haben und im inneren Reichtum, ja sogar im Überfluss zu leben.

Zu geben, um nützlich zu sein, um einen Platz zu haben und sich zugehörig fühlen zu dürfen, ist immer eine große Anstrengung und führt zu Erschöpfung. Dann ist das Geben ein Muss, und nützlich zu sein wird zu Zwang und Bürde.

Wenn man das Gefühl hat, in der Fülle und im Überfluss zu sein, dann ist der Wunsch zu geben auch begründet in einer Dankbarkeit dem Leben gegenüber. Dann bleibt es ein Gebenwollen und wird niemals zu einem Gebenmüssen.

Wenn Nützlichkeit und Zweck genauso verschwinden wie Bedeutung, welchen Sinn hat das Leben dann? Der Sinn ist das unmittelbare Dasein. Es braucht nichts hinzuzukommen. *Ganz da zu sein, mit allen seinen Sinnen, das ist der Sinn.* Wenn ich ganz da bin und alles andere ganz da sein lasse, das ist Liebe. *So ist die Liebe der Sinn.* Wenn ich ganz da bin, mit allen Sinnen, und alles liebe, mich, die anderen, die Welt und das Leben, dann gibt es *ein tiefes und vollständiges Ja zum Leben. Das ist der Sinn.*

Die Sehnsucht nach dem Ganzsein

Es gibt Wünsche und Ziele auf verschiedenen Ebenen. Da ist die Ebene der drei Grundtriebe: der Trieb zur Selbsterhaltung, der Trieb zur Vermehrung – der sexuelle Trieb – und der Hordentrieb. Dann gibt es die physischen Bedürfnisse nach Sauerstoff, Nahrung, Hautkontakt und Wärme, außerdem die emotionalen Bedürfnisse nach Nähe, Liebe, Selbstachtung und Glück, die geistigen Bedürfnisse nach Verstehen, Schönheit und Wissen, die sozialen Bedürfnisse nach Kontakt, Respekt, Anerkennung, Freundschaft und Liebe, und es gibt die bereits dargestellten Bedürfnisse nach Lebendigkeit, Selbstverwirklichung und Einklang mit sich selbst und anderen als Grundlage des Glücklichseins.

Es gibt noch eine weitere Ebene, das ist eine Sehnsucht nach Verbundenheit und nach Einssein. Eine Sehnsucht danach, anzukommen – anzukommen in etwas, das sich auf eine unzweifelhafte Weise anfühlt wie »zu Hause anzukommen«. Es ist eine Sehnsucht nach tiefem und vollständigem Frieden. Ein Dasein, in dem das Sehnen und das Suchen Ruhe gefunden haben. Diese Sehnsucht hat es schwerer als die anderen, sie wird nicht so leicht wahrgenommen, sie hat noch nicht einmal einen klaren Namen. Der Mensch spürt diese Sehnsucht als ein Unerfülltsein und richtet dies zunächst auf Ziele, die greifbar sind: das Fernweh nach fremden Ländern, der Erfolg im Beruf und eine wundervolle Beziehung. Aber auch dann, wenn all das gelingt, fühlen viele weiterhin eine tiefe Unerfülltheit. Eine Frage bleibt: »Das kann doch noch nicht alles sein?«

Der Mensch ist schon mehr bei sich angekommen, wenn er diese Sehnsucht tatsächlich fühlt und wahrnimmt und nicht mehr auf Ersatzbefriedigungen verschiebt, wenn er nicht mehr Erfüllung sucht, wo sie nicht zu finden ist. Denn das ist die Quelle von

Unglück, das vor allem viele Beziehungen und die Liebe betrifft. Der Mensch sucht Erfüllung und glaubt – weil er es nicht anders weiß –, dass ihm der Beruf, die Liebe und die Familie Erfüllung geben. Genau damit ist die Liebe überfordert.

Der andere und die Beziehung könnten die Quelle von so viel Freude, Lust und Glück sein. Wer aber seine ganze Erfüllung in der Beziehung sucht, wird all das, was möglich ist, immer noch als »zu wenig« wahrnehmen – und das dann dem anderen vorwerfen. Doch der andere ist ja wahrscheinlich genauso neurotisch wie man selbst; warum sollte all die Unvollkommenheit, die man selbst mitbringt und die man auch dem anderen zugestehen muss, in wundervolle Vollkommenheit verwandelt werden, nur weil man jetzt zu zweit ist? Die fehlende Erfüllung wird in der Regel dem anderen vorgeworfen, er ist nicht gut genug. Oft begibt man sich dann auf die Suche nach einem neuen Partner, der endlich die Erfüllung bringen soll.

So viele Beziehungen zerbrechen unter der Last des falschen Anspruchs. Wie viel wäre gewonnen, wenn dieser Anspruch losgelassen werden könnte! Wenn die Erfüllung dort gesucht wird, wo sie gefunden werden kann, nämlich in sich selbst.

Wenn der Mensch diese Sehnsucht also fühlt und weiß, dass er die Erfüllung nur in sich selbst finden kann, ist er schon wesentlich mehr im Einklang mit sich und wesentlich mehr bei sich angekommen. Aber dann ist es noch ein Stück Weg, auch dort anzukommen, wohin einen die Sehnsucht drängt: bei sich selbst anzukommen, aber in einer größeren Tiefe und in einer tieferen Wirklichkeit.

Der Weg zur inneren Freiheit: Überflüssiges loslassen

1. Herausfinden, was du willst

Der Weg in die Freiheit beginnt damit, seine Wünsche und Ziele kennenzulernen und die unbewussten Ziele bewusst werden zu lassen. Dabei helfen die Übungen und Schritte aus den folgenden Kapiteln, vor allem dem vierten Kapitel, in dem es darum geht, die Muster des Lebens und des Verhaltens zu verstehen.

Viele Menschen kennen ihre Wünsche nur in der Negation, wie etwa: »Ich möchte nicht mehr so erschöpft sein; ich möchte nicht mehr so schüchtern sein; ich möchte nicht so wie die anderen sein; ich möchte nicht schwach sein; ich möchte nicht arbeitslos sein.« Das bedeutet nicht, dass die jeweiligen Wünsche, die in dieser Negation versteckt sind, nicht wirklich wichtige Wünsche wären. Nur kann sich das Unbewusste auf diese Negation nicht produktiv einstellen.

Wenn zum Beispiel einem Kind gesagt wird: »Verschütte die Milch nicht«, denkt das Kind die ganze Zeit daran, die Milch nicht zu verschütten. Natürlich ist jetzt das Verschütten der Milch dauerhaft als Bild präsent, sodass es sogar wahrscheinlicher wird, dass das Kind die Milch verschüttet. Das Unbewusste kennt tatsächlich keine Negation, was oft mit der Aufforderung veranschaulicht wird: »Denk jetzt nicht an einen rosa Elefanten.«

Der Wunsch, nicht mehr schüchtern zu sein, richtet also die ganze Zeit die Energie und die Aufmerksamkeit auf das Schüchternsein und gerade nicht auf das, was jemand sich eigentlich wünscht, nämlich, offen gegenüber anderen Menschen zu sein, sich mitteilen und ausdrücken zu können und eine kreative und liebevolle Nähe herstellen zu können.

Du kannst nun selbst wahrnehmen, welches Gefühl schon beim Lesen ausgelöst wird: Was geschieht innerlich bei der ersten Formulierung, »nicht mehr schüchtern zu sein«, und was geschieht beim Lesen der zweiten, nämlich »offen gegenüber anderen Menschen sein zu können«? Einmal wird der Blick und auch die innere Energie nur auf das gerichtet, woran ich leide und was mich unglücklich macht; im anderen Fall, bei der positiven Formulierung des Ziels, wird der Blick und die innere Energie auf das gerichtet, wie ich es mir wünsche, also auf das, was mich glücklich macht. Daraus ergibt sich eine einfache und zugleich wichtige Konsequenz, gerade auch bei den folgenden Übungen: *Fasse Wünsche und Ziele immer in eine positive Formulierung, finde einen Satz, der beschreibt, was du erreichen möchtest, und nicht, was du nicht mehr möchtest.*

Der Vollständigkeit halber sei erwähnt, dass eine Negation da Sinn macht, wo es sich um einen direkten, knappen Imperativ, einen kurzen, schnellen Hinweis handelt, beispielsweise: »Nichts tun, sondern geschehen lassen.« Oder: »Den Atem nicht verstärken und nicht festhalten.«

WÜNSCHE 1: »WAS WILL ICH?«

- Setze dich mehrmals für eine halbe Stunde hin und schreibe alle Wünsche auf, die dir jeweils in den Sinn kommen. Stelle dir immer wieder dieselbe Frage: *»Was möchte ich?«*
- Notiere die Antworten untereinander auf der linken Seite des Blattes und lasse die rechte Seite frei.

2. Das Motiv hinter dem Wunsch

Der Wunsch selbst sagt nicht so viel über dich und dein Leben aus, noch nicht einmal darüber, was du eigentlich möchtest. Als Beispiel: Da gäbe es den Wunsch, ein neues Auto zu bekommen. Welche Bedeutung aber hat dieser Wunsch, welche Wünsche stehen dahinter, was möchte ich mit dem neuen Auto erreichen und bekommen? Die Frage »Was wünsche ich mir?« ist also nur der erste Schritt; darauf folgt die zweite Frage: »Wenn ich das neue Auto habe, was soll es mir geben?«

Mögliche Antworten könnten sein:
- ✦ Die Nachbarn und die Arbeitskollegen sollen mich beneiden.
- ✦ Ich möchte im Winter nicht jeden zweiten Tag mein altes Auto anschieben oder zu Fuß gehen müssen.
- ✦ Ich will ein größeres Auto, damit ich zu zweit in den Urlaub fahren und mit dem Kombiwagen genug Gepäck und auch die Fahrräder mitnehmen kann.

Die Antwort klärt also, welche Intention hinter dem Wunsch steht, sie klärt, was mir eigentlich wichtig ist.

Wenn man sich nun noch eingehender mit der wirklichen Motivation beschäftigen möchte, kann man einen dritten Schritt anfügen und erneut die Frage stellen: »Was soll mir dieses Ziel, wenn ich es erreicht habe, geben?« Zum Beispiel: »Wenn die Nachbarn und die Arbeitskollegen mich beneiden, was soll mir das geben?« Eine mögliche Antwort könnte sein: Anerkennung und Liebe.

WÜNSCHE 2: »WAS SOLL MIR DAS GEBEN?«

1. Setze dich zu einem späteren Zeitpunkt hin, gehe jeden einzelnen Wunsch aus Übung 1 durch und stelle die zweite Frage nach der Intention hinter dem Wunsch:

   »Was soll mir die Erfüllung dieses Wunsches geben?«

2. Wende dich dann wieder jedem einzelnen Wunsch zu und stelle nun die dritte Frage nach der tieferen Intention:

   »Was soll mir dieses Ziel, wenn ich es erreicht habe, geben?«

3. Dann kannst du im Anschluss die Frage stellen:

   »Gibt es für das, was ich erreichen möchte, vielleicht einen viel besseren und viel befriedigenderen Weg?«

WÜNSCHE 3: »SOLLTE ICH ES? ODER WILL ICH ES?«

- Gehe alle notierten Wünsche durch und stelle dir die Frage:

  »Ist es ein wirklicher Wunsch, oder ist es etwas, das ich ›sollte‹? Ist es eine Erwartung, die andere an mich haben? Ist es eine Erwartung, die ich selbst an mich habe? Oder kann ich den Wunsch wahrhaftig fühlen und die Sehnsucht danach?«

3. Vergessene und verborgene Wünsche entdecken

Alle Menschen hatten in ihrer Kindheit und Jugend Träume und Visionen, die auf der Strecke geblieben sind. Manch einer gab sie auf, weil die Arbeit oder die Familie es erforderlich machten, darauf zu verzichten, oder weil diese es erforderlich zu machen schienen. Andere wieder kamen nicht dazu, weil sie es sich nicht mehr zutrauten, ihre Träume zu leben.

Es macht jedoch viel lebendiger und kreativer, sich an die Wünsche und Träume des Kindes und Jugendlichen wieder zu erinnern, um dann zu entdecken, dass einige davon immer noch eine wesentliche Bedeutung haben. Natürlich wird man mit 40 nicht mehr in die Fußballnationalmannschaft kommen – vielleicht war das der wichtigste Traum in der Kindheit –, doch viele Wünsche können noch realisiert werden, vielleicht nur in einer anderen Form. Und manche Wünsche oder eine tiefe Sehnsucht können vielleicht zum ersten Mal entdeckt werden …

Wenn sich bei den vorigen Übungen und Selbsterforschungen einiges an blockierenden, unbewussten Wünschen und Zielen gelöst hat und sich einige Aktivitäten als eine überflüssige Gewohnheit gezeigt haben, dann entsteht wieder Freiraum im Leben.

Das Loslassen des Überflüssigen kann dich freier machen, alles entschleunigen und dir mehr Zeit zum Durchatmen verschaffen. So kann auch wieder Raum für Neues oder Vergessenes entstehen. Wenn es nicht mehr die Fußballnationalmannschaft sein kann, so doch vielleicht die Seniorenmannschaft, oder man bringt sich vielleicht im Jugendtraining ein.

VERGESSENE WÜNSCHE UND VISIONEN

1. Wie ist es mir mit meinen Wünschen ergangen, welche Träume und Visionen von der Zukunft hatte ich?
   ✦ … im Alter von 12–13 • 16–17 • 19–20 • 24–26
2. Was sollten mir die einzelnen Wünsche und Visionen geben? Was war mir an ihnen wichtig?
3. Der Wunsch selbst sagt oft gar nicht so viel aus, zum Beispiel wird der Wunsch »erfolgreich im Beruf sein« erst mit der zweiten Frage verständlich: »Wenn ich das Ziel erreicht habe, was soll es mir geben?« Soll mir der Erfolg ein hohes Einkommen garantieren, mit dem ich andere Wünsche und Ziele finanzieren kann, oder soll der Erfolg im Beruf ermöglichen, einen wichtigen Beitrag zur Entwicklung der Gesellschaft zu leisten, oder soll es das Ziel sein, in erster Linie mein Selbstwertgefühl zu stärken, sodass ich endlich stolz auf mich sein kann?
4. Was habe ich von meinen Wünschen, Visionen und Träumen inzwischen realisiert? Hat es mir das gebracht, was ich mir von diesem Ziel früher erhofft hatte?
5. Welche Wünsche habe ich wegen der Arbeit, der Familie oder anderer Gründe, nicht zuletzt aus Ignoranz mir selbst gegenüber, zurückgestellt? Wie könnte ich ihnen in meinem jetzigen Leben, mit allem, was inzwischen ist, Raum geben?
6. Welchen Wunsch will ich tatsächlich realisieren?
7. Was brauche ich dafür: Wie viel Zeit? Wie viel Geld? Andere Menschen? …

4. Die Energiebilanz

Es ist sehr hilfreich, sich bewusst zu machen, wie viel Energie einzelne Ziele und Aufgaben verbrauchen, und welche Tätigkeiten und Ziele einem Energie geben. Ob es sich nun um die Arbeit handelt, die Familie, Freunde, Hobbys oder sonstige Lebensbereiche. Dabei gibt es Bereiche, die sowohl Energie verbrauchen als auch zugleich Energie geben – zum Beispiel die Familie oder die Kinder. Erst wenn du dir dessen bewusst bist, wodurch du Energie bekommst und wodurch du sie verlierst, kannst du auch eine bewusste Entscheidung treffen.

Vielleicht entdeckst du bei der folgenden Übung, dass ein bestimmtes Hobby viel mehr Energie frisst, als es dir an Energie und Freude gibt. Vielleicht wird dir dabei klar, warum du dich so oft ausgelaugt und erschöpft fühlst: wenn du nämlich siehst, dass du viel zu wenig von dem tust und von dem erlebst, was dir Kraft und Energie gibt.

Am besten zeichnest du deine persönlichen Energie-Tortendiagramme (siehe nächste Seite) und gleichst sie dann in den folgenden Wochen mit dem ab, was du während der Tage konkret erlebst. Dadurch werden die Diagramme noch genauer.

Die beiden folgenden Kreise sind nur Beispiele, jeder muss seine eigene Aufteilung und auch seine eigenen Themen finden. Wie viel Energie etwas gibt und wie viel dafür aufgewendet werden muss, ist für jeden verschieden und ändert sich auch; ein bestimmter Sport gibt mir womöglich lange Zeit sehr viel Energie, doch plötzlich kostet er, vielleicht wegen eines anderen Tennispartners, mehr Energie, als er mir gibt.

Die Energiebilanz ist nichts Statisches. Der Sinn der Übung liegt mehr darin, dass man sich dieses Themas bewusst wird und vielleicht bestimmte Änderungen erwägt.

DIE ENERGIEBILANZ-TORTE

So könnten die Tortendiagramme einer Energiebilanz zum Beispiel aussehen. Zeichne deine individuellen Diagramme in dein Arbeitsbuch.

Ich wende Energie auf für …

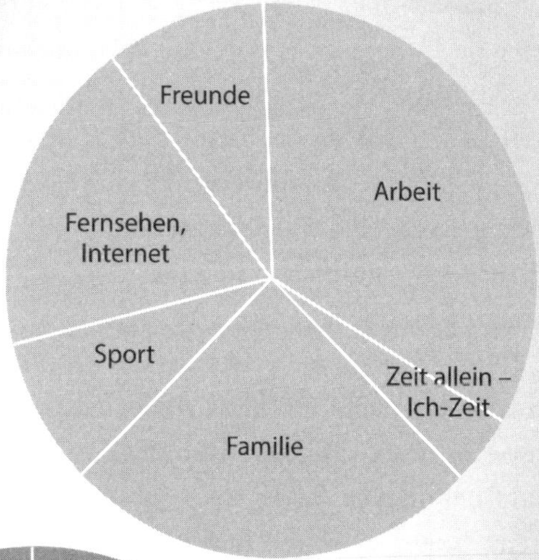

Ich bekomme Energie durch …

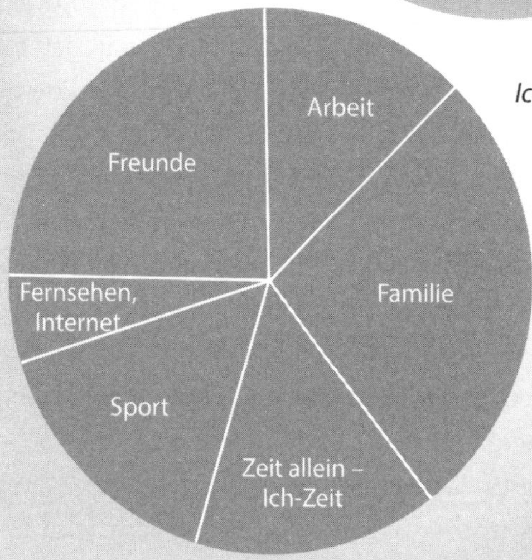

Jetzt kann man beide Kreise miteinander vergleichen. Durch die Arbeit bekommt man zum Beispiel Energie in Form von Selbstwertgefühl sowie Anerkennung und Kraft durch Kollegen und Kolleginnen, gleichzeitig verbraucht man aber vielleicht auch sehr viel mehr Energie. Es fällt auf, dass der Kontakt mit Freunden sehr viel mehr Energie schaffen kann, als er kostet, das gilt ebenso für die Familie und auch für den Sport. Beim Fernsehen bzw. Internet ist es umgekehrt: Man bekommt sehr viel weniger Energie, als man verbraucht.

So kann deutlich werden, ob alte Gewohnheiten überhaupt noch stimmig sind und welche Gewohnheiten man besser loslassen würde.

5. Sich nicht mehr für Liebe und Anerkennung verkaufen

Die wichtigste Funktion des Selbstbildes besteht darin, Liebe und Anerkennung zu bekommen. Der Mensch möchte einem positiven Bild entsprechen und verbiegt sich für Anerkennung und Bewunderung. Er verhält sich so, wie er glaubt, sich verhalten zu müssen. Er verhält sich so, dass er glaubt, ein gutes Bild abzugeben. Er verkauft sich für Liebe und Anerkennung.

In der folgenden Übung kann man sich solcher Verhaltensweisen bewusst werden. Natürlich sind manche Entdeckungen mit einem tiefen Schmerz verbunden, aber wenn man sich das Unangenehme erst einmal eingestanden hat und dadurch die Möglichkeit auftaucht, authentischer und kongruenter zu werden, dann merkt man, dass es sich lohnt. Kongruent ist jemand dann, wenn sein Fühlen und Wollen übereinstimmt mit dem, was er tut und nach außen zeigt.

LIEBE UND ANERKENNUNG

1. Wiederhole etwa zehn Minuten lang immer wieder die Frage:

   »Was tue ich, um Liebe und Anerkennung zu bekommen?«

   Und lass die jeweilige Antwort in dir auftauchen.

2. Lass dir anschließend genügend Zeit, um alle Gefühle zu entdecken, die vielleicht durch die Antworten aufgetaucht sind.

   Jetzt kannst du, wenn du möchtest, diese Gefühle und die wichtigsten Entdeckungen in deinem Arbeitsbuch notieren.

3. Wiederhole die Übung nun mit der Frage:

   »Wie verkaufe ich mich, um Liebe und Anerkennung zu bekommen?«

   Und lass die jeweilige Antwort ebenfalls in dir auftauchen.

4. Setze dich am selben oder am nächsten Tag hin und wiederhole etwa zehn Minuten lang die Frage:

   »Wodurch möchte ich Liebe und Anerkennung bekommen?«

   Und lass wiederum die jeweiligen Antworten auftauchen.

   Wenn du möchtest, kannst du auch dazu die wichtigsten Entdeckungen in deinem Arbeitsbuch notieren.

6. Ziele erreichen und Wünsche realisieren

Eine nützliche Übung, die ebenfalls viele der erörterten Aspekte aufgreift, ist der sogenannte Outcome-Frame. Die Idee geht auf Bandler und Grinder zurück, die das Neuro-Linguistische Programmieren, das NLP, entwickelt haben. Mit dieser Methode lassen sich gewünschte Verhaltensänderungen und die Persönlichkeitsentwicklung fördern.

Die Erfinder des NLP haben ihre Methoden entwickelt, indem sie die Arbeitsweisen der wichtigsten und besten Psychologen und Psychotherapeuten in den 1970er und 1980er Jahren erforschten und deren Vorgehensweisen systematisierten.

Der Outcome-Frame geht bewusst von der Überlegung aus, dass die meisten Menschen ihre Aufmerksamkeit nur darauf richten, worunter sie leiden, und dass sie oft noch nicht einmal genauer erforscht haben, was sie sich eigentlich wünschen.

Die folgende Übung kann sehr gut zu zweit gemacht werden: Du kannst eine gute Freundin oder einen guten Freund bitten, mit dir zusammen diese Fragen durchzugehen, wenn du einen bestimmten Wunsch erforschen und verwirklichen möchtest. Dann kann dein Freund oder deine Freundin deine Antworten notieren und sie dir nach der Übung geben.

Natürlich kannst du diese Fragen auch allein durchgehen, dann ist es sinnvoll, die Antworten in deinem Arbeitsbuch zu notieren.

WAS WÜNSCHST DU DIR?

Was soll dir die Erfüllung deines Wunsches geben? Beschreibe diesen gewünschten Zustand so, dass deine Antworten den folgenden Bedingungen genügen:

- Der Zustand wird positiv formuliert (also nicht sagen, was du dir *nicht* wünschst, sondern was du dir wünschst).
- Er kann von dir selbst initiiert und aufrechterhalten werden und ist nicht abhängig von den Handlungen anderer. (So geht es gar nicht: »Ich möchte, dass sie freundlicher ist.«)
- Er wird spezifisch und sinnlich begründet beschrieben: Wie sind die Körperhaltung, die Atmung, der Gesichtsausdruck und so weiter.
- Zeitrahmen und Größe sind angemessen.

Grundlegende Fragen

- Ist der gewünschte Zustand erstrebenswert?
- Ist der gewünschte Zustand möglich?

Spezifische Beschreibung

Wie wirst du merken, dass du den Zustand erreicht hast?

- Was wirst du sehen?
- Was wirst du hören? (auch intern: der innere Dialog)
- Was wirst du spüren? (körperlich: Atem, Muskelanspannung, Haltung)
- Was wirst du fühlen?

Konkrete Initiative

- Was hindert dich jetzt daran, in den gewünschten Zustand zu kommen?
- Was musst du tun?
- Wie wirst du es anfangen und beginnen, es zu tun?
- Welche Ressourcen hast du bereits, um das zu bekommen, was du dir wünschst?

Alltagsbezug

- Wann wünschst du es?
- Wann wünschst du es nicht?
- Immer? (Gegenbeispiele suchen)

Der Preis

- Welche Nachteile würde der gewünschte Zustand mit sich bringen?
- Was sind die Vorteile des gegenwärtigen Zustandes?
- Was musst du aufgeben, um das Ziel zu erreichen?
- Bist du bereit dazu?

Der Gesamtzusammenhang

- Wie wird der gewünschte Zustand dein Leben verändern?
- Gibt es irgendeinen Teil von dir, der es sich nicht wünscht?
- Gibt es Menschen um dich herum, die dich von dem Ziel abhalten wollen?
- Kann ein Weg gefunden werden, diese Menschen liebevoll für das Ziel zu gewinnen?

7. Prioritäten der Wünsche und das Loslassen von Wünschen

Jetzt hast du einiges über Wünsche allgemein und über deine eigenen Wünsche gelernt. Es lohnt sich nun, die anfänglich erstellte Liste über die Wünsche noch einmal durchzugehen. Vielleicht hast du zusätzliche Wünsche entdeckt oder einzelne Wünsche aufgegeben und gestrichen. In der folgenden Aufgabe geht es darum, die Wünsche zu gewichten: »Welche sind mir wirklich wichtig? Kann ich vielleicht einen Wunsch als denjenigen wahrnehmen, der mir wichtiger ist als alle anderen?«

PRIORITÄTEN

➤ Erstelle eine Prioritätenliste für deine Wünsche:

Der wichtigste Wunsch kommt nach oben, danach nimmt die Wichtigkeit der Wünsche jeweils ab.

Dann gibt es eine zweite Frage: »Welche Wünsche sollte ich besser loslassen?«

Vielleicht hast du einige der Übungen gemacht, und es haben sich etliche Ziele und Wünsche, die bisher in deinem Leben eine Rolle gespielt haben, als überlebt erwiesen. Bei einigen Wünschen hast du vielleicht entdeckt, dass du sie gar nicht wirklich willst, sondern nur verfolgt hast im Glauben, du solltest sie haben. Sie gehörten womöglich zu einem falschen Selbstbild.

Andere Wünsche haben sich vielleicht als Ballast und Blockaden gezeigt oder als mitgeschleppte Gewohnheiten, die du schon lange nicht mehr überprüft hattest. Bei wieder anderen Zielen hast du vielleicht entdeckt, dass sie eigentlich viel mehr Energie fressen, als sie dir geben.

LOSLASSEN VON WÜNSCHEN

- Frage dich: »*Welche Wünsche würden mich glücklicher machen, wenn ich sie loslasse?*«

Welche Wünsche möchte ich loslassen?	*Was müsste ich aufgeben?*	*Was würde ich gewinnen?*

8. Wunschlos glücklich

Das Thema Wünsche ist hier natürlich noch nicht beendet. Eine wichtige Frage wird uns im Folgenden beschäftigen: Was macht uns glücklicher? Unsere Wünsche – oder unsere Fähigkeit, das zu akzeptieren, was ist, und dadurch buchstäblich wunschlos glücklich zu sein?

Wir haben gesehen, dass man einen tiefen und vollständigen Zugang zu seinen Gefühlen braucht, wenn man entdecken will, was man sich wirklich wünscht und wonach man sich in Wahrheit sehnt. Durch das Fühlen finden wir das Tor zur Freiheit.

Im Zustand des Wünschens sind wir im Reich der Fantasie, der Vorstellungen und der Gedanken und nicht wirklich vollständig erfasst von der gegenwärtigen Erfahrung, denn Erleben, Fühlen und Erfahren geschieht nur in der Gegenwärtigkeit. Deswegen stimmen alle großen Weisheitstraditionen darin überein, dass Wünsche – also mentale Vorstellungen – uns trennen von der *Erfahrung* des Glücks, das der Augenblick uns schenken kann.

Um vollständig loslassen zu können und die Tiefe und das Glück dieses Augenblicks wirklich zu erfahren, müssen alle mentalen Vorstellungen über Vergangenes und Zukünftiges losgelassen werden. Dann sind wir buchstäblich wunschlos glücklich. Jeder Wunsch entfernt uns von diesem Glück.

Gleichzeitig bewegen wir uns in der Zeit, von unserer Vergangenheit mitbestimmt, auf etwas Zukünftiges hin. Wünsche, Visionen und Träume haben zu dürfen, sie zu vertreten und zu verteidigen und sich selbst dabei treu zu bleiben, ist eine notwendige Qualität eines gelingenden Lebens.

Wünsche und Visionen als Inspiration ohne Glücksversprechen

Träume und Wünsche stehen uns allerdings im Wege, wenn sie uns von der Erfahrung des Lebens im gegenwärtigen Augenblick trennen. Ganz deutlich wird das bei Tagträumereien, die nur eine Flucht darstellen, weil das gegenwärtige Leben nicht erstrebenswert und nicht aushaltbar erscheint.

Der Buddha hat uns gelehrt, dass derjenige glücklich wird, der weder am Vergnügen anhaftet, noch das unvermeidlich Unangenehme bekämpft und abwehrt. Oft wird daraus geschlossen, dass man keine Wünsche, Sehnsüchte und Visionen haben dürfe.

Tatsächlich stehen sie uns im Wege, wenn sie verbunden werden mit einer angeblichen Gewissheit, dass die jeweiligen Ziele unabdingbar für das Erreichen von Glück wären. Doch niemand weiß, ob ein bestimmtes Ziel wirklich glücklich machen wird und für wie lange. Jeder war schon einmal unsterblich verliebt und glaubte, nur mit ihm oder ihr für immer glücklich werden zu können, und wurde dann doch nach einiger Zeit enttäuscht.

Es ist heilsam, auch bei dem attraktivsten Wunsch gewahr zu sein, dass wir nicht wissen, ob die Realisierung uns wirklich glücklich machen würde oder nicht. Dann können wir auf eine heilsame Weise bereit sein, jeden Wunsch, wenn es die Situation gebietet, wieder loszulassen und gehen zu lassen.

Wünsche würden uns ebenfalls mehr schaden als helfen, wenn wir den Wunsch nach einem Objekt oder einer Erfahrung verknüpfen mit ich-haften Wünschen: wenn wir etwa glauben, dass wir durch die erfolgreiche Bewältigung einer Aufgabe oder einer Karriere im Beruf mehr Wert bekämen und dass wir nur dadurch mit uns zufrieden sein und so von den anderen mehr Achtung einfordern könnten. All diese Gedanken resultieren aus einem grundlegenden Gefühl von Mangel: Mangel an Selbstwert, Mangel an Liebe und Mangel an einem Gefühl von Daseinsberechtigung. Doch dieses grundlegende Gefühl von Mangel kann im Außen nie befriedigt werden, sondern nur durch ein tieferes und fühlendes Ankommen bei sich selbst. Dann gewinnt man ein unmittelbares Gefühl des Existierens, eine Daseins-Selbstverständlichkeit, und lebt aus einer inneren Fülle und Erfüllung. Das ist das Ende des Mangelgefühls.

Wenn wir eine Vision haben und gleichzeitig wissen, dass uns die Vision selbst nicht glücklich macht, sondern nur der gegenwärtige Augenblick, dann gibt die Vision unserem Leben zusätzliche Farbe, Lebendigkeit, Liebe und Menschlichkeit.

✴ *SCHRITT 2* ✴

ALLES FÜHLEN DÜRFEN UND ALLES FÜHLEN KÖNNEN

✴

Gefühle – der Reichtum des Lebens

Die Gefühle machen den Reichtum des Lebens aus, der Mensch ist ein fühlendes Wesen. Ob ich morgens entspannt und heiter aufwache oder den Tag bedrückt und schwermütig beginne; ob ich mich freudig an die Arbeit mache oder aber voller Angst, sie nicht zu schaffen; ob ich einen Menschen treffe, über den ich mich freue, oder ungehalten mit ihm bin; ob ich mir dann abends Zeit nehme und fühlend bei mir ankomme, die Freude über den Feierabend fühle, vielleicht spüre, dass ich noch einen Ärger aus der Arbeit mit mir herumschleppe, diesen Ärger fühlen kann, um danach innere Ruhe zu finden – all diese Gefühle entscheiden darüber, ob ich mich glücklich fühle, lebendig, zufrieden und im Einklang mit mir bin oder ob ich betäubt bin, unlebendig und von mir selbst eigentlich gar nichts mitbekomme. All diese Gefühle machen den Tag aus und beeinflussen darüberhinaus meine Gesundheit und meinen Energiezustand.

Gefühle sind etwas anderes als Körperempfindungen. Körperempfindungen sind: den Energiestrom zu spüren, den Herzschlag, den Atem sowie alles, was im und am Körper spürbar ist, wie ein Vibrieren, Jucken, Pochen, den Wind auf der Haut, den Druck im Brustkorb, die sexuelle Erregung, den Schweißausbruch.

Die wichtigsten Gefühle sind: Freude, Schmerz, Heiterkeit, Trauer, Wut, Angst, Verzweiflung, Scham, Ekel.

Von den Gefühlen gibt es auch Abstufungen, am Beispiel der Wut sind das folgende: ungehalten sein, sich genervt fühlen, aufgebracht sein, Ärger, Groll, Zorn und Hass. Sie sind nicht nur nach Intensität abgestuft, sondern auch immer unterschiedlich ausgerichtet. Der Zorn weiß genau, gegen wen und was er sich richtet; der Hass ist mehr als Wut, weil er nicht nur etwas abwehren, sich verteidigen und etwas durchsetzen möchte, sondern weil es den, auf den der Hass sich richtet, auch zerstören will.

Bei der Angst gibt es folgende Abstufungen: Unsicherheit, Ängstlichkeit, Angst, Schrecken und Panik.

Weiter gibt es einige zusammengesetzte Gefühle: Neid setzt sich zusammen aus Sehnsucht, Aggression und Schmerz. Man will etwas haben, das ist die Sehnsucht; man ist neidisch auf den anderen, das ist das aggressive Element; und es schmerzt, dass man es nicht hat.

Eifersucht ist nicht nur eine Leidenschaft, die mit Eifer sucht, was Leiden schafft, wie es so schön heißt, sondern sie setzt sich zusammen aus: Schmerz, Aggression und Neid. Der Schmerz wird mit einer bestimmten Geschichte verbunden, die wiederum aus vielerlei Fantasien und Vorstellungen zusammengesetzt ist.

Die Wut ist immer wieder wichtig, manchmal lebenswichtig, weil sie Energie mobilisiert, um Schädigendes und Bedrohendes abzuwehren und eine Distanz zwischen dem Schädigenden und sich selbst zu schaffen. Zum anderen hat die Aggression eine außerordentlich positive Bedeutung, wenn sie sich verbündet mit dem Eros, der liebenden Kraft, und dem Wunsch zu gestalten – dann stellt die Aggression als Lebenskraft die notwendige Energie zur Verfügung, um das Vorhaben auch zu realisieren und um vor allem auch die Hindernisse aus dem Weg zu räumen. In dem Wort von »einem Vorhaben, dass man in Angriff nimmt« kommt das auch sprachlich zum Ausdruck.

Gefühle, Körperempfindungen und andere Ebenen

Der Unterschied von Gefühlen und Körperempfindungen

In den letzten 40 Jahren wurde nicht nur in der Psychotherapie, sondern auch im Alltag der Körper wiederentdeckt, insbesondere in der Wellnessbewegung; Yoga, Tai-Chi, Qigong und viele andere Methoden der Körperwahrnehmung, der Körperbewegung und -entspannung verbreiteten sich, und das nicht nur in Selbsterfahrungskreisen. Yogabücher fanden den Weg sogar bis in den Tchibo-Shop. Dabei wurden jedoch die Gefühle vernachlässigt. Auf die Frage »Was fühlst du?« kommt oft als Antwort: »Ich fühle einen Druck in der Brust. Ich fühle eine Anspannung im Bauch. Ich spüre mein Herz schneller schlagen.« Das alles aber sind Körperempfindungen, keine Gefühle. Natürlich weiß derjenige, dass er traurig ist, wenn etwas ganz Existenzielles passiert ist wie eine Trennung oder ein Todesfall. Aber in den alltäglichen Situationen bleibt es oft bei Körperempfindungen.

Es ist gut, wenn sich die Wahrnehmung des Körpers verbessert, doch der Reichtum des Lebens wird nicht von der Wahrnehmung der Körperempfindungen bestimmt, sondern davon, ob ich heiter oder bedrückt bin, voll freudiger Erwartung wegen des Neuen, das auf mich zukommt, oder ängstlich wegen des Unbekannten und vielleicht trotzdem mutig und aufgeregt. Der Reichtum des Lebens wird davon bestimmt, ob ich mich freue über das Gelingen der Arbeit oder unzufrieden bin mit ihrem Fortschritt, ob ich Liebe fühle und Sehnsucht und ob ich all diesen Gefühlen wirklich Raum geben kann. Es ist gut, den Körper zu spüren, gerade auch die Anspannung und den Atem wahrnehmen zu können. Wenn ich das Innere des Körpers spüre und so die Anspannung des Körpers loslassen kann, dann nehme ich auch eher wahr, was ich fühle. Der Körper ist die Tür zum Fühlen, er ist die Tür zur Seele.

Als die Psychotherapeuten den Körper entdeckten und nicht nur beim Sprechen blieben, war das ein gewaltiger Fortschritt. Aber mir scheint, dass häufig der Körper und der Atem nicht als Weg zum Fühlen gesehen wurden, sondern die Körperempfindungen anstelle der Gefühle gesetzt worden sind, weil die Körperempfindungen so viel präziser gespürt und mitgeteilt werden können als die Gefühle. Gefühle sind nicht klar abgrenzbar, nicht klar definierbar und nicht handhabbar, und vor allem: Sie wollen all das gar nicht sein.

Viele Menschen meinen deswegen auch, sie könnten nichts fühlen. Sie nehmen Gefühle nur wahr, wenn diese übermächtig sind, und sonst nicht. Dies liegt jedoch oft nur an Missverständnissen wie etwa, dass Gefühle immer heftig sein müssten und man die zarten Gefühle gar nicht als solche identifiziert, oder daran, dass jemand sich schlicht nicht die Zeit dafür nimmt, Gefühle überhaupt erst aufkommen zu lassen; natürlich liegt es auch an der Angst vor dem Fühlen.

Die Ebenen der Wahrnehmung

Der Organismus besteht aus drei verschiedenen »Körpern«:
Der mentale Körper: der Verstand, die Bilder und die Gedanken, sowohl die bewussten als auch die unbewussten.
Der physische Körper: das Muskelsystem, das hormonelle System, die Atemfunktion, der Herzschlag und Kreislauf, die gewohnheitsmäßigen und chronischen Körperhaltungen, die Körperanspannungen und Muskelblockierungen.

Der emotionale Körper: die Stimmungen und die Gefühle; es gibt Gefühle in verschiedener Tiefe, und es ist nützlich, folgende zu unterscheiden:

- *Gefühle und Stimmungen wegen der Tagesereignisse:* zum Beispiel Freude über gelungene Arbeit, Heiterkeit wegen des sonnigen Frühlingswetters.
- *Kontinuierlichere Gefühle:* Gefühle gegenüber anderen Menschen, Gefühle in den verschiedenen Beziehungen, längerfristige Gefühle gegenüber den wichtigen Tätigkeiten, der Arbeit, den Hobbys.
- *Grundlegende Gefühle gegenüber der Welt:* Wie fühle ich mich in der Welt – in der materiellen Welt und in der Gesellschaft als Ganzes? Löst sie freundliche oder ängstliche Gefühle aus? Nehme ich sie als feindlich und bedrohlich wahr, voller Mangelgefühl und Angst, keine Kontrolle zu haben? Fühle ich mich ohnmächtig und hilflos? Oder erlebe ich die Welt und die Gesellschaft als nahrhaft und als eine Herausforderung, als eine Quelle von Freude und Lebendigkeit?
- *Grundlegende Gefühle sich selbst gegenüber:* Mache ich mich ständig herunter, bin ich ärgerlich und zornig über mich, oder betrachte ich mich liebevoll, freundlich und aufmerksam?
- *Existenzielle Gefühle:* Dazu gehört zum Beispiel die existenzielle Sehnsucht, also die Sehnsucht nach Ganzwerden und Verbundensein mit allem; ebenso die Verzweiflung – von dem Philosophen Søren Kierkegaard stammt der Gedanke, dass der Mensch wegen der Getrenntheit vom Ganzen verzweifelt ist, unabhängig davon, ob er sich dessen bewusst ist oder nicht. Dann gibt es die verschiedenen existenziellen Ängste: die Angst vor der inneren Bodenlosigkeit, vor der Auflösung in der unendlichen Leere, vor dem existenziellen Alleinsein – einem Alleinsein, das einhergeht mit einer Gottverlassenheit und einem

Gefühl, als wenn man allein im ganzen Universum wäre; und nicht zuletzt gehört auch die Angst vor dem Tod dazu.

Tiefere Erfahrungen

Tiefe, Ruhe, Leere, Stille, Frieden, bedingungslose Liebe und Glückseligkeit sind Erfahrungen, die tiefer sind, als Gefühle es je sein können. Die meisten Menschen haben nur in kurzen Momenten Kontakt zu diesen tieferen Seins-Erfahrungen.

Diese sind Gefühlen zwar ähnlich, aber wesentlich grundlegender, und sie unterscheiden sich in zweierlei Hinsicht sehr deutlich: Gefühle haben einen Anlass, wallen auf und werden stärker, verbrennen danach wieder und lösen sich auf; die tieferen Erfahrungen brauchen weder einen Anlass, noch lösen sie sich auf, sie bleiben einfach da, solange man nicht selbst weggeht.

Gefühle gehen zudem immer mit einer stärkeren Körperaktivität einher, wenn auch in unterschiedlichem Ausmaß: Das Herz schlägt schneller, der Atem wird heftiger und manchmal gleichzeitig tiefer, der Muskeltonus steigt … dagegen gehen die tieferen Erfahrungen mit einer Abnahme all dieser Körperfunktionen einher, der Körper wird ruhig und still.

Wir haben also folgende Ebenen der inneren Wahrnehmung:

Mentalkörper	Gedanken · Bilder · innere Sätze, Stimmen
Physischer Körper	Körperempfindungen
Emotionalkörper	Gefühle
Tiefere Erfahrungen	innere Erfahrungen, die tiefer als Gefühle sind

Viele Menschen haben die »Sprache des Fühlens« vergessen und verlernt. Es werden Gedanken als Gefühle bezeichnet oder es wird, statt etwas wirklich zu fühlen, lediglich eine Körperempfindung wahrgenommen.

Die folgende Übung hat den Sinn, Gedanken, Körperempfindungen und Gefühle klarer unterscheiden zu lernen. Gleichzeitig wird man einen spannenden Nebeneffekt beobachten: Allein durch die Bewusstheit wird man innerlich ruhiger und gelassener.

GEWAHRSEINSÜBUNG 1

➤ Setze dich für eine Viertelstunde mit geschlossenen Augen hin und stelle dir immer wieder folgende Fragen:

Was denke ich?	▶	Gedanken
Was sehe ich?	▶	innere Bilder
Was höre ich?	▶	innere und äußere Geräusche
Was spüre ich?	▶	innere Körperempfindungen, aber auch von außen hervorgerufene wie der Druck der Rückenlehne oder des Sitzes, die Temperatur auf der Haut …
Was fühle ich?	▶	die verschiedenen Gefühle

Was sind Gefühle?

Jedem Gefühl geht eine bewusste oder unbewusste Wahrnehmung und Interpretation voraus. Das Gefühl ist eine komplexe und ganzheitliche Antwort auf die Welt, auf den anderen und auf sich selbst.

Wenn die Welt als bedrohlich und feindlich erlebt wird, ist die Antwort Angst. Wenn ich den anderen sympathisch finde, gute Erfahrungen mit ihm verbinde und von beiden Seiten eine liebevolle Begegnung erwarte, dann freue ich mich, wenn ich ihn sehe. Wenn ich von mir selbst erwarte, dass ich die vor mir liegende Aufgabe meistere, dass die anderen mit meiner Arbeit zufrieden sein werden, dass ich erreichen werde, was ich mir wünsche und vornehme, dann fühle ich mich sicher, habe eine liebevolle Haltung mir selbst gegenüber und fühle Freude über die Aufgabe.

Fühlend antworte ich also auf die Welt. Die Antwort ist komplex, weil ganz viele Erwartungen, Erinnerungen, Wünsche und Bedürfnisse, Befürchtungen und Hoffnungen dieses eine Gefühl bestimmen. Lange Zeit galt als Idealbild des Menschen, gerade des arbeitenden Menschen, sachlich zu sein und sich von seinen Gefühlen nicht stören zu lassen, am besten gar keine Gefühle zu haben oder sie so zu beherrschen, dass sie praktisch keine Rolle spielen. In den neunziger Jahren hat daher ein Buch großes Aufsehen erregt und ein Umdenken eingeleitet, dessen Hauptaussage schon im Titel deutlich wird: »Emotionale Intelligenz«.

Man hat entdeckt, dass – gerade weil das Gefühl eine so komplexe und außerordentlich schnelle Reaktion darstellt – es völlig falsch wäre, auf die Intelligenz, die darin steckt, zu verzichten. Man begann zu entdecken, dass sogar der sachliche Arbeitsprozess davon profitiert, wenn die beteiligten Gefühle wahrgenommen und verstanden werden.

✳ SCHRITT 2 ✳

Gedanken, Wahrnehmung und Interpretation

Das Gefühl wird von Wahrnehmungen, Interpretationen und Deutungen bestimmt, also von Gedanken und Überzeugungen.

Als Kind, abends im dunklen Garten, sind wir vielleicht furchtbar erschrocken vor dem, was wir da als ein unheimliches Gespenst wahrgenommen haben. Dieses Erschrecken und die Angst waren – natürlich in einem Bruchteil von Sekunden mitbestimmt von alledem, was wir in vielen Geschichten gelesen und gelernt hatten, nämlich wie Gespenster sein und was sie so alles tun könnten. Dann vielleicht nehmen wir wahr, dass es nur ein Bettlaken ist, das wahrscheinlich der ältere Bruder im Busch aufgehängt hat, um uns zu erschrecken.

Wenn wir diesen Scherz jetzt als gelungen wahrnehmen und auch eine positive, liebevolle Einstellung zum Bruder haben, überfällt uns vielleicht erlösende Heiterkeit; wenn der Bruder dagegen als gemein wahrgenommen wird, verbunden mit der Überzeugung, dass hinter solchem Tun eine böse Absicht steckt und man sich so auf keinen Fall verhalten dürfe, ist unser Gefühl ganz anders: Wir sind ärgerlich und wütend. Man kann auch den Ärger gegen sich selbst richten, in dem man sich vorwirft, dass man so dumm war, darauf hereinzufallen.

Wir sehen also: Eine ganze Reihe von Gedanken, von Wahrnehmungen und Beurteilungen gehen in das Gefühl ein und bestimmen es; und ebenso tun das Erinnerungen: ob ich mich – unbewusst oder halb bewusst – an eigenen Schabernack erinnere, den ich selbst mit großem Erfolg getrieben habe, oder an Situationen, in denen ich nicht nur den Schrecken davontrug, sondern anschließend auch zum Gespött der anderen wurde … All das zeigt, wie viele innere Wahrnehmungen und Bewertungen das Gefühl bestimmen und mitbestimmen.

Der Körper und der Atem

Auch der Körper und der Atem spielen in diesem Prozess mit. In unterschiedlichem Ausmaß sind alle Gefühle von einer Energetisierung des Körpers begleitet.

Wenn wir Angst haben, will der Körper uns natürlich in Bereitschaft versetzen zu fliehen, uns zu verteidigen oder anzugreifen. Das Herz schlägt schneller, der Atem wird schneller und heftiger, Muskeltonus und Energieumsatz steigen, und es wird jede Menge Adrenalin ausgeschüttet. Auch die Wut will uns für den Angriff oder für die Verteidigung mobilisieren, was einen enormen Energieanstieg bewirkt. Und der Körper will sich in dem einen wie dem anderen Falle bewegen. So jedenfalls war es früher, als wir noch vom Säbelzahntiger bedroht wurden oder von herannahenden Blitzen und Gewittern.

Es geschieht die gleiche Aktivierung, wenn wir uns vom Chef zu Unrecht zurechtgewiesen fühlen; aber wohin jetzt mit all dieser Energie? Die große Menge an Energie selbst macht Angst.

Auch der Körper erinnert sich

Die körperlichen Reaktionen sind auch bestimmt von unbewussten Erinnerungen: Wenn der Chef lauter wird, ziehen wir vielleicht automatisch die Schultern nach vorn und den Kopf ein, wie um uns zu ducken, und halten gleichzeitig den Atem an; wir fühlen uns – meistens unbewusst – wieder genauso wie damals gegenüber dem strengen Grundschullehrer, als wir die Aufgaben nicht konnten.

Es zeigen sich ein ganz bestimmtes physiologisches, körperliches Muster und eine bestimmte Körperhaltung, die unbewusst mit bestimmten Gefühlen, Wahrnehmungseinschränkungen und

Reaktionsmustern verbunden sind. So entsteht die Tendenz, sich dem Chef gegenüber genauso zu fühlen und zu verhalten wie damals in der Schule gegenüber dem Lehrer.

Das Gefühl ist nicht der Gedanke, die Körperempfindung oder die Energie

Für den Augenblick ist wichtig festzuhalten: Gedanken, der Körper und seine Energie sind bei der Entstehung des Gefühls beteiligt, *aber das Gefühl besteht nicht aus Gedanken, Körperempfindungen oder Energie.* Das Gefühl selbst ist etwas Geistiges, nicht etwas Körperliches, es ist immateriell.

Mit den Augen sehen wir, mit den Ohren hören wir, doch womit nehmen wir das Gefühl wahr? Gerade nicht mit dem Verstand – und auch nicht mit dem Körper, obwohl das viele Menschen glauben, aber das ist ganz falsch. Der Körper, der ganze Organismus ist daran beteiligt. Aber *wahrgenommen wird das Gefühl mit dem Herzen.*

Weil wir es mit dem Herzen wahrnehmen, ist das Gefühl auch nicht auf den Körper beschränkt. Wenn wir Traurigkeit oder Freude wahrnehmen, sind sie nicht auf die Ausmaße des Körpers begrenzt, denn diese Gefühle haben keine Grenze. Das Herz ist viel weiter als der Körper, das Herz ist größer als dieser Planet und größer als das ganze Universum.

Gefühle werden von Vorstellungen, Gedanken und Überzeugungen hervorgerufen und bestimmen und beeinflussen ihrerseits Gedanken und Vorstellungen, vor allem Urteile und Entscheidungen. Gleichzeitig haben sie eine motivationale Seite, sie bestimmen also die Handlungen mit. Wenn wir etwa Unzufriedenheit fühlen, lässt diese den Wunsch entstehen, etwas zu verändern, und so kann dieser Wunsch Handlungen hervorrufen.

Oft wird unterschieden zwischen Gefühl, Emotion und Affekt, damit soll die Heftigkeit des Gefühls kategorisiert werden, und der Affekt zeichnet sich durch das relative Fehlen von gedanklichen Vorstellungen und entsprechender Kontrolle aus. Da dies ohnehin nur relative Unterscheidungen sind, verwende ich ausschließlich den Begriff des Gefühls.

Gefühle geben Orientierung, teilen etwas mit und verarbeiten das Vergangene

Das Gefühl ist eine Antwort auf die Welt, den anderen und sich selbst. Damit gibt es die Richtung des eigenen Handelns und Denkens vor. Freude bewegt uns auf etwas hin und Wut gegen etwas an. Ohne Gefühle hätten wir große Schwierigkeiten, uns im sozialen Umfeld zu bewegen. Wir würden viel zu lange brauchen, um die vielen Informationen, die im Gefühl zusammentreffen, mit unserem Verstand zu verarbeiten.

Die zweite Funktion von Gefühlen ist die kommunikative. Indem wir unsere Wut zeigen, und das allein schon durch unseren Gesichtsausdruck, lassen wir den anderen zurückschrecken und einen Schritt von uns zurücktreten. Ein Ausdruck der Freude beim Anblick eines Bekannten hingegen lässt diesen näher auf uns zukommen.

Die Verarbeitung des Vergangenen ist die dritte wichtige Funktion der Gefühle. Ein Verlust wird dadurch verarbeitet, dass wir trauern; man spricht hier zu Recht von Trauerarbeit. Wir brauchen eine Zeit des Trauerns, bis wir den Abschied verdaut und uns mit dem Verlust ausgesöhnt haben. Trauerarbeit bedeutet, die Trauer auszuhalten, zu fühlen und auch, sie zu erleiden. Wenn sie zur Ruhe kommt, können wir uns neu orientieren und uns dem zuwenden, was jetzt vor uns liegt.

GEFÜHLE ENTDECKEN

Bitte eine Freundin oder einen Freund um ein paar Minuten Aufmerksamkeit für eine kleine Übung. Erzähle aber erst einmal nicht, worum es geht, sondern sage nur, sie oder er möge sich deine Tageserlebnisse anhören.

1. Erzähle ihr oder ihm, was du den Tag über erlebt hast, ohne dabei Gefühle mitzuteilen.
2. Dann halte inne und erzähle die Tageserlebnisse noch einmal, und dieses Mal teile vor allem deine Gefühle mit: wie heiter oder bedrückt du morgens aufgewacht bist, wie fröhlich dich die Sonnenstrahlen gestimmt haben oder wie ängstlich du dieses Mal zur Arbeit gegangen bist, wie erleichtert du dich gefreut hast, als alles gar nicht so schlimm war …
3. Halte inne und nimm selbst den Unterschied wahr. Dann bitte deine Freundin oder deinen Freund um eine Rückmeldung, wie unterschiedlich sie bzw. er die Berichte erlebt hat.

Gefühle wegzuschieben kostet einen hohen Preis

Das Verdrängen der Gefühle ist vielleicht die wichtigste Ursache für Unglück, für Erschöpfung und Energieverlust, und auch viele Krankheiten sind darauf zurückzuführen. Zugleich ist es vielleicht die häufigste Strategie, mit der man sich selbst im Wege steht. Wenn Gefühle unterdrückt werden, kostet das sehr viel Energie. Wenn es einem möglich war zu weinen, nachdem man die Traurigkeit vielleicht schon längere Zeit vor sich hergeschoben hatte, fühlte man sich nach dem Weinen gelöster und gleichzeitig energievoller.

Das verdrängte Gefühl stellt eine große Energiemenge dar, die ganz und gar gebunden ist, wenn das Gefühl unterdrückt wird; gleichzeitig wird noch einmal dieselbe Menge an Energie gebraucht, um dieses verdrängte Gefühl unten halten zu können. Ein Gefühl kann nicht einfach weggeschoben und vergessen werden; die Verdrängung erfordert eine kontinuierliche Anspannung, weil sonst alles hochkommen würde.

Um die Traurigkeit von sich fernzuhalten, wird der Atem kontrolliert, und es wird nicht wirklich tief durchgeatmet; dazu wird die Muskulatur im Bauch, in der Brust, im Kiefer und unter dem Kinn angespannt, genauso wie die feineren Muskeln um die Augen herum. Ähnliches gilt natürlich für jedes Gefühl, das unterdrückt wird, statt gefühlt zu werden, da sind zum Teil nur andere Muskeln betroffen.

Man kann durch Sport oder Massage den Körper nur oberflächlich entspannen, dabei auch einiges an Druck abreagieren, aber die tieferen Anspannungen verschwinden dadurch nicht.

In Therapien oder biografischer Arbeit erlebt man immer wieder, wie eine tiefe emotionale und gleichzeitig körperliche Lösung geschieht: Da erinnert sich jemand vielleicht zum ersten Mal daran, wie er damals im Kindergarten, im Alter von fünf Jahren, ausgelacht wurde, und wie er sich schämte und so wütend war und vor allem so verletzt und traurig, dass er diese Gefühle weder zeigen noch wirklich fühlen konnte und sie verdrängte. Jetzt, 30 oder 40 Jahre später, kann er diese Gefühle, Halt und Unterstützung durch den Therapeuten erlebend, zum ersten Mal wirklich fühlen. Dies löst und entspannt so tief, dass sich die Anspannung wegen dieser verdrängten Gefühle, die er jahrzehntelang mit sich herumgetragen hatte, in Luft auflösen kann.

Verdrängte Gefühle machen uns unfrei

Man muss sich Folgendes ganz deutlich vor Augen halten: Wenn man den Schmerz über eine Trennung und die Trauer über die verlorene Beziehung nicht fühlt, sondern verdrängt, verschwinden Schmerz und Trauer ja nicht, sie bleiben im Unbewussten und unverarbeitet.

Man hat sich vielleicht erspart, vier Wochen zu heulen oder vielleicht sogar ein halbes Jahr zu trauern, hat es überspielt mit Sport, Arbeit oder vielleicht mit einer schnellen neuen Beziehung. Doch diese Verdrängung hat zur Folge, dass man an diesem unbewussten Schmerz das restliche weitere Leben, also die nächsten 30, 40 oder 60 Jahre leidet. Dieser Schmerz muss die ganze Zeit ferngehalten werden, Körper und Seele sind dauerhaft um ein bestimmtes Maß angespannter.

In bestimmten Situationen, in denen es um Abschied geht, kommt dann vielleicht ein unverstandenes Gefühl von Schmerz ans Tageslicht, der eigentlich von dieser früheren Situation herrührt und uns in der jetzigen verwirrt und leidend macht. Aber auch dadurch wird dieser frühere Schmerz nicht verarbeitet, er begleitet uns tatsächlich all die Jahre und verhindert so, dass wir uns frei und lebendig fühlen.

Es ist ein schlechter Handel, den wir da mit uns machen. Es macht uns freier, wenn die Gefühle ihre tatsächliche Funktion ausüben können und die Chance haben, Verlust, Enttäuschung, zerplatzte Illusionen, gescheiterte Träume oder das Mißlingen eines Projektes auf eine wirklich tiefgehende Weise zu verarbeiten.

Nicht gefühlte Gefühle machen uns unfrei, spannen Körper und Seele an, verschlechtern den Schlaf, verbrauchen und vergeuden eine Unmenge von Energie und verursachen über einen längeren Zeitraum somatische Störungen und Krankheiten …

Von der äußeren Situation zum Gefühl zur Handlung

Bevor wir zu den Lösungen kommen, müssen wir Gefühle noch ein bisschen genauer verstehen. Wir haben gesehen, dass das Gefühl eine komplexe Antwort auf das ist, was wahrgenommen wird: die gegenwärtige äußere Situation, eine innere Situation, eine Erinnerung oder eine Erwartung. Es ist eine komplexe Antwort auf die Welt, auf den anderen und auf mich selbst. Das Gefühl ist die innere Antwort, auf die nun Impulse, Handlungen oder Reaktionen folgen können.

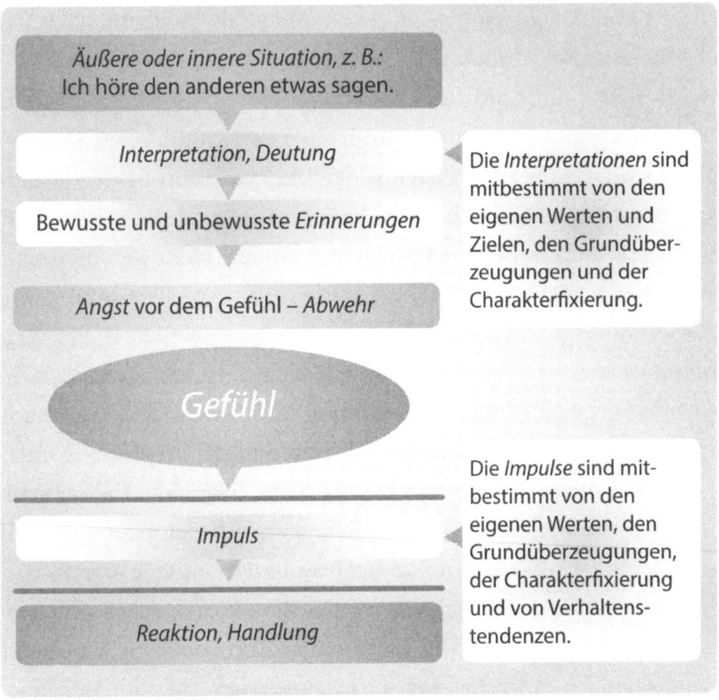

Bausteine des Gefühls

Ausgangspunkt ist *die äußere oder innere Situation.* Jemand sagt etwas, oder es taucht innerlich ein Plan auf, eine bestimmte Aufgabe wird an einen herangetragen oder etwas anderes taucht in der Vorstellung als innere Situation auf.

Diese Situation wird *gedeutet und interpretiert,* ihre Be-Deutung wird erfasst. Man hört den anderen etwas sagen, aber seine Stimme hat einen bestimmten vorwurfsvollen Klang, man glaubt plötzlich, den anderen zu stören ... All das und noch viel mehr geht in die Interpretation der Situation ein. Diese Deutungen und Interpretationen sind *mitbestimmt von den eigenen Werten und Zielen,* von den eigenen Überzeugungen und Grundüberzeugungen, von der Charakterfixierung (siehe Seite 237) und nicht zuletzt von der Tagesform.

Die Interpretationen und Deutungen verbinden sich mit bewussten und unbewussten *Erinnerungen,* die als Gedanken, Bilder, Stimmen, Körperhaltungen und Körperempfindungen gespeichert sind. Die Verbindung mit der Interpretation ist umso stärker, je unbewusster sich diese Erinnerungen in diese Situation hineinschleichen, weil man sich dann nicht bewusst mit ihnen auseinandersetzen und sie gegebenenfalls beiseitestellen kann. Alle Übertragungsprozesse und Projektionen zählen dazu: Man nennt es in der Psychologie eine Übertragung, wenn jemand die Gefühle gegenüber einer bestimmten Person von früher jetzt auf eine andere Person richtet; die Hilflosigkeit gegenüber dem Grundschullehrer wird jetzt auf den Chef übertragen. Eine Projektion bedeutet, dass jemand einen eigenen Anteil oder ein eigenes Gefühl, etwa Ärger, im anderen wahrzunehmen glaubt.

Jetzt besteht die Möglichkeit, dass die *Angst vor dem Gefühl* – etwa die Angst, das Gefühl nicht auszuhalten oder die Kontrolle zu verlieren – eine *Abwehrreaktion* mobilisiert, die die Wahrnehmung des Gefühls verhindert.

Wenn dies nicht geschieht, entsteht das *Gefühl.* Das Gefühl löst bestimmte gedankliche und handlungsbezogene *Impulse* aus. Diese Impulse sind mitbestimmt von den eigenen Werten, Grundüberzeugungen, der Charakterfixierung und von Verhaltenstendenzen. Die Impulse lösen *Handlungen* aus, wieder oftmals scheinbar automatisch, und sind somit impulsive Handlungen.

Es gibt einen großen Unterschied zwischen Impulsivität und Spontanität. Im Schaubild auf Seite 63 symbolisieren die Linien, die vor dem Impuls und der Handlung stehen, dass man hier die automatisch und impulsiv ablaufende Reaktionskette anhalten kann. Allerdings hat das ganz unterschiedliche Konsequenzen.

Nehmen wir als Beispiel das Gefühl von Wut, das den Impuls auslöst, mit der Faust auf den Tisch zu hauen oder auf den anderen einzuschlagen. Der Impuls mobilisiert bereits die Muskulatur und die Körperhaltung, und wenn jetzt die Handlung nicht ausgeführt wird, weil sie nicht ausgeführt werden darf, dann macht der Körper sich starr – er setzt eine enorme Anspannung ein, um die schon begonnene Handlung festzuhalten.

Ganz anders verhält es sich, wenn der Prozess *vor dem Impuls angehalten* wird. Dann kann die Wut gefühlt werden, ohne dass es zu einer körperlichen Anspannung kommt, aber auch ohne dass es zu einer Reaktion kommt, die womöglich destruktiv wäre. Wir kommen darauf zurück, weil hier eine zentrale Möglichkeit liegt, zu größerer innerer Freiheit zu finden. Weil die Handlung als destruktiv befürchtet wird, wird oftmals bereits das Gefühl unterdrückt, was äußerst negative Konsequenzen hat. Da fehlt dann die Fähigkeit, zwischen Gefühl und Verhalten zu unterscheiden.

Nur wenn der innere Prozess verstanden wird, kann man entdecken, an welcher Stelle eine Änderung möglich ist. Solange uns nur die äußere Situation bewusst ist und unsere gefühlsmäßig bestimmte impulsive Reaktion, ist es unmöglich, etwas zu ändern.

Unterschied von Gefühl und Verhalten

Schon früh in der Kindheit entsteht ein folgenschweres Missverständnis. Wenn das Kind das aggressive Verhalten der Großen erlebt, kann es leicht sein, dass es erschüttert ist von der Destruktivität dieser Wut, von der lauten Stimme, den heftigen Bewegungen und vielleicht Schlimmerem. Das macht ihm Angst, und es denkt, wütend zu sein sei etwas ganz Schlimmes. Oder es erlebt sich selbst als furchtbar zerstörerisch, wenn es in der Wut vielleicht auf die Puppe haut und sie kaputt macht, wenn es in der eigenen Heftigkeit den Tisch umkippt und die Blumenvase zerschlägt (es muss ja gar nicht gleich die chinesische Vase aus der Ming-Dynastie sein) oder wenn es das kleine Brüderchen haut. Es bekommt Angst davor, so außer sich zu geraten und die Kontrolle zu verlieren, und noch mehr Angst, wenn die Großen die Kontrolle zu verlieren scheinen. Es hat Angst vor der Destruktivität und dem potenziell Mörderischen der Aggression.

In dieser Situation ist es sehr wahrscheinlich, dass das Kind die Entscheidung trifft, dass wütend zu sein etwas Furchtbares ist, sodass es beschließt, nie mehr so wütend sein zu wollen und daher sehr genau aufzupassen und sich zu kontrollieren.

Dies ist eine sehr tragische und einschneidende Entscheidung; niemand hat dem Kind den Unterschied vermittelt zwischen dem wütenden Gefühl, das wie jedes andere Gefühl auf jeden Fall da sein darf, und dem wütenden Verhalten, das ja tatsächlich zerstörerisch und unangebracht sein kann; so sind wir wieder beim Unterschied zwischen Gefühl und Verhalten gelandet. Weil das Kind diesen Unterschied nicht kennt, wird es von jetzt an versuchen, jedes auftauchende Gefühl von Wut oder Ärger im Keim zu ersticken, es zu verdrängen und wegzuschieben. Es wird den Atem nicht mehr frei fließen lassen, sondern bewusst und unbewusst kontrollieren. Was für die Wut in besonderem Maße gilt, trifft natürlich auch auf alle anderen Gefühle zu: Jedes Gefühl muss da sein dürfen! Gefühl und Verhalten sind nicht dasselbe und auch nicht automatisch verknüpft.

Die äußere Situation allein macht nicht das Gefühl

Die äußere Situation verursacht nicht direkt ein bestimmtes Gefühl, sie muss erst wahrgenommen und gedeutet werden, das wurde am Beispiel mit dem Gespenst klar. Die Deutung oder Interpretation der Situation wird bestimmt von den eigenen Werten und Zielen, den verschiedenen Grundüberzeugungen und der Charakterfixierung. Natürlich ist das für jede Situation verschieden – wenn der Tiger aus dem Zoo ausgebrochen ist und auf dem Marktplatz rumläuft, ist diese Situation für jeden bedrohlich. Aber die meisten Situationen, vor allem die sozialen, werden erst durch die individuelle Deutung bedrohlich.

Diese Interpretation wird gleichzeitig eng verbunden mit Erinnerungen, die in Form von Gedankenbildern, inneren Glaubenssätzen, Körperempfindungen und Körperhaltungen präsent sind. Manchmal sind diese Erinnerungen sogar viel bestimmender als die Situation selbst: wenn einen beispielsweise die laute Stimme des anderen, verbunden mit einem bestimmten Klang, unbewusst an eine schlimme Situation mit dem Grundschullehrer erinnert und zugleich wieder die entsprechende Körperhaltung erzeugt, den angehaltenen Atem und die eingezogenen Schultern. Dann taucht eine Angst auf, die mit der gegenwärtigen Situation überhaupt nichts zu tun hat.

Das zu wissen ist natürlich wichtig für den Umgang mit anderen und für sämtliche Beziehungen. Es ist nie der andere allein, sondern es kommt immer auch darauf an, wie man wahrnimmt und interpretiert, was die Gefühle erzeugt. Es ist gut, dem anderen mitzuteilen, was den eigenen Ärger ausgelöst hat, was das, was der andere gesagt oder getan hat, für einen selbst bedeutet und wie man es interpretiert und versteht.

Natürlich gilt das genauso für die Beziehung zu sich selbst: Wenn es mich ärgerlich macht, dass ich heute in der Arbeit nicht so viel geschafft habe, dann ist es natürlich nicht die Menge an Arbeit allein, um die es geht, sondern meine eigene Wertung und Interpretation als ein »Zuwenig«, verbunden mit einem Selbstvorwurf, und das erst erzeugt den Ärger auf mich.

Das Gefühl ist nicht die Reaktion

Was wäre, wenn jedes Gefühl ganz da sein dürfte und dadurch auch jedes Gefühl ganz ausgefühlt werden würde, wodurch es sich lösen könnte und man so keinen Ärger und keinen Schmerz mit sich herumschleppen müsste, weil es sich befreien konnte? Was wäre, wenn auf diese Weise jedes Gefühl da sein dürfte, ohne unterdrückt werden zu müssen? Ohne dass irgendetwas dazu getan werden müsste? Wenn du die Wut ganz fühlen könntest und ganz frei wärst, etwas zu tun oder eben auch nicht, wenn es keinerlei inneren Zwang mehr gäbe, ein Gefühl abreagieren zu müssen? Tatsächlich stellt genau das den inneren Zustand von Freiheit dar. Ich kann etwas tun, muss es aber nicht. Ich kann jedes Gefühl ganz fühlen und bleibe daher innerlich gelöst, entspannt und frei.

Bei den meisten Menschen scheinen Gefühl, Impuls und Reaktion so automatisch miteinander verknüpft zu sein, dass sie sich diesem Geschehen gegenüber völlig ohnmächtig und unfrei fühlen. Jetzt gibt es eine »falsche« Reaktion, gefolgt von dem Glauben, man müsse sich nun noch mehr beherrschen, noch mehr Selbstbeherrschung aufbringen, und das gelänge dadurch, dass man Gefühle noch mehr unter Kontrolle zu bringen versucht oder gar nicht erst auftauchen lässt.

Was dem Fühlen im Wege steht

Die Dominanz des Denkens

Als wir klein waren und begannen, bewusst zu denken, als wir zum ersten Mal »Ich will!« und »Ich will nicht!« sagten, da waren wir berauscht von der Macht und der Eindeutigkeit der Gedanken. Gefühle waren vergleichsweise undeutlich, die Grenzen waren vage, die Gefühle selbst oft bedrohlich, die Gefühle der anderen oft nicht zu verstehen, und, was vielleicht am wichtigsten war, wir haben uns mit unseren Gefühlen allzu oft allein und unverstanden gefühlt.

Ganz anders verhält es sich mit den Gedanken. Das kleine Kind ist so berauscht, dass es eine Phase von Allmachts- und Allwissenheitsfantasien durchmacht und überzeugt ist von der magischen Kraft des Denkens und der neu gewonnenen Möglichkeit des Handelns. Das Kind, das sich über die Mutter ärgert und ihr etwas Böses wünscht, glaubt, wenn die Mutter dann über Kopfschmerzen klagt, dass es die Kopfschmerzen mit seinen bösen Gedanken selbst erzeugt hat. Das ist auch die Phase, in der dem Kind gesagt werden kann, dass am nächsten Tag die Sonne scheint, wenn es den Teller leer isst. Es ist die Phase des magischen Denkens. Vor allem die Gedanken »Ich will« und »Ich will nicht« drücken die neu gewonnene Freiheit und die neu gewonnenen Machtgefühle aus. In dieser Zeit räumt das Kind den Gedanken die Priorität über die Gefühle ein.

Wenn dann das Kind im nächsten Schritt auch noch lernt, dass es vernünftig sein soll und dass das Vernünftigsein das Erstrebenswertere ist, dann werden Gefühle oft als unvernünftig abgestempelt und schlecht gemacht. Und da sie ohnehin immer auch bedrohlich sind, entwickelt das Kind eine starke Abwehr gegen das Fühlen als Ganzes und gegen spezielle Gefühle im Besonderen.

Wie verliere ich die Angst vor der Unaushaltbarkeit?

Das Erste, was das Fühlen begrenzt, ist die Angst, ein Gefühl nicht auszuhalten. Wie erlebt ein ganz kleines Kind, ein Säugling, ein Gefühl? Dieses Kind kann noch nicht klar wahrnehmen, wo der Körper aufhört und anfängt, hat noch keinen Begriff von sich selbst und davon, was es selbst tut und tun kann. Wenn dieser Säugling Hunger hat, spürt er ein nagendes Gefühl im Bauch. Er spürt, dass da etwas ist, das ihn quält, und wir müssen annehmen, dass er dieses Etwas nicht als zu sich selbst zugehörig erlebt. Vielleicht fühlt es sich für ihn an wie ein Tier, das sich in den Bauch hineinfrisst. Jedenfalls ist es etwas, dem er ausgeliefert ist und das ihn bedroht. Wenn der nagende Hunger mit dem Gefühl des Alleinseins zusammenkommt, dann fühlt sich das Kind sicherlich tödlich bedroht und empfindet das Gefühl selbst als mörderisch.

Das kleine Kind, das sich allein fühlt, kann noch nicht denken und daher auch nicht verstehen, dass die Mutter nur eine Zeitlang abwesend ist – es kann sich keine Vorstellung von der abwesenden Mutter machen.

Wenn das Kind älter wird, lernt es, Gefühle abzuwehren, sie zu verleugnen und zu verdrängen. Die Angst ist der Auslöser für die Abwehr. Was ist das für eine Angst, wenn man glaubt, ein Gefühl nicht aushalten zu können? Wovor hat man da genau Angst?

Eine Frage kann lauten: Was würde denn da passieren, wenn man die Angst nicht aushält? Kaum einer hat sich diese Frage gestellt und weiter darüber nachgedacht. Es ist eine diffuse Vorstellung, dass man ausrasten würde, ohne genau zu wissen, wie das denn aussähe, und auch, was genau das Gefährliche daran wäre. Die Angst, ein Gefühl nicht auszuhalten, bedeutet buchstäblich die Angst, durch das Gefühl umzukommen. Ist da die Vorstellung zu ersticken? Ist da die Vorstellung, dass der Körper so angespannt wird, dass er nicht mehr atmen kann, oder hat man eher das Bild, dass das Herz so schnell schlägt, dass es versagt?

Die Tragödie liegt darin, dass der Körper und vor allem der Atem desto mehr blockiert sind, je weniger der Mensch gewohnt ist zu fühlen, je weniger er sich mit seinen Gefühlen auskennt und je größer seine Angst vor dem Fühlen ist. Wenn dann einmal ein Gefühl hochkommt und dieses Gefühl natürlich Herzschlag, Atemfrequenz und Muskeltonus ansteigen lassen will – aus dem natürlichen Grund, dass der ganze Organismus in größere Handlungsbereitschaft und Handlungsfähigkeit versetzt wird –, dann brandet diese Energie gegen die blockierte Muskulatur an, trifft auf die Enge in der Brust und den harten, angespannten Rücken. Da macht dann schon eine kleine emotionale Aufwallung Angst.

Es ist wichtig, sich zu vergegenwärtigen: Die Angst vor der Unaushaltbarkeit des Gefühls basiert *nicht* auf einer Erfahrung. Es ist nur ein *Gedanke.* Es kann keine Erfahrung sein, denn wenn der Mensch ein Gefühl wirklich nicht ausgehalten hätte, wäre er ja tot. Es ist vielmehr die womöglich sehr häufige Erfahrung, zurückzuschrecken vor einem Gefühl wegen der *Erwartung,* dass es einen umbringen würde, wenn man es tatsächlich zuließe.

Sich dies bewusst zu machen, kann eine große innere Veränderung bewirken. Man könnte denken: »*Ich weiß nicht,* ob ich das Gefühl aushalte oder nicht, ich kann ja einmal einen Schritt weitergehen und das Gefühl zu einem Teil zulassen.« So könnte man mutiger werden, neue Erfahrungen zu machen. Vorher hat man zu viel Angst, weil man glaubt, das Gefühl sei riesengroß. Und tatsächlich: Das Gefühl ist riesengroß, aber das Herz ist nicht so klein, wie man vorher dachte, sondern das Herz ist noch viel größer. Nur dadurch, dass man Gefühle Stück für Stück zulässt, kann man die Angst vor ihnen verlieren und die Erfahrung machen, dass das Herz größer ist als das Gefühl. Weil man immer Angst vor dem Gefühl hatte, hat man nie riskiert, es auszuprobieren.

Die Angst, die Kontrolle zu verlieren

Mit der Angst vor der Unaushaltbarkeit von Gefühlen geht die Angst einher, die Kontrolle zu verlieren. Wenn das Gefühl hochkommt mit seiner ganzen Energie, vielleicht mit dem Impuls, loszuschreien oder auf etwas einzuschlagen, scheint die Kontrolle in Gefahr zu sein. Es fühlt sich so an, als müsste man ausrasten, und da ist manchmal eine diffuse Angst, verrückt zu werden.

Die Angst vor dem eigenen Zorn ist ein typischer Teufelskreis. Ein unkontrollierter Ausbruch ist gerade dann sehr heftig, wenn die Wut lange unterdrückt und kontrolliert wurde. Zwar ist das Unterdrücken der Wut die Ursache für die Heftigkeit, die Schlussfolgerung wird aber genau gegenteilig sein: »Ich muss meine Wut mehr kontrollieren, ich muss mich mehr beherrschen lernen.« Dann wird die Wut stärker unterdrückt, und sobald sie sich doch einmal zeigt, wird sie umso heftiger werden. Das Problem ist gerade nicht ein Zuwenig, sondern ein Zuviel an Kontrolle.

Die Fantasie der drohenden Katastrophe ist meistens ganz diffus und unbewusst. Es ist heilsam, sich diese Katastrophenfantasie bewusst zu machen. Es ist gut zu fragen: »Was genau befürchte ich eigentlich?« Erste Antwort: die Kontrolle zu verlieren. »Was geschieht denn genau, wenn ich die Kontrolle verliere? Wird der Atem immer schneller, werde ich schreien, wird der Körper versagen, weil das Herz immer schneller rast, werde ich buchstäblich aus der Haut fahren?«

Sich der Katastrophenfantasie bewusst zu werden und zu beginnen, sie zu verstehen, ist oft schon der erste Schritt zur Veränderung. Es ist gut, wenn vielleicht eine Erinnerung deutlich wird, die dem zugrunde liegt. Ein schlimmer Wutanfall, ein Schmerz, der einen zu zerreißen drohte. Eine bestimmte Erfahrung mit einem anderen Menschen. Ein Gefühl aus einer Zeit, als man noch sehr klein war und das Gefühl so übermächtig erschien.

Die Angst, die Kontrolle zu verlieren, ist umso größer, je weniger zwischen dem Gefühl und der Reaktion unterschieden wird und je weniger jemand das Gefühl fühlen kann, ohne den Impulsen hilflos ausgeliefert zu sein.

Die Angst, das Gesicht zu verlieren

Aus Angst davor, was die anderen denken könnten, will man ein Gefühl nicht zeigen, man möchte buchstäblich nicht sein Gesicht verlieren. Allzu oft führt das allerdings dazu, dass dann das ganze Gefühl unterdrückt wird aus Angst, es würde sonst ungewollt und unbemerkt auch äußerlich sichtbar. So fühlt manch einer mehr das, was er fühlen sollte, als das, was er fühlt, oder er hat sich vom Gefühl ganz abgeschnitten. Immer noch schämen sich Menschen ihrer Gefühle, weil sie diese als Zeichen von Schwäche ansehen, die man nicht zeigen darf, und daher lieber gar nicht fühlen.

Die Angst, nicht mehr funktionieren zu können

Viele Menschen haben Angst, dass sie nicht mehr adäquat und erfolgreich funktionieren könnten, wenn sie Gefühle wie Traurigkeit erst einmal zuließen. Das ist ein fataler Irrtum.

Einerseits enthält das Fühlen eine Menge Kompetenz, sich schneller und richtiger zu orientieren oder Entscheidungen stimmiger zu fällen. Zum anderen behindert das unterdrückte Gefühl die Arbeit oder sonstige Tätigkeiten womöglich über einen langen Zeitraum; wogegen der Schmerz und das Weinen die Arbeit vielleicht nur für eine halbe Stunde unterbrochen hätten.

Natürlich ist es in vielen Situationen so, dass wir zunächst weiterarbeiten müssen und uns dem Schmerz vielleicht erst in der Mittagspause oder am Abend zuwenden können, und natürlich kann man vor der Schulklasse nicht unbedingt einem persönlichen Gefühl den vollen Raum geben. Aber insgesamt ist doch sehr ernsthaft die Frage zu stellen: Warum erlauben wir dem Körper ein paar Tage Ruhe und Erholung, wenn wir uns wegen einer stärkeren Erkältung krankschreiben lassen, erlauben aber der Seele nicht das Gleiche, wenn sie einen Verlust zu betrauern hat?

Natürlich tauchen, wenn man nach langer Zeit wieder zu fühlen beginnt, erst einmal auch tief verdrängte Gefühle auf, die einem vielleicht gerade nicht richtig in den Kram passen. Aber soll man deswegen weiterhin die Gefühle unterdrücken – mit all den negativen Auswirkungen?

Die Angst vor dem Tod

Die grundlegendste Angst ist die Angst vor dem Tod. Das kleine Kind erfährt die Angst vor dem Tod als Angst vor dem Vernichtetwerden und dem Alleingelassensein, wenn es drei oder vier Jahre alt ist als Angst vor der Dunkelheit. Die Angst vor dem Tod und die Auseinandersetzung mit ihm spielen eine so zentrale Rolle, dass diesem Thema das siebte Kapitel und der siebte Schritt des Loslassens gewidmet ist. Hier nur so viel: Wenn nicht nur der Tod, sondern vor allem auch die Angst vor dem Tod Angst auslöst und deswegen verdrängt wird, dann müssen alle Gefühle zensiert und eingeschränkt werden, weil sie alle an die Angst vor dem Tod erinnern oder diese sogar hervorrufen könnten.

Hinter der Angst, ein Gefühl nicht auszuhalten, steckt unmittelbar die Todesangst. Sich wegen eines Gefühls so zu schämen, dass man lieber im Boden versinken möchte (in dem man beerdigt wäre), bedeutet nichts anderes, als dass die Scham über den sozialen Tod noch schlimmer erlebt wird als der physische Tod. Der Angst, die Kontrolle zu verlieren und auszurasten, liegt die Todesangst zugrunde. Sie ist verbunden mit weiteren existenziellen Ängsten, mit der Angst vor der inneren Bodenlosigkeit, vor der Leere, in die hinein man sich auflösen könnte, die Angst vor dem existenziellen Alleinsein und auch die Angst vor dem vollständigen Sinnverlust, dem existenziellen Vakuum.

Der Schmerzkörper

Gerade weil der Mensch den Schmerz nicht haben will und stattdessen versucht, ihn wegzuschieben und zu verdrängen, häuft sich innerlich eine immer größere Menge an unverarbeitetem und ungelöstem Schmerz an. Wenn wieder einmal eine Situation mit schmerzhaften Gefühlen auftaucht, besteht die Gefahr, dass die alten, unverarbeiteten Schmerzen und die unerlöste Trauer, die zusammen als »Schmerzkörper« Teil des Emotionalkörpers sind, wieder und wieder auftauchen und den Menschen erfassen.

Gerade weil man den aktuellen Schmerz nicht haben will, tauchen all die Schmerzen aus der Vergangenheit wie Gespenster wieder auf. Dies wird gefördert durch bestimmte Gedanken, die Abwehr und Selbstbedauern zugleich darstellen, wie: »Wieso muss immer mir ein solches Unglück widerfahren?« Oder: »Das wusste ich doch, immer wieder werde ich verlassen.«

Der Begriff des Schmerzkörpers stammt von Eckart Tolle, und man muss hinzufügen, dass es in analoger Weise den Wutkörper und den Angstkörper gibt. Der Wutkörper zeigt sich zum Beispiel dann, wenn jemand in einer aktuellen Situation wütend wird und gleichzeitig ein Teil der verdrängten und unverarbeiteten Wut aus der ganzen bisherigen Geschichte mit hochkommt, sodass die Wut ganz unangemessen heftig wird.

Die Konsequenz und die Alternative

Die Belege für die negativen Auswirkungen, die das Unterdrücken und Verleugnen von Gefühlen hat, sind überzeugend und eindeutig. Aber woher nimmt man die Sicherheit, dass man die dargestellten Ängste ertragen kann, dass man die schmerzenden und belastenden Gefühle von Verzweiflung, Wut und Schmerz, tatsächlich aushalten kann? Woher weiß man, dass die Freude, die dann sicher stärker gefühlt werden kann, all den Schmerz und die Traurigkeit aufwiegt? Wer sagt einem, dass das Betäubtsein – durch das man zwar wirkliche Freude nicht erlebt, mit dem es einem aber auch nicht so schlecht geht – unterm Strich nicht das Beste ist, was man erreichen kann?

Niemand kann das wissen. Und die Wahrheit ist: Es kann nicht um das Aufwiegen von unangenehmen und freudigen Gefühlen gehen. Vielmehr geht es darum, den inneren Kampf und den inneren Krieg zu beenden, der mit dem Verdrängen von Gefühlen immer verbunden ist, auch dann, wenn der Kampf selbst unbewusst bleibt. Es geht darum, dass das *Lebendigwerden* einem wichtiger wird als die Frage, ob man gerade Heiterkeit oder Wehmut fühlt, Schmerz oder Freude. In dieser Richtung ist die Lösung zu finden. Eine Lösung, die wieder darauf hinweist, dass man *durch das Tor des Fühlens zur Freiheit* findet.

GEFÜHLE WAHRNEHMEN

Setze dich für diese Übung in Ruhe hin; du kannst sie aber auch in jeder anderen Situation durchführen, vor allem dann, wenn du sie einige Male im ruhigen Sitzen gemacht hast.

1. Atme drei- oder viermal mit einem Seufzer ein und aus. Der Seufzer soll so klingen, als wenn du ein schweres Gepäckstück endlich absetzen könntest.

2. Lass den Mund geöffnet und von jetzt an den Atem wieder ganz von allein kommen und gehen. Kontrolliere den Atem nicht; halte ihn weder zurück, noch verstärke ihn etwa durch ein kontrolliertes, tiefes Atmen. Es geht darum, den Körper so atmen zu lassen, wie er wirklich will, sodass das Gefühl entsteht, dass »es dich atmet«.

3. Nach den Seufzern, mit denen Anspannung weggeflossen ist, spürst du die inneren Bewegungen deutlicher. Nimm sie wahr und stelle jetzt die Frage nach innen:
   »Was fühle ich jetzt? Welche Stimmung nehme ich wahr?«
   Wenn du jetzt noch kein Gefühl wahrnehmen kannst, brauchst du einfach nur mehr Zeit:
   Frage dich: *»Fühle ich Ruhe oder Unruhe oder beides? Oder fühle ich nichts?«*
   Gib der Unruhe, der Ruhe oder dem Nichts Raum; lass dich von dem erfassen, lass dich hineinsinken und gib dir Zeit.

4. Frage dich nach einiger Zeit: *»Welches Gefühl ist in der Unruhe enthalten? Wie fühlt sich die Ruhe oder das Nichts an?«* Bedrückend oder heiter; fröhlich oder genervt; ängstlich, unsicher oder gelassen …?

…

5. Jetzt lass dich von dem Gefühl vollständig erfassen, sinke in das Gefühl hinein, lass den Atem so fließen, wie der Körper allein atmet. Sei das Gefühl und tue nichts. Insbesondere innerlich: Wende dich weder den Gedanken noch der Geschichte zu, kämpfe nicht gegen das Gefühl an und entferne dich auch nicht von ihm.
6. Jetzt lass das Gefühl einen Satz sagen, und wiederhole den Satz fünf- bis achtmal; vielleicht ist es ein sehr kurzer Satz: »Ich bin heiter«, »Ich bin traurig« oder »Es tut so weh«; manchmal geht der Satz weiter und lautet: »Ich bin traurig, weil ich so oft allein bin …« Denke nicht über den Satz nach; lass ihn auftauchen, wenn er auftauchen mag. Wenn du ihn innerlich öfter sprichst, kann es gut sein, dass er sich währenddessen noch ein bisschen verändert; lass das zu.
7. Dann warte, bis das Gefühl ausklingt. Man braucht mit dem Gefühl nichts zu tun.

Das Fühlen und die innere Freiheit

Die innere Freiheit ist zunächst die Freiheit, das zu spüren, was im Körper zu spüren ist, anstatt sich wie betäubt wahrzunehmen; sie ist die Freiheit, das zu fühlen, was wirklich zu fühlen ist, ohne es zu verbergen und ohne es verstecken oder verdrehen zu müssen; sie ist die Freiheit, zu sehen und zu hören, was da ist, statt sich Geschichten und Fantasien auszumalen; und schließlich die Freiheit, das mitzuteilen und auszudrücken, was man wirklich mitteilen und ausdrücken will, anstatt das, was von außen tatsächlich oder vermeintlich erwartet wird.

Über die innere Freiheit entscheiden drei wesentliche Fähigkeiten, von denen die Gefühlstoleranz die grundlegende ist. Durch die Übungen dieses Buchs kann sie immer weiter wachsen – und dadurch wachsen zugleich die Frustrations- und Ambivalenztoleranz. Gefühls- und Ambivalenztoleranz entwickeln sich vor allem auch durch die häufigere Durchführung der auf Seite 92 angeleiteten Polaritätsübung.

1. Die *Gefühlstoleranz* (vor allem die Schmerz- und Angsttoleranz) ist die Fähigkeit, Gefühle wirklich zu fühlen, zu ertragen und auch erleiden zu können, ohne sie – wegen der Angst, sie nicht aushalten zu können – verleugnen, verdrängen oder wegschieben zu müssen.
   Die Gefühlstoleranz ermöglicht, ein Gefühl fühlen zu können, ohne etwas damit tun zu müssen.
2. Die *Frustrationstoleranz* ist die Fähigkeit, damit umzugehen und es auszuhalten, wenn sich die eigenen Bedürfnisse – vielleicht auch nur im Augenblick – nicht erfüllen. Dann kann man anschließend verändernde Schritte einleiten oder, wenn etwas endgültig unmöglich ist, die Gefühle von Enttäuschung, Trauer und Enttäuschungswut fühlen, ohne dass Groll oder Selbstwertzweifel zurückbleiben.
3. Die *Ambivalenztoleranz* ist die Fähigkeit, Unsicherheit, Zweideutigkeit und Widersprüchlichkeit zu ertragen und auszuhalten. Dabei kann die Ambivalenz und Widersprüchlichkeit bleibend sein oder so lange andauern, bis eine Entscheidung möglich wird oder sich eine noch unbekannte dritte Lösung ergibt. Man kann diese Ambivalenz und Zweideutigkeit auch als eine kreative Spannung erleben, die man als Herausforderung zu eigenem Handeln und Wachstum wahrnehmen kann.

DIE TONÜBUNG

Du kannst im Sitzen, Stehen oder Liegen üben. Im Stehen kannst du Bewegungen zulassen, und wenn es dich während der Übung zum Boden zieht, lass das zu und mach dort weiter.

1. Atme dreimal mit einem Seufzer aus, atme dreimal tief in deinen Bauch ein. Lockere die Kiefermuskeln und dann den ganzen Körper, indem du ihn eine halbe Minute lang schüttelst.
2. Dann nimm wahr, was du fühlst. Lass einen Ton entstehen, der zu diesem Gefühl gehört. Lass diesen Ton kontinuierlich beim Ausatmen mehr geschehen, als ihn zu machen; er soll das Gefühl nicht rausbringen, sondern dir helfen, tiefer hineinzufinden. Er soll dir helfen, tiefer zu fühlen, ohne etwas zu tun.
3. Bleibe bei dem Ton, und lass das Gefühl nun einen Satz finden. Sprich ihn fünf- bis achtmal innerlich oder auch laut aus.
   Lass auch Bewegungen zu, die sich einstellen, hüte dich aber vor rhythmischen Bewegungen, mit denen du dich gleichsam in den Schlaf wiegst und beruhigst.
4. Bleibe mit deiner Aufmerksamkeit bei dem Gefühl und wie es sich entwickelt – wie es vielleicht zunimmt, dann abnimmt, verbrennt und sich auflöst. Dann sei sehr achtsam: Was für ein Gefühl taucht als Nächstes auf? Was fühlst du jetzt?
5. Nach 20 bis 30 Minuten (oder zwei bis drei Minuten, je nachdem, wie viel Zeit du hast) lege oder setze dich bequem hin und verweile einige Minuten in Ruhe; diese Phase heißt »Die Früchte ernten«. Jetzt kannst du noch leichter loslassen und noch vollständiger in das aktuelle Gefühl hineinsinken.

Zusammenhang von Fühlen und Wollen

Erst wenn du alle Gefühle zulassen kannst, kannst du wirklich selbst entdecken, was du willst. Sonst sind die Wünsche allzu oft einfach nur ausgedacht und entsprechen nur dem, was du glaubst zu »sollen«. Bedürfnisse können nur *fühlend wahrgenommen* werden, das war das Ergebnis der Erforschung des Wünschens.

Zuerst wird vielleicht nur eine vage Unzufriedenheit wahrgenommen, in der sich dann ein deutlicherer Schmerz oder eine Traurigkeit zeigt. Dann kann der Schmerz gefühlt werden, und darin zeigt sich vielleicht, wie unglücklich man darüber ist, so viel allein zu sein, und darin wird vielleicht das Bedürfnis entdeckt, mehr Freunde zu finden oder mit den Freunden mehr Zeit zu verbringen und vor allem mehr Nähe zu entwickeln.

Dabei haben die Gefühle eine zweifache Funktion: erstens die Bedürfnisse überhaupt erst zu entdecken und wahrzunehmen, und zweitens, Energie zu entwickeln und aufzubringen, damit man sich auch wirklich für das Bedürfnis einsetzt.

Jeder kann sich in die Situation eines Menschen hineinversetzen, der immer wieder eine ganz vage Unzufriedenheit wegen seiner Wohnung fühlt, die vielleicht zu klein oder zu dunkel ist oder deren Lage viel zu weite und anstrengende Wege nötig macht. Gleichzeitig ist da ein sehr hartnäckiger Gedanke, dass eine neue Wohnung bestimmt zu teuer wäre, und so kann es sein, dass dieser Gedanke die Unzufriedenheit, die sich nur ganz zaghaft meldet, immer wieder im Keim erstickt. Sie bleibt also unterhalb der Wahrnehmungsschwelle. Dadurch verschwindet sie natürlich nicht; sie führt vielmehr zu einer diffusen Bedrücktheit und zu einer inneren Schwere.

Diese Schwere wird dadurch verursacht, dass die Unzufriedenheit einiges an Energie bindet und dass zusätzlich noch einmal so viel Energie aufgewendet wird, um die Unzufriedenheit so weit zu unterdrücken, dass sie unter der Bewusstheitsschwelle bleibt. Es gibt kaum einen größeren Energiefresser als dieses Phänomen.

Erst wenn der Mensch seine Unzufriedenheit wirklich ganz zulässt, wenn er den ständigen Schmerz über die Beengtheit oder Dunkelheit fühlt, wird diese ganze Energie wieder frei, und das kann jetzt dazu führen, dass er sagt: »So will ich nicht weiter wohnen.« Dann entsteht aus der Unzufriedenheit ein Bedürfnis, aus dem Bedürfnis ein Wunsch und aus dem Wunsch ein Wollen, ein wirklicher Plan.

Konflikt, Ambivalenz und Ambivalenztoleranz

Die Welt und das menschliche Leben, die inneren Triebe, Wünsche und Bedürfnisse existieren grundsätzlich in Polaritäten. Das hat sein Gutes: Ohne diese Polaritäten gäbe es kein Wachstum. Da war zum Beispiel die Spannung zwischen dem Erleben der feuchten und wegen des Feuers stickigen Höhle und dem körperlich spürbaren Wunsch nach frischer Luft und einem angenehmeren Schlafplatz: Diese Bedürfnisspannung, diese Polarität von gegenwärtigem und gewünschtem Zustand, von erlebter Unzufriedenheit und Vision, hat den Menschen die Pfahlbauten erfinden und bauen und den Ackerbau und die Viehzucht entwickeln lassen.

Einen großen Teil der Polaritäten erleben wir als Konflikt. Wenn dieser ins Bewusstsein dringt, wird er oft als quälend erlebt, vor allem, wenn keine Lösung sichtbar ist. Manchmal besteht die Hürde darin, dass die Lösung eines Konfliktes einen Verzicht erfordert und die Bereitschaft fehlt, die eine Seite aufzugeben.

Tatsächlich ist es Teil des Lebens, immer mehr Möglichkeiten aufgeben zu müssen. In der Schule stehen einem noch alle Studiengänge offen; wenn ein Studium erst einmal gewählt und abgeschlossen ist, kann zwar noch ein zweites, vielleicht sogar noch ein drittes Studium im Laufe des Lebens gewählt werden, aber nicht mehr beliebig viele. Jede Wahl und jede Entscheidung für etwas erfordert ein Neinsagen zu anderen Möglichkeiten. Kurz gesagt: Wer nicht Nein sagen kann, kann auch nicht Ja sagen. Das ist die erste Hürde des Konflikts, und es liegt auf der Hand, dass das mit Loslassen zu tun hat.

Die zweite Schwierigkeit, Konflikte zu lösen, besteht darin, dass wir verschiedenen Ängsten begegnen: der Angst vor dem Unbekannten; der Angst, etwas falsch zu machen; der Angst, den Konflikt nicht auszuhalten, wenn wir ihn erst näher an uns heranlassen würden; und der Angst vor den Gefühlen, die mit dem Konflikt einhergehen. Das sind die Ängste, die sich auf unser Inneres beziehen. Meistens sind von dem Konflikt auch andere Menschen betroffen; dann taucht die Angst auf, jemanden vor den Kopf zu stoßen oder zu verletzen. Dahinter verbirgt sich allzu oft die Angst, dass der andere sich seinerseits wehrt und uns wegstößt oder verlässt.

Das alles führt dazu, dass unglaublich viel Energie gebunden ist und vergeudet wird. Der Mensch ist ein extrem anpassungsfähiges Wesen, und das war gut so in der Eiszeit oder zu einer Zeit, als sich die Vegetation vollständig veränderte. Und es ist auch immer noch nützlich, wenn sich durch Krankheit oder Veränderungen am Arbeitsplatz die Lebensumstände plötzlich auf den Kopf stellen. Aber diese Anpassungsfähigkeit schließt auch ein, dass der Mensch in der Lage ist, seine tatsächlichen Bedürfnisse und Gefühle so sehr zu verdrängen und zu verleugnen, dass er sich langfristig Schaden zufügt oder wenigstens seine Lebendigkeit und auch sein ganzes Leben gravierend einschränkt.

Durch Verleugnung schafft er es oft in erstaunlichem Maße, gegensätzliche, ja sogar sich ausschließende Tendenzen nebeneinanderstehen zu lassen, ohne die Gegensätzlichkeit richtig wahrzunehmen. Das ist etwas völlig anderes als eine Ambivalenztoleranz, bei der man sich der Ambivalenz ganz bewusst ist. Es kann alles gefühlt werden, ohne es zu verleugnen, und es kann auch, soweit als möglich, vermittelt werden zwischen den ambivalenten Anteilen. Ambivalenztoleranz bedeutet auch, den anderen so sehen zu können, wie er ist, mit seinen guten Seiten und seinen schlechten und allen anderen dazwischen. Den Konflikt einfach zu leugnen, könnte dazu führen, dass der andere gleichzeitig oder zu verschiedenen Zeiten verteufelt und idealisiert wird. Es kommt zu einer Spaltung zweier Seiten, die nicht mehr in Kontakt miteinander gebracht werden können.

Die Angst vor dem Scheitern verhindert Lösungen

Der erste Fehler besteht also darin, den Konflikt zu leugnen. Der zweite Fehler besteht darin, Lösungsmöglichkeiten zu leugnen. Es taucht natürlich die Frage auf, wieso jemand so etwas tun sollte? Vielleicht aus Angst vor dem Unbekannten? Vielleicht aus Angst vor dem Aufwand, der zu betreiben wäre? Die größte Angst dabei ist paradoxerweise die Angst vor dem Scheitern.

Wenn ich eine Lösung ins Auge fasse, ja vielleicht sogar anstrebe, besteht immer die Möglichkeit des Scheiterns. Natürlich, so könnte man sagen, stehe ich dann zwar nicht besser da als vorher, aber auch nicht schlechter. Was habe ich also zu verlieren? Es gibt nichts, das ich hätte, aber etwas, das ich mir einbilde: mein Selbstbild, das tragischerweise darauf basiert, recht behalten zu wollen, und das nicht zulassen will, dass ich mit einer versuchten Lösung scheitere. Umso schlimmer, wenn es wieder nicht gelingen würde, äußeren Umständen die Schuld zu geben. Aber selbst dann hätte ich darin versagt, dass ich es nicht gleich besser gewusst hätte. Das ist die Gefahr, die auf mich zukommt. Was also habe ich loszulassen? Den Teil meines Selbstbildes, in dem Fehler nicht vorkommen dürfen, in dem Scheitern nicht vorkommen darf und genauso wenig, nicht Bescheid gewusst zu haben.

Auch für die Angst vor dem Scheitern ist ein hoher Preis zu zahlen: Sie gefährdet unser Selbstbild, wir glauben uns dann als Versager bezeichnen zu müssen, und glauben zudem, dass wir das kaum ertragen können. Der Preis, der zu zahlen ist: Der chronisch ungelöste Konflikt und die Verleugnung von Lösungsmöglichkeiten aus Angst vor dem Scheitern und der Enttäuschung verstärken die innere Haltung von: »Ich kann nichts machen, ich kann nichts bewirken, meine Wünsche spielen keine Rolle.«

Es ist die Erfahrung fehlender Selbstwirksamkeit, und diese verursacht eine abnehmende Selbstwirksamkeitserwartung. Das lässt einen immer passiver werden, und man wird solche Dinge immer weniger in Angriff nehmen, die man eigentlich lösen könnte. Sowohl die Bedürfnisspannungen als auch die Unzufriedenheit und viele andere Gefühle müssen dabei unterdrückt werden. Man muss sich betäuben: durch zu viel Essen, Alkoholkonsum … Man verliert sich in läppischen Oberflächlichkeiten.

Dennoch scheint die Angst vor dem Scheitern – natürlich auch im Zusammenspiel mit der bereits niedrigen Selbstwirksamkeitserwartung – absolut im Vordergrund zu stehen, was die erstaunliche Tatsache erklärt, dass ein anfängliches Bewusstwerden eines Konfliktes immer wieder in rudimentären Gedanken steckenbleibt. An unserem Beispiel der Wohnung skizziert:

- Gedanke A: »Es ist so eng, die Kochnische neben dem Bett … und so dunkel alles. Wie schön wäre eine andere Wohnung …«
- Gedanke B: »Aber die Wohnungen sind so teuer geworden, und allein der teure Umzug …«

Wie es weitergeht? Indem man schnell zur Zeitung greift und einen unendlich wichtigen innenpolitischen Artikel liest oder indem einem gerade zur rechten Zeit einfällt, dass man ganz dringend einen Arbeitskollegen anrufen muss.

Es ist wirklich erschütternd und unglaublich, wie viele Konflikte immer nur mit den ersten zwei Gedanken aufflackern, und wie dann sofort wieder davon abgebogen wird. Es kann wirklich sein, dass unser armer Mensch in dieser Wohnung schon zwei Jahre lang darüber klagt und noch kein einziges Mal *Informationen darüber eingeholt hat,* wie teuer eine hinreichend große Wohnung in der gewünschten Gegend tatsächlich sein würde und wie viele Wohnungen denn angeboten werden.

Die Übung im nebenstehenden Kasten vermittelt einen Eindruck davon, wie so eine Realitätskontrolle und ein Abwägen von Vor- und Nachteilen aussehen könnten.

Dies ist ein erster Ansatz, wir werden das später weiterverfolgen. Es soll kein falscher Eindruck erweckt werden: Es wäre völlig absurd, alle Vor- und Nachteile in bestimmten Größen, am besten noch in Euro-Beträgen angeben zu wollen. Dann hätte sich der Ökonomismus in unseren Kopf zu sehr ausgebreitet. Aber es ist genauso absurd, jahrelang mit der Idee herumzulaufen, dass eine neue Wohnung bestimmt unerschwinglich wäre, obgleich es womöglich preislich passende und besser geschnittene Wohnungen real gibt oder vielleicht Ansprüche auf Unterstützung in Form von Wohngeld existieren, ohne dass auch nur einmal irgendetwas davon genauer erfragt worden wäre.

Konflikte lösen aus der Mitte heraus

Der Hauptaspekt geht allerdings in eine völlig andere Richtung. Die größte Schwierigkeit, Konflikte gut zu lösen, besteht in der Art, wie wir es tun: Wir versuchen, durch möglichst andauerndes Überlegen und Nachdenken zu einer Lösung zu kommen.

INFORMATIONEN ÜBER DIE ALTERNATIVE B EINHOLEN

Erfasse möglichst genau, welche Kosten, welche Vorteile und welche Nachteile durch die Alternative B zu erwarten sind.

Was brauche ich, um sie zu realisieren? (Kosten / Zeit / anderes)

- finanzieller Aufwand (Umzug, Miet- und Nebenkostendifferenz): …
- zeitlicher Aufwand (Wohnungssuche, Umzug, Einrichtung und Eingewöhnung): …
- …
- …

Welche Vorteile verspricht die Alternative B?

- hellere Wohnung, in die auch die Sonne hineinscheint
- größere Wohnung, abgeschlossene Küche oder abgeschlossenes Schlafzimmer
- größere Nähe zum Grünen, zum Stadtrand und zum See
- …

Welche Nachteile muss ich in Kauf nehmen?!

- Ich kann die nette Nachbarin nicht mehr auf einen Sprung zum Kaffeetrinken besuchen, vielleicht verlieren wir uns ganz aus den Augen.
- Vielleicht macht es einen längeren Arbeitsweg nötig.
- Vielleicht muss ich wegen höherer Kosten meine Stundenreduktion auf 30 Stunden, die mir so gutgetan hat, wieder rückgängig machen.
- …

Diese Gedanken und Überlegungen beziehen sich zum großen Teil auf Zukünftiges, also auf etwas, das man im Vorhinein nie wirklich wissen kann. Deswegen bleibt es ungewiss.

»Soll ich das tun oder soll ich jenes tun«? oder »Soll ich Alternative A oder Alternative B wählen?«: So hin- und hergerissen zu sein kann sich in regelrecht quälenden Gedanken mit den immer wieder selben Gedankengängen erschöpfen. Man dreht sich im Kreis, man sieht es – und kann trotzdem nicht aussteigen. Möglicherweise kann das mit dem vorhergehenden Fehler zusammenhängen, dass nämlich an den entscheidenden Stellen nicht weiter und zu Ende gedacht wird und mögliche Informationen gar nicht erst eingeholt werden.

Dieser Weg ist deswegen eine Einbahnstraße, weil man mit der bloßen gedanklichen Tätigkeit den Konflikt nicht lösen und sich niemals für die Alternative A oder B wird entscheiden können. Vereinfacht gesagt: Eine gedankliche Entscheidung wäre angewiesen auf sichere Informationen über die Zukunft – die es aber nicht gibt, weder die Informationen noch die Zukunft. Es gibt nur das Jetzt.

Endlos leiden oder Gefühle riskieren

Die Ursache liegt in den Ängsten vor dem Fühlen. »Wenn ich wirklich das ganze Unglücklichsein fühlend zulassen würde, woher weiß ich, dass ich das aushalten könnte? Woher weiß ich, dass ich mir nicht selbst die Schuld zusprechen und dann an den Schuldgefühlen zerbrechen würde? Woher weiß ich, ob die Enttäuschung nicht womöglich schlimmer ist, als ich es ertragen kann, wenn ich erst die Hoffnung und die Freude auf den neuen Wunsch wirklich zulassen würde, die ganze Aufregung und Sehnsucht?« Die Antwort ist: »Ich kann es nicht wissen. Ich muss das Risiko wagen.«

Die Alternative ist ein endloses Leid aufgrund eines ungelösten und ständig schwelenden Konflikts. Dieses Leid zeigt sich in erster Linie als innere Betäubung, Verlust an Lebendigkeit und Verlust an Energie, in zweiter Linie als ein Verlust an Gestaltungskraft und Selbstwirksamkeitserwartung.

Erst wenn alle Gefühle, die mit der Alternative A und der Alternative B, mit der Angst vor Unsicherheit und der Hoffnung auf Veränderung zusammenhängen, gefühlt sind, kommt man wieder in seine innere Mitte und kann von hier aus eine Entscheidung treffen. Von der inneren Mitte aus kann man den Konflikt lösen, der zuvor ergebnislos über den Kopf und die Gedanken zu lösen versucht wurde.

Weil Gefühle die Antwort auf die Welt, die anderen und mich selbst sind, deutend wie auch interpretierend, sind Gefühle gar nicht so weit getrennt vom Denken, wie es oft geglaubt wird, wenn jemand sagt: »Meine Vernunft sagt dies, aber mein Bauch (Sinnbild für die Gefühle) will etwas ganz anderes.« Da entsteht oft der Anschein, als bestünde der Konflikt zwischen dem Gefühl und dem Verstand. Tatsächlich ist es ein Konflikt zwischen zwei Seiten der Persönlichkeit oder zwei Seiten des Handelns oder ein Zerrissensein einem anderen Menschen gegenüber. Jede Seite des Konfliktes enthält immer einen gedanklichen *und* einen gefühlsmäßigen Anteil. Dies wird besonders deutlich in der folgenden Übung und Methode.

Die Polaritätsarbeit

Die Polaritätsarbeit ist sicher eine der heilsamsten und produktivsten Übungen, die es gibt. Beginnen wir mit dem ersten Schritt. Die bisherigen Überlegungen werden in folgendem Schaubild noch einmal übersichtlich dargestellt:

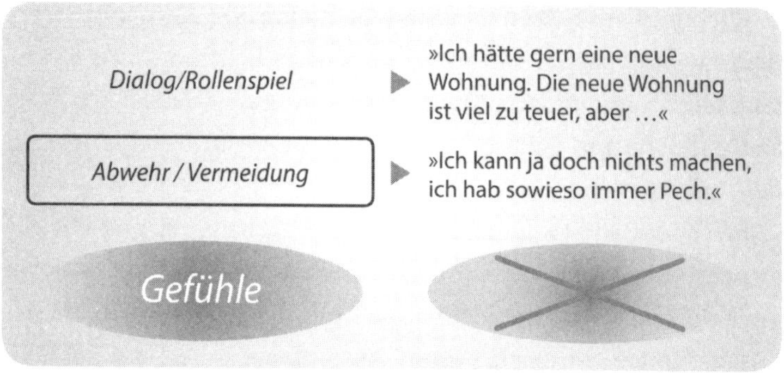

Polarität und Vermeidung

Der anfängliche *Dialog* ist das gedankliche Hin und Her zwischen den beiden Alternativen, der Polarität:

- »Ich möchte dies – aber ich kann es nicht.«
- »Soll ich dies tun – oder soll ich jenes tun?«
- »Ich würde gerne das machen – aber das macht so viel Angst, dass ich es lieber lasse.«

Dann würden eigentlich Gefühle hochkommen, die aber aus Angst (sie nicht auszuhalten, die Kontrolle abzugeben, Angst vor Schmerz …) nicht wahrgenommen werden, sondern verdrängt bleiben. Der Schritt der Verdrängung wird absurderweise selbst verdrängt, man bemerkt also nicht, dass Gefühle da sind, die verdrängt werden. Stattdessen entsteht die *Abwehr, die Vermeidung des Fühlens.* Der Konflikt oder die Lösungsmöglichkeit wird weggeredet, und zwar durch Hilflosigkeit: »Ich kann ja doch nichts machen, ich weiß gar nicht, wie es geht«; durch Rationalisierung: »Konflikte sind sowieso Bestandteil des Lebens und generell unlösbar; wenn alle eine größere Wohnung wollten, würde der Wohnungsbestand kaum zur Hälfte ausreichen …«; und durch Bagatellisierung: »Ach, eigentlich ist meine Wohnung gar nicht so schlimm, andere wohnen in einem viel dunkleren Loch.«

Wichtig: Durch diese Vermeidung werden nicht nur die Gefühle abgewehrt, sondern auch der weitere, tiefere Dialog. Hier zeigt sich wie so oft, dass Denken und Fühlen gar kein Gegensatz sind, sondern dass es *sowohl darum geht, die Gefühle zuzulassen, als auch, zu Ende zu denken.*

Für die Polaritätsarbeit zur Lösung von Konflikten müssen wir zunächst drei Positionen unterscheiden:

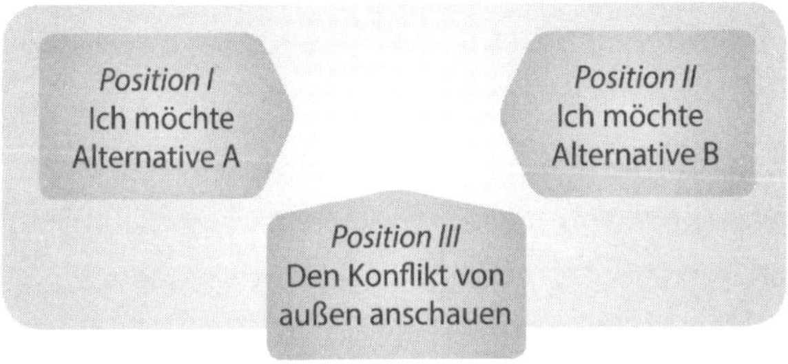

Polarität: Die ersten drei Positionen

Die Positionen I und II, die Polarität also, sind tasächlich als zwei eigenständige Seiten innerhalb deiner Person zu verstehen. Denk an Goethe, der seinen Faust sagen ließ: »Zwei Seelen wohnen, ach! in meiner Brust.« Für die folgende Übung ist es wichtig, dass du dich in beide Seiten ganz hineinversetzt, beide Seiten in der Ich-Form sprechen und zur jeweils anderen Seite in der Du-Form reden lässt: »Ich hätte so gerne eine größere Wohnung.« Dann der Wechsel zur anderen Position: »Ich hab Angst davor, dass die Wohnung viel zu teuer würde. Du solltest dich besser mit der vorhandenen Wohnung abfinden.«

Es ist hilfreich, gegenüber einem inneren Konflikt nicht nur beide Positionen einzunehmen, sondern außerdem von der dritten Position aus die Polarität von außen anzuschauen. Dann kann man wahrnehmen, wie die beiden Seiten miteinander streiten, ob eine Seite einem gefühlsmäßig näher steht, und man kann den Konflikt auch in einem größeren Rahmen sehen.

POLARITÄTSÜBUNG 1

1. Schreibe auf zwei gegenüberliegende Seiten für beide Positionen einen Satz (Beispiel im Kasten). Achte darauf, dass es ganze Sätze sind, nicht nur Stichworte wie »fühlen können«.
2. Lass zwischen den beiden Positionen einen Dialog entstehen, abwechselnd beide Seiten zu Wort kommen und eine Seite jeweils auf die andere eingehen und zu ihr sprechen. Nimm dir dafür am besten über mehrere Tage je 20 bis 30 Minuten Zeit.
3. Jetzt gehe auf die dritte Position: Schau auf beide Seiten und schreibe alles auf, was du entweder beiden oder einer Seite zu sagen hast. Zum Beispiel: »Ich verstehe jetzt besser, wieso du, die zweite Seite, so stark bist. Das ärgert mich richtig.« Lass dir Zeit zu entdecken, was du von diesem neuen Standpunkt aus fühlst und wahrnimmst.

Ich möchte gerne wirklich lebendig werden und alles fühlen können.	*Ich habe Angst, Gefühle nicht auszuhalten, und möchte sie deswegen lieber weghaben.*

Gefühlstoleranz, Frustrationstoleranz und Ambivalenztoleranz – je mehr diese Fähigkeiten zunehmen, desto freier wird man und desto mehr kann man auch das tun und realisieren, was man wirklich will. Wenn die Frustrationstoleranz unterentwickelt ist, tut man irgendetwas, bloß um die Frustration nicht mehr ertragen zu müssen; man lenkt sich ab, um es nicht mehr zu fühlen.

Akzeptieren und annehmen, was ist

Was wahres Annehmen bedeutet

Alle Wachstumswege der Psychologie und auch alle spirituellen Wege sind sich darin einig, dass die Grundlage des Glücks darin besteht, das, was ist, so anzunehmen, wie es ist. Wichtig ist allerdings zu klären, was damit gemeint ist.

Es gibt zunächst die äußere oder innere Situation, dann – aufgrund der Bewertung – ein Gefühl als Antwort auf diese Situation, und dann entsteht eine Reaktion, vielleicht eine Handlung, aufgrund dieses Gefühls. Ein Beispiel: Eine offensichtlich ungerechte und ungerechtfertigte Kündigung der Arbeit.

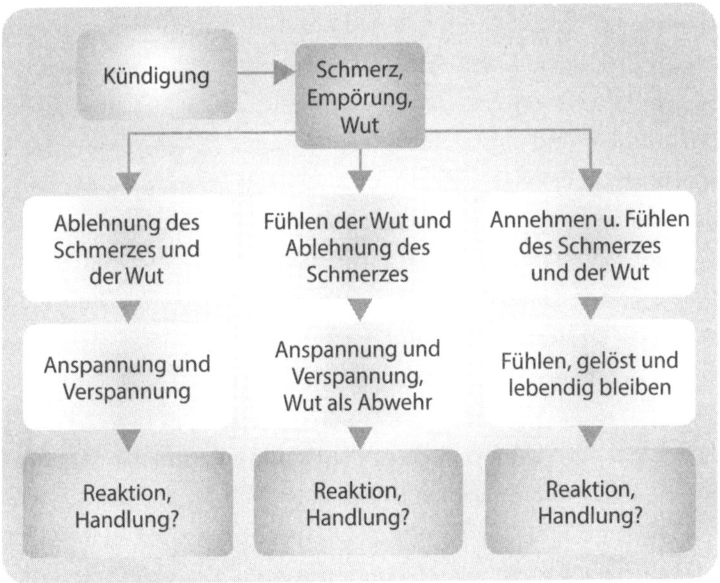

Mögliche Reaktionsketten am Beispiel einer Kündigung

Es ist wichtig, die Schritte im Einzelnen anzuschauen. Meistens wird unter dem »Annehmen, was ist« nur die Situation verstanden, die anzunehmen ist. Tatsächlich ist es viel wichtiger, den Gefühlen Raum zu geben, die von dieser Situation ausgelöst werden, und dann geht es darum, diese *Gefühle anzunehmen*, diese Gefühle zu fühlen. Das »Annehmen, was ist« hat anfangs viel mehr mit den Gefühlen zu tun und erst im zweiten oder dritten Schritt mit der Situation, aus der die Gefühle entspringen.

Die als ungerecht und ungerechtfertigt erlebte Kündigung löst Schmerz, Empörung und Wut aus. Empörung und Wut sind Ausdruck der Tatsache, dass die Situation, die Kündigung, zunächst nicht akzeptiert wird. Alles andere als das! Wenn sich jemand aufgrund der spirituellen oder psychologischen Einsicht, dass Akzeptieren wichtig ist, dazu *zwingt*, die Situation zu akzeptieren, *und sich dadurch von den Gefühlen abschneidet*, dann werden diese Gefühle unterdrückt – mit all den bekannten negativen und destruktiven Folgen. Dann wird das Akzeptieren zu einem Sichabfinden. Dieses Sichabfinden bewirkt eine innere Betäubung, ein Nichtfühlen und ein Unlebendigerwerden.

»Akzeptieren, was ist« hat – und das wird fast nirgendwo richtig verstanden – in erster Linie mit den Gefühlen zu tun. *Die Gefühle sind so zu akzeptieren, wie sie sind.*

Die ersten Gefühle, die bei der Kündigung auftauchen, sind Schmerz, Empörung und Wut. Jetzt gibt es drei unterschiedliche Reaktionen auf diese Gefühle:

1. Sowohl der Schmerz als auch die Empörung und die Wut werden abgewehrt mit einem Gedanken: »Da kann man sowieso nichts machen.« Oder etwa: »Die Wut bringt gar nichts, also brauche ich sie auch nicht zu fühlen.« Als Folge entstehen eine innere Anspannung und Verspannung, eine innere Betäubung,

ein Unlebendigwerden, womöglich Magenschmerzen und ein schlechterer Schlaf.

2. Die Empörung und die Wut werden gefühlt, aber der Schmerz wird abgelehnt und verdrängt und bleibt vielleicht von vornherein ganz unbewusst. *Dabei werden die Wut und Empörung genutzt als Abwehr des Schmerzes.* Das geschieht allzu häufig.
   Man empört sich über die Verletzung und die Ungerechtigkeit, fühlt die Wut, hat Rachefantasien und Mordgedanken. Der Schmerz wird gar nicht wahrgenommen. Als würde die Verletzung nicht zuerst einen Schmerz hervorrufen! Natürlich tut sie das, und natürlich ist der Schmerz über die unerwartete und zudem als ungerecht erlebte Kündigung riesengroß.
   Als Folge der Verdrängung entstehen Anspannung, Verspannung und Adrenalinüberflutung wegen der Wut, der Fantasien und der Rachegedanken.
3. Empörung und Wut sowie der Schmerz werden gefühlt. Dabei wird die Wut zuerst fühlbar sein, sie ist viel heftiger, hat mehr Bewegung und drängt sich deswegen in den Vordergrund.
   Das ergibt ja auch von der Evolution her Sinn: Wenn der Säbelzahntiger mich angreift und vielleicht schon verletzt hat, ist es nicht der richtige Zeitpunkt, zuerst seine Wunden zu lecken und später wütend zu werden. Natürlich taucht zuerst die Wut auf, die Adrenalinüberflutung verbunden mit der maximalen Energetisierung und Handlungsbereitschaft: entweder abhauen oder angreifen, entweder Flucht oder Kampf.
   Wenn in unserem Beispiel der Kündigung die Wut wirklich gefühlt wurde, ohne etwas tun zu müssen, dann geht es darum, den unter der Wut liegenden Schmerz zu fühlen. Das ist das wirklich Heilsame.
   Die Folge: Durch das Fühlen bleibt der Betroffene lebendig, das Ergebnis des Fühlens ist ein inneres Gelöstsein.

Das alles ist unabhängig davon, ob und welche Handlung daraus erwächst. Man kann mit dem Chef reden, man kann Unterstützung bei der Gewerkschaft suchen oder am Arbeitsgericht klagen. Man kann die Kündigung sofort akzeptieren und versuchen, eine Abfindung auszuhandeln … Diese Beispiele sind nicht vollständig und sollen nur zeigen, *dass die Art der Handlungsmöglichkeiten nicht vom Akzeptieren der Gefühle beeinflusst wird.*

Allerdings: Das Unterdrücken der Gefühle kostet sehr viel Energie, und das Handeln wird schwach und nicht tatkräftig sein. Das Steckenbleiben in der Wut und die Abwehr des Schmerzes werden einen blind machen – blind vor Wut, wie man so schön sagt –, und man bleibt nicht nur in der Wut stecken, sondern vor allem in den Wutfantasien.

Wenn man jedoch die Wut und den Schmerz fühlt, wird das Handeln energievoll sein, zentriert und wirkungsvoll.

Etwas zu akzeptieren, wie es ist, heißt also:

- die Situation annehmen und akzeptieren, wie sie sich zum gegenwärtigen Zeitpunkt darstellt;
- die Gefühle, die ausgelöst werden, akzeptieren und ganz fühlen;
- den Wunsch, sich zu wehren und die Situation zu ändern, akzeptieren, wie auch die damit zusammenhängenden Gefühle;
- die Handlungsmöglichkeiten, die zur Verfügung stehen, akzeptieren;
- die Begrenztheit der Handlungsmöglichkeiten durch Rechtssituation, Zeit, Geld, Energie und Zahl der unterstützenden Freunde akzeptieren;
- die Gefühle akzeptieren, die durch die Handlungsmöglichkeiten und ihre Begrenztheit ausgelöst werden;
- Ohnmacht und Hilflosigkeit akzeptieren, die durch die Begrenztheit entstehen können.

Wenn alle Gefühle, die mit der Situation zusammenhängen, gefühlt wurden, dann kann die Situation akzeptiert werden. Das Fühlen der Wut und vor allem das Fühlen des Schmerzes und der Trauer sind *der Weg des Akzeptierens.* Wenn es nur ein Akzeptieren im Kopf ist, dann werden die Gefühle verdrängt; das macht unlebendig und auf Dauer krank.

Vom Akzeptieren zur Gelassenheit

Etwas fühlend zu akzeptieren bedeutet vor allem auch, dass man sich berühren lässt von der Welt und den anderen Menschen. Dass einem alles egal ist, dass einem nichts etwas ausmacht, ist auch spirituell kein erstrebenswertes Ideal. Die Leidenschaftslosigkeit, zu der vor mehr als anderthalb Jahrtausenden die Wüstenväter rieten und die sie selbst praktizierten, bedeutete nicht, sich nicht berühren zu lassen. »Engagierte Indifferenz« nannte Ignatius von Loyola diese Gelassenheit, diesen Gleichmut im 16. Jahrhundert.

Man reagiert nicht nur gelassen gegenüber der Situation, sondern man bleibt vor allem gelassen gegenüber seinen Gefühlen, gerade auch gegenüber dem Schmerz und der oft ohnmächtigen Empörung. Man bleibt berührbar und menschlich und empfindet unmittelbares Mitgefühl, Empörung über Ungerechtigkeit und Verletzung, wenn es den anderen trifft genauso, als wenn man selbst betroffen wäre – dann gehen der Gleichmut und die Gelassenheit einher mit wirklicher Lebendigkeit.

»Annehmen, was ist« hat also in erster Linie mit den Gefühlen zu tun, und die Freiheit der Gelassenheit bedeutet, bereit zu sein, alles zu fühlen, was auftaucht, und die Fähigkeit zu entwickeln, alles so fühlen zu können.

Beim Annehmen einer Situation geht es auch um ihren ganzen Kontext, um die Änderungsmöglichkeiten, die eigenen Wünsche und Werte und auch um die Ohnmacht der Begrenzung. Wie man sich verrennen kann in ein völlig vereinseitigtes Annehmen, zeigen religiöse Gemeinschaften, die medizinische Behandlungen oder chirurgische Eingriffe und Bluttransfusionen mit dem Argument ablehnen, dass die Krankheit von Gott käme und deswegen so anzunehmen sei, wie Gott sie einem schicke. Natürlich wären dann aber auch die Medizin, die Komplementär- und Alternativmedizin genauso wie der schulmedizinische Fortschritt, von Gott geschickt – wo sonst sollte das herkommen? – und deswegen genauso anzunehmen wie die Krankheit.

Die Situation so anzunehmen, wie sie ist, bedeutet auch, mich so einzusetzen, wie es zu meinen Werten und Zielen passt, sodass ich im Einklang mit mir bin. Denn sich mit allem bloß abzufinden und dabei nichts zu fühlen, macht nicht nur unlebendig, sondern stört auch die innere Übereinstimmung und gefährdet den Einklang mit mir selbst. Ich kann mir selbst doch nur dann offen in die Augen schauen, wenn ich mich da, wo es möglich ist, auch für das, was mir wichtig ist, einsetze. Und wenn ich zwar gerne etwas ändern würde, vielleicht sogar sehe, wo ich etwas tun könnte, wenn mir aber die Kraft oder Zeit oder beides fehlt, etwas zu tun, dann kann ich zumindest die Trauer darüber fühlen.

Innere Zustimmung ohne Bewertung

Annehmen, wie es ist, bedeutet so viel mehr als nur ein Hinnehmen oder Erdulden, weil man glaubt, nichts machen zu können. »Annehmen, wie es ist« bedeutet auch eine innere Zustimmung, es bedeutet, Ja zu sagen zu allem.

Viele glauben, es sich leichter machen zu können, indem sie sagen, dass alles, was geschieht, genau so richtig und gut ist. Das ist ein billiger Trost und entspricht den Märchen, welche die Gebrüder Grimm für Kinder gesammelt haben, in denen am Schluss immer alle glücklich und zufrieden leben bis ans Ende ihrer Tage, weil alles, was geschehen ist, genau richtig war.

Die Idee, dass alles, was geschieht, genau richtig ist, enthebt uns der Notwendigkeit, uns innerlich auseinanderzusetzen, vor allem auch der Notwendigkeit, Gefühle von Schmerz, Empörung und Verzweiflung zu fühlen. Es ist eine Wunschfantasie. Viele Dinge sind schlimm, und wir verstehen nicht, warum. Doch als Erwachsene haben wir uns diesem Nichtverstehen und diesem Nichtwissen-Können zu stellen und es anzunehmen, das ist ein wesentliches Kennzeichen innerer Reife und Größe.

Die unmittelbare Empörung und Wut über Verletzungen und Leid ist ein spontanes Urteil, die Empörung möchte Verletzung und Leid verhindern. Wenn wir die Empörung fühlen, aber von dem gedanklichen Urteil einen Schritt zurücktreten, dann wissen wir auch, dass wir nie wissen können, ob aus dem Schlimmen mehr oder weniger Gutes entsteht als aus dem Guten – dass wir also nicht über die Möglichkeit verfügen, ein »richtiges« Urteil zu fällen. Das lässt uns innerlich still und weit werden, während das Urteil uns über die anderen und die Welt erheben und uns zugleich eng machen würde. Jeder kann das unmittelbar ausprobieren und diese Erfahrung machen. Wir stimmen also zu, dem Guten wie dem Schlimmen. Wir stimmen dem zu, wie es geschieht. Daraus entstehen wahres Annehmen und wahre Gelassenheit.

Ändern, weggehen oder annehmen, wie es ist

Das Annehmen kann noch unter einem weiteren Gesichtspunkt betrachtet werden, und zwar mit der Frage: Wie verhält sich das Annehmen zum Wunsch nach Veränderung? Wenn wir alles angenommen hätten, was ist, und uns damit abgefunden hätten, wie es ist, würden wir heute noch in den Höhlen wohnen, und das Feuer wäre unsere einzige Heizung. Wenn wir das Feuer überhaupt schon zu nutzen verstanden hätten.

In einer unangenehmen Situation gibt es drei Verhaltensmöglichkeiten:

1. die Situation ändern,
2. aus der Situation weggehen,
3. die Situation so annehmen, wie sie ist.

Die meisten Menschen machen sich verrückt und ihr Leben schwer, indem sie gegen unangenehme Situationen innerlich ankämpfen, obwohl sie diese nicht ändern können oder wollen und sie aus ihnen nicht weggehen wollen oder können. Durch den Gedanken: »Es müsste anders sein, es dürfte nicht so sein, wie es ist«, entsteht belastender Groll.

Situationen, die man weder ändern noch verlassen kann, können akzeptiert werden; Ansprüche und Vorstellungen, wie es zu sein hätte, können losgelassen werden. Das bedeutet: Frieden mit dem Unvermeidlichen zu finden und sich andererseits nicht mit dem Veränderbaren abzufinden, sondern etwas zu verändern.

Es gibt ein altes Gebet, das oft dem deutsch-amerikanischen Theologen Reinhold Niebuhr zugeschrieben wird, aber schon viel älter ist, weil es in einer nahezu ähnlichen Fassung auf einem irischen Grabstein aus dem 18. Jahrhundert gefunden wurde:

Gott gebe mir die Gelassenheit,
Dinge hinzunehmen, die ich nicht ändern kann,
den Mut, Dinge zu ändern, die ich ändern kann,
und die Weisheit, das eine vom anderen zu unterscheiden.

Alles zu akzeptieren, wie es ist: Bedeutet das, ich lasse mich von nichts mehr berühren und habe keinen Wunsch, etwas zu verändern? Bei weitem nicht. Es muss alles akzeptiert werden: vielleicht der Krieg, so wie er ist, aber genauso mein Schmerz, denn der Schmerz ist auch etwas, das ist. Zu akzeptieren ist ebenso die Empörung, die auftaucht, genauso wie der Wunsch nach Frieden und der Wunsch, etwas ändern und beeinflussen zu können. Zu akzeptieren ist, wie begrenzt die Änderungsmöglichkeiten sind. Nur so ist das Akzeptieren durch und durch menschlich und berücksichtigt alle Seiten, nicht nur die äußere Situation.

Wenn der Mensch in einer unglücklichen Situation ist, aus der er nicht weggehen und die er nicht ändern kann, dann hat er zwei Möglichkeiten: Die erste ist, mit dem Unglück, vielleicht einer Krankheit, zu hadern und dagegen anzukämpfen. Dadurch verdoppelt oder verdreifacht sich das Unglück; das Hadern und der Groll zerfressen ihn innerlich, die Anspannung lässt ihn nicht schlafen. Die zweite Möglichkeit ist, das Unglück zu ertragen und anzunehmen und mit dieser unglücklichen Situation im Frieden zu sein. Dadurch verschwindet das Unglück nicht, aber es hat sich nicht verdoppelt und verdreifacht, und zugleich wird es begleitet von einem tiefen Gefühl des Friedens.

Dies kann der Mensch wählen. Es scheint klar zu sein, was zu wählen wäre. Aber man kann darauf wetten, dass die Mehrheit der Menschen die erste Möglichkeit wählt.

Die Freiheit, die Reaktion zu ändern

Die meisten Menschen streben danach, unangenehme Gefühle zu vermeiden, und sogar wenn sie da sind, sie nicht wahrzunehmen und im Gegenteil zu versuchen, sich angenehme Gefühle zu verschaffen. Wir haben gesehen, dass wir einen hohen Preis für verdrängte Gefühle zahlen. Gefühle, die weggeschoben werden, verschwinden nicht einfach, daher macht uns das nicht wirklich glücklicher. Was uns glücklicher machen würde: Wenn wir mit jedem Gefühl, auch dem unangenehmen, im Einklang sind, erleben wir den Schmerz, aber gleichzeitig den tiefen Frieden.

Fühlen ohne Abwehr

Die meisten Menschen kennen ein Gefühl gar nicht pur, einfach nur als Gefühl; sie kennen es meistens als ein Gefühl mit gleichzeitiger Verkrampfung wegen des Versuchs, es unter Kontrolle zu halten und zu bändigen. Das ist immer quälend und leidvoll, deswegen glauben sie, dass das Fühlen so quälend sei. Aber das einzig wirklich Quälende ist der Kampf, die innere Zerrissenheit, die Anspannung und die Unlebendigkeit, die daraus resultieren.

Es gibt zunächst drei Möglichkeiten, auf ein Gefühl oder auch auf irgendetwas sonst zu reagieren. Erstens dagegen angehen: Ich will das Gefühl nicht haben, es darf nicht zu mir gehören, deswegen bekämpfe und unterdrücke ich es. Zweitens davon weggehen: Ich gehe weg und beschäftige mich mit etwas anderem, sodass meine ganze Aufmerksamkeit so absorbiert ist, dass ich das Gefühl nicht wahrzunehmen brauche. Drittens hinrennen: Ich versuche, das Gefühl zu verstärken, erzähle mir erneut die Geschichte des Gefühls und bedauere mich zusätzlich.

Diese drei Reaktionsweisen erzeugen Leid, aber zum Glück gibt es eine vierte Möglichkeit, und die heißt: still zu sein. Das Gefühl ganz zu fühlen, offen dafür zu sein und es so anzunehmen, wie es ist, um im Frieden mit dem Gefühl sein zu können. Dadurch kann das Gefühl wirklich gefühlt werden und es kann sich lösen. Mit dieser inneren Reaktion kann ich mich auseinandersetzen und kann sie verändern, Schritt für Schritt.

Ein erster Schritt besteht darin, diese Reaktion überhaupt mitzubekommen. Dabei kann folgende Gewahrseinsübung helfen.

GEWAHRSEINSÜBUNG 2

➤ Stelle dir die folgenden zwei Fragen:

- *»Wessen bin ich mir jetzt bewusst?«*
- *»Wie reagiere ich darauf?«*

… gedanklich, körperlich, gefühlsmäßig.

Diese Übung kann allein, über 20 bis 30 Minuten (oder auch kürzer zu verschiedenen Zeiten im Laufe des Tages) gemacht werden, wann immer dir ein Gefühl auffällt und du deine Reaktionen mit dieser Bewusstheit erforschen kannst.
Die Übung kann auch zu zweit gemacht werden, dann stellt der Partner die beiden Fragen.

Es ist gut, wenn die Antworten genauer gefunden werden, also statt »nur«: »Ich freue mich«, kann als zweite, ausführlichere Variante vielleicht kommen: »Ich merke, wie die Freude sanfter wird und dabei ist auszuklingen«.
Und wie reagierst du darauf? Vielleicht: »Ich spüre, dass ich ein bisschen wehmütig dabei werde, mich von der Freude verabschieden zu müssen.«

Die größte Ursache für das Leid

Der Mensch sehnt sich danach, glücklich zu werden. Aber paradoxerweise ist der Versuch, den Schmerz zu verdrängen und wegzuschieben, dieser Kampf gegen das Unvermeidbare, die größte Ursache für das Leid.

Es zeigt sich ganz konkret bei Rückenschmerzen, die zunächst ganz leicht anfangen, mit der Zeit aber immer schlimmer werden;

sie werden schlimmer wegen des Versuchs, durch Anspannung und Dagegenhalten den Schmerz unter Kontrolle und infolgedessen wegzubekommen. Indem der unvermeidbare Schmerz bekämpft wird und nicht da sein darf, wird er durch die Anspannung und den Kampf gegen den Schmerz vervielfacht.

Das ist eine menschliche Tragödie, die uns aber zugleich den Ausweg zeigt: *Das Leid kann beendet werden, wenn der Kampf gegen den unvermeidbaren Schmerz und gegen Gefühle generell beendet wird.*

Die Auswirkung der Erwartungen am Beispiel der Angst vor Krankheiten

Viele Menschen haben Angst vor bestimmten Krankheiten. Es gibt eine Krankheit, bei der die Muskeltätigkeit immer weiter abnimmt, sodass man schließlich keinen Muskel mehr bewegen kann. Bei dem Physiker Stephen Hawking schritt diese Krankheit langsam voran, und inzwischen kann er gar keinen Muskel mehr bewegen, und doch ist er den ganzen Tag glücklich. In Italien gab es einen Menschen mit derselben Krankheit, der so verbittert war, dass er Prozesse bis zum Obersten Gerichtshof führte, um durchzusetzen, dass ihm aktive Sterbehilfe bewilligt würde, weil das Leben für ihn so unerträglich sei. Es ist dieselbe Krankheit, aber die beiden leben in einer vollkommen unterschiedlichen Realität. So gegensätzlich, wie es gegensätzlicher nicht sein könnte.

Das heißt, selbst wenn wir über eine bestimmte Krankheit etwas wissen und viele Fakten gesammelt haben, wissen wir nichts darüber, wie die Realität für uns in Wirklichkeit sein würde. Je intensiver wir allerdings eine bestimmte Realität erwarten, desto mehr werden wir versuchen, bewusst und unbewusst, diese erwartete Realität durchzusetzen. Zuerst wird es unsere Vorstellungen bestimmen, und es ist sehr wahrscheinlich, dass diese Vorstellungen dazu führen, dass das Krankheitsbild, sogar die objektiven Fakten so beeinflusst werden, dass sie zu dem passen, was wir erwarten. Aber selbst dann ist da noch die Realität: was wir erleben, was es mit uns macht, was es bewirkt und was es bedeutet – das ist es, was die Realität ausmacht, nicht, wie viele Muskeln wir bewegen oder nicht mehr bewegen können. Von dieser wirklichen Realität, was auch immer da sein wird, haben wir absolut keine Ahnung, selbst wenn wir noch so viele Schilderungen gehört haben. Wenn wir wissen, dass wir keine Ahnung haben, was da sein wird, können wir gegenüber der Zukunft eine offene Haltung einnehmen: ohne eine bestimmte Erwartung, offen für alles, ohne eine Bewertung.

Wir haben auch Schilderungen von AIDS-Kranken, die zum Schluss wirklich sehr beeinträchtigt und auch schmerzvoll lebten, die aber auf dieses letzte Jahr des Lebens nicht verzichten wollten und es sogar als wertvoller ansahen als alle 40 Jahre davor.

Das alles sollte uns dazu veranlassen zu realisieren, dass wir über die Situation, wie sie sein wird, im Voraus keine Aussagen machen können. Wenn wir uns keine Vorstellungen von der Zukunft machen, sondern ganz offen sind für das, was geschieht, dann kann jede Situation zum Quell reiner Glückseligkeit werden. Das hängt nur davon ab, ob man durch die vollständige Annahme der Situation einem inneren Frieden Raum gibt. Dann kann auch in der schlimmsten Erkrankung eine Realität entstehen, von der wir vorher keine Aussage machen konnten, eine Realität, deren Art vollständig davon abhängt, was wir innerlich mit den äußeren Fakten machen. Genauer: ob wir überhaupt etwas damit machen oder nichts damit machen.

Nichts damit zu machen heißt, keine Erwartungen zu haben, keine Bewertung, sondern wirklich die Situation zu erleben, wie sie ist. Die Hilflosigkeit und Abhängigkeit von anderen, etwa von

Pflegekräften, wirklich zu erfahren, statt sie als das Furchtbarste zu bewerten, was man sich vorstellen kann. Erfahren, was da wirklich ist, wie man es wirklich erlebt, wie es wirklich geschieht, statt einem Bild zu folgen, das man sich gemacht hat.

Wenn wir das realisiert haben, dann sind wir viel offener dafür, Ja zu sagen zu der Situation und zum Leben. Mag da auf uns zukommen, was auch immer kommt: Es wird ein Abenteuer sein, dem zu begegnen und dem innerlich Raum zu geben, was ist. Durch das Loslassen ist jede Lebenssituation eine Chance, in der das Aufwachen geschehen oder sich vertiefen kann – durch die bedingungslose Annahme dessen, was ist.

Das tragische Wegreden von Gefühlen mithilfe eigentlich richtiger Weisheiten

Jede Situation kann das Paradies sein. Ob etwas das Paradies ist oder nicht, hängt nicht von den objektiven Bedingungen ab. Genauso kann jede äußere Situation die Hölle sein. Aber es wäre ganz falsch, schlimmer als ein Schildbürgerstreich, wenn solche richtigen Gedanken dazu benutzt würden, um Gefühle zu verdrängen, sie sich buchstäblich vom Leib zu halten. Dieser Fehler wird allzu oft gemacht, weil er dem Bedürfnis folgt, schlimme Gefühle nicht fühlen zu müssen.

Eine schlimme Situation zu akzeptieren schließt mit ein, auch den durch sie ausgelösten Schmerz ganz zuzulassen, den Schmerz zu akzeptieren wie die Situation. Wenn der Schmerz und vielleicht auch die Verzweiflung gefühlt wurden, wirklich ausgefühlt wurden, dann tritt der Frieden ein. Erst dann.

Wenn stattdessen die Akzeptanzgedanken das Gefühl beiseiteschieben, dann wird dies, wie wir schon gesehen haben, zu Anspannung und Verkrampfung führen, und die Gefühle werden versuchen, einen indirekten Weg zu finden. So wird unendlich viel Energie vergeudet, um diese Gefühle zu unterdrücken.

Dann wird aus dieser Philosophie ein neues Über-Ich gebildet: »Es hängt alles nur davon ab, wie ich es interpretiere, ich brauche den Schmerz gar nicht, es kann alles gut werden, und alles hat das Potenzial zum Paradies.« Dann wird das Fühlen nicht davon bestimmt, was ist, *sondern davon, was ich fühlen sollte.*

Mit diesem neuen Über-Ich werden die Gefühle weggeredet, die man glaubt, nicht haben zu dürfen, und die ja gar nicht da sein dürften. Das Über-Ich bestimmt auf eine neue Weise, welche Gefühle jemand haben soll und haben darf. Die richtige Aufforderung, alles so anzunehmen, wie es ist, lässt einen jede Form von Empörung und Ärger wegschieben. Der Schmerz wegen einer Verletzung braucht nicht gefühlt zu werden, weil der Kopf weiß, dass die Verletzung ja gar nicht persönlich zu nehmen ist und mit einem selbst nichts zu tun hat. Für das Verdrängen von Gefühlen zahlt man nur leider immer einen hohen Preis, egal welche Gründe man dafür hat. Richtig ist, dass man durch das Annehmen des Schmerzes und des Schmerzfühlens zum wirklichen Annehmen kommt – und nicht dadurch, dass man mit solchen allgemeingültigen Gedanken die Gefühle wegredet.

Eine Verletzung schmerzt, dies ist eine spontane, unmittelbare und gefühlsmäßige Reaktion. Was derjenige anzunehmen hat, ist die Verletzung *und* den Schmerz. Wenn er nun keine Gedanken wälzt und sich keine neuen Geschichten erzählt, wird der Schmerz ausgefühlt, und die Verletzung hat ihr Ende gefunden; das Ganze ist zur Ruhe gekommen. Wirkliche Ruhe folgt immer auf Gefühle, nachdem diese gefühlt wurden, nicht, nachdem sie weggeschoben wurden.

Wenn man mit den richtig klingenden Sätzen die Gefühle wegredet, macht man sich etwas vor, und mit der Zeit wird man, weil man schon so viele Gefühle weggeschoben hat, auch die anderen Gefühle nicht mehr wirklich lebendig fühlen können.

Das könnte man dann Gleichmut nennen, es hat aber damit gar nichts zu tun. Dieses neue spirituelle Selbstbild davon, was jemand zu fühlen und wie er zu sein hat und was er denken soll, ist genauso ein entfremdetes Selbstbild. Da besteht kein Unterschied zu jemandem, der die destruktive Grundüberzeugung hat, Selbstbeherrschung würde darin bestehen, dass man alle Gefühle unter Kontrolle haben sollte.

Das Paradox der Veränderung

Arnold R. Beisser war Psychiater, Gestalttherapeut und klinischer Professor für Psychiatrie in Los Angeles sowie ein früher Schüler von Fritz Perls, dem Mitbegründer der Gestalttherapie. Er erkrankte im Alter von 25 Jahren an Kinderlähmung und war seitdem fast vollständig gelähmt. Er hat gelernt, sich auf seine Situation als Gelähmter ganz einzulassen und sie zu akzeptieren. Das Buch, das er über sein Leben schrieb, trägt den schönen Titel: »Wozu brauche ich Flügel?«, wobei der amerikanische Titel noch schöner ist: *»Flying without Wings* – Fliegen ohne Flügel.«

Veränderung geschieht nicht dadurch, dass jemand sich anstrengt, etwas zu werden, was er nicht ist, sondern Veränderung geschieht dadurch, dass er akzeptiert, was er jetzt ist – dies hat Arnold R. Beisser »Das Paradox der Veränderung« genannt. Er hat es nicht erfunden, sondern nur prägnant formuliert, was eine wesentliche Grundlage in der Gestalttherapie und der gesamten Humanistischen Psychologie ist. Wenn jemand das akzeptiert und sich vollständig darauf einlässt, was jetzt ist, dann ist es nicht mehr dasselbe wie das, was vorher war. Denn vorher war er in einer Situation, gegen die er ankämpfte, weswegen er angespannt und verkrampft und in einem inneren Krieg gefangen war. Beides gehört zu dem, was ist: die äußere Situation und der innere Kampf – nicht nur die objektive Situation der Krankheit und die objektiven Tatsachen, sondern genauso und oftmals in erster Linie das, was jemand damit tut. Und der Hauptunterschied ist: dagegen ankämpfen und im Krieg sein – oder akzeptieren und sich ganz darauf einlassen.

Der Mensch strengt sich eher an, irgendwo anders hinzukommen, wo er gerne sein möchte, als sich darauf einzulassen, wo er jetzt ist, um zu entdecken, was entstehen und sich entfalten könnte. Das Paradox der Veränderung besagt: Wenn jemand das, was ist, akzeptiert, verschwinden Verkrampfung, Kampf und der innere und äußere Krieg. Dabei hat er nichts verändert, außer zu akzeptieren, was ist. Und dennoch ist das jetzt eine vollständig andere Situation.

Das heißt: Das zu akzeptieren, was ist, ist nicht die Voraussetzung für Veränderung, sondern es ist selbst die erste und wesentlichste Veränderung. Die Veränderung besteht darin, dass innerer Frieden entsteht, wo vorher Kampf und Anstrengung war.

Die äußere und innere Situation ganz zu akzeptieren – dass sie so sein darf, wie sie ist, auch alles so sein darf, wie es war und wie es geworden ist –, das hat eine ungeheure Kraft der Veränderung. Es ist die größte Freiheit und die wesentlichste Entscheidung, die der Mensch zu treffen hat.

Es ist richtig, dass den Menschen eine große Kraft innewohnt, zu wachsen und Veränderungen zu ersinnen, die Welt zu verändern, Brücken zu bauen, wo vorher jeden Tag geschwommen werden musste, und ein Dach über dem Kopf zu errichten, wo wir vorher immer nass wurden. Die Tragödie besteht nur darin, dass der Mensch zugelassen hat, dass diese Haltung über die Jahrhunderte immer vollständiger sein gesamtes inneres Wesen und Leben bestimmt.

Die Reaktion auf das Gefühl

Wenn man den verschiedenen Ängsten vor dem Fühlen nachgibt, dann rufen sie eine Abwehr gegen das Gefühl hervor. Es gibt also das Gefühl und jemanden, der auf das Gefühl reagiert: mit Erwartungen, Befürchtungen und Hoffnungen, mit bestimmten Überzeugungen und bestimmten Werten.

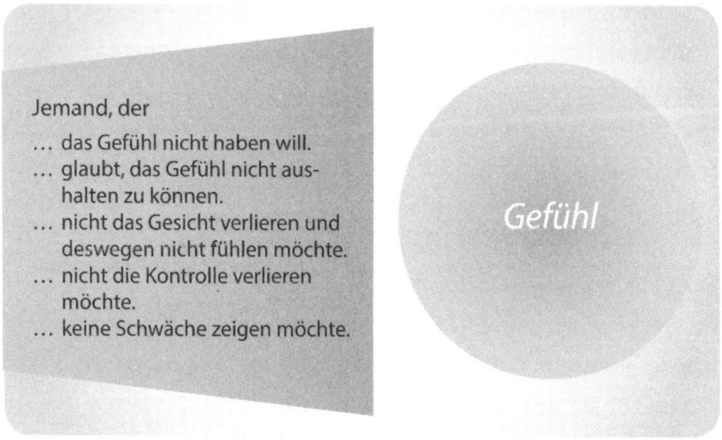

Gefühl und abwehrende Reaktion

Es gibt drei verschiedene Bewegungen gegenüber dem Gefühl

✦ Man kann *gegen das Gefühl angehen*. Mit Gedanken, etwa: »Ich hab doch gar keinen Grund, traurig zu sein. Anderen Menschen geht es viel schlechter.« Emotional: Man ist wütend auf die Traurigkeit. Physisch: Man kontrolliert den Atem, nimmt die Bauchatmung zurück, spannt die Bauchmuskulatur an, den Kiefer, den oberen Rücken und die Schultern und vielleicht die Unterschenkel.

- Man kann *vom Gefühl weggehen.* Gedanklich: indem man sich mit etwas ganz anderem befasst, vielleicht mit einem Tagtraum oder einem Problem, das gerade gelöst werden muss, vielleicht ein Kreuzworträtsel. Emotional: indem man durch die Fantasie ein anderes Gefühl erzeugt, das die ganze Aufmerksamkeit absorbiert. Physisch: indem man den Atem kontrolliert und Bewegungen oder Aktivitäten durchführt, die dem ursprünglichen Gefühl keinen Raum mehr lassen.
- Man kann *zu dem Gefühl hinrennen.* Gedanklich: indem man sich mit dem Gefühl befasst, mit seiner Geschichte, und indem einem weitere tausend Gründe einfallen, weswegen man gerade traurig ist. Emotional: indem man in dem Gefühl badet. Physisch: indem man die Körperhaltung des Gefühls verstärkt und das Baden im Gefühl körperlich unterstützt.

In all diesen Fällen ist da ein Jemand, der mit dem Gefühl etwas macht; der es nicht haben will oder mehr davon haben will; der es zu diesem Zeitpunkt nicht will, weil er ja letzte Woche schon so traurig war oder weil er gerade etwas Wichtiges zu tun hat. Worin die Reaktion auch besteht, es ist eine Form des inneren Krieges und Kampfes und läuft immer darauf hinaus, das Gefühl nicht so haben zu wollen, wie es ist. Das ist die Ursache des Unglücks.

Der Mensch sieht immer wieder darauf, wie er sich fühlt, und befasst sich viel damit, sich besser fühlen zu wollen. Man kann aber Gefühle, die da sind, nicht wirklich verändern. Man kann sie unterdrücken, aber dadurch verschwinden sie nicht, sondern bleiben umso hartnäckiger im Organismus. Man kann an den Deutungen, Interpretationen und Überzeugungen arbeiten, die unangemessene, zerstörerische und bedrohliche Gefühle verursachen (dazu kommen wir im nächsten Abschnitt), aber diese Veränderung betrifft erst die zukünftigen Situationen, in denen diese

Gefühle auftreten können. Indem der Mensch die Gefühle, die jetzt da sind, ablehnt und anders haben möchte, schafft er die innere Anspannung, Verkrampfung, den inneren Kampf und den Krieg gegen sich selbst. *Es ist nicht das Gefühl, dass das Leid verursacht, sondern die Reaktion und der Kampf gegen das Gefühl.*

Das Schöne ist: Während du das Gefühl nicht ändern kannst, *kannst du sehr wohl etwas an dieser inneren Reaktion ändern.* Du kannst dich mit der Angst vor dem Gefühl auseinandersetzen und mit deinen Befürchtungen und Hoffnungen. Du kannst nach und nach Gefühle, die da sind, mehr zulassen und entdecken, dass dein Herz viel größer ist, als du vorher dachtest. So kommst du in die Lage, jedes Mal mehr und leichter fühlen zu können. Wenn du dann entdeckst, dass das Gefühl da sein darf, ohne dass da jemand ist, der mit dem Gefühl etwas machen muss, dann entdeckst du, dass neben dem Gefühl ein tiefer innerer Frieden auftaucht. Dann ist tatsächlich selbst ein Schmerz nicht mehr wirklich schlimm, er ist begleitet von innerer Lebendigkeit und einem tiefen Frieden mit diesem Gefühl. Allein, dass es da sein darf und dass du es um der Lebendigkeit willen ganz zu fühlen bereit bist, ist eines der wichtigsten Geheimnisse des Glücklichwerdens.

Durch Akzeptanz das tiefere Sein entdecken

Die Kraft der Veränderung durch das Akzeptieren kann noch viel weiter und tiefer gehen – vorausgesetzt, es gelingt, sich auf diesen gegenwärtigen Augenblick vollständig einzulassen, ihn ganz zu akzeptieren, in jeder Hinsicht: wie er ist, was geschieht, was geschehen könnte, was zu fühlen ist, was sich innerlich bewegt. Dann hat man vollständig aufgehört, irgendwie einzugreifen oder irgendetwas zu tun, man hat vollständig aufgehört, irgendetwas ändern und tun zu wollen. Dann wird sichtbar, wie wenig eine objektive Realität existiert und wie sehr das ganze Bild, die Illusion, das ganze Kartenhaus zusammenfällt. Die Veränderung geschieht allerdings nicht nur durch ein verstandesmäßiges Akzeptieren. Alle Gefühle müssen dabei gefühlt werden, was bedeutet, die Gefühle zu akzeptieren. Würden sie weggeschoben, wäre das Akzeptieren nur halb geschehen. Indem sie ausgefühlt werden, durch die verschiedenen Gefühlsschichten hindurch, geschieht das tiefste Loslassen, das dann zur tieferen Seinserfahrung führt, die den Frieden so tief und weit werden lässt, wie es sich vorher niemand hat vorstellen können.

Nehmen wir ein Beispiel, das oft besonders beängstigend ist: in Abhängigkeit zu geraten, etwa durch einen Schlaganfall. Dabei gibt es ein bestimmtes Bild, wie es nach dem Schlaganfall sein wird. Wie weit stimmt dieses Bild mit der Realität überein, mit dem, was sein wird, wenn der Schlaganfall Realität geworden ist?

Wir können tausend Fakten über den Schlaganfall zusammentragen, wir werden dennoch nicht wissen, wie es sein wird – weil es niemand wissen kann, nicht, weil wir zu dumm sind, sondern weil sich das Zukünftige nur aus dem Zusammenwirken äußerer und innerer Bedingungen ergibt, und das ist etwas, das niemals vorhersehbar sein kann. Also geht es um den Verzicht auf das Wissenwollen, im Wissen, dass man es nicht wissen kann.

Wenn jemand sich einbildet zu wissen: »Oh, das wird ganz schlimm sein, ich werde mich furchtbar fühlen, diese Abhängigkeit werde ich nicht ertragen können …«, kann genau diese Haltung dann, wenn die Situation eintritt, zu einer grundlegenden Verkrampfung und einem inneren Kampf führen – *und diese Verkrampfung, nicht die äußeren Bedingungen, wird die Ursache sein für ungeheures Leid und die Unerträglichkeit der Situation.* Und derjenige wird sich total bestätigt fühlen und sagen: »Ich hab ja schon vorher gewusst, wie schlimm es sein wird.«

Eine Seminarteilnehmerin sagte mir zu diesem Thema: »Meine 70-jährige Schwägerin hatte vor einem halben Jahr einen Schlaganfall; sie sagt, in diesem letzten halben Jahr habe sie mehr gelernt als das ganze Leben davor. Und sie ist dankbar, dass sie so viel lernen durfte an Weisheit, Lebenseinstellung und Veränderung.«

Durch das Tor des Fühlens Freiheit finden

Der Modus des Gestaltens und der Modus des Geschehenlassens

Das Leben hat zwei Bewegungen:

- ✦ eine horizontale Bewegung: das Leben und Erleben in der Zeit, in Vergangenheit – Gegenwart – Zukunft. Ihr entspricht der Modus des Gestaltens, Planens und Machens.
- ✦ eine vertikale Bewegung: das Sein im Augenblick, die Gegenwärtigkeit und die Bewegung in die Tiefe des gegenwärtigen Augenblicks. Ihr entspricht der Modus des Geschehenlassens.

Die Bewegung in der Zeit

Die horizontale Bewegung ist eine Bewegung in der Zeit. Ich rühre jetzt den Brotteig aus den Zutaten, die ich gestern gekauft habe, um gleich ein Brot zu backen, das ich morgen den Gästen vorsetzen werde. In dieser Bewegung in der Zeit wird die Gegenwart als determiniert betrachtet: durch die Vergangenheit, die vergangenen Erfahrungen und die Geschichte, das, was man lernen konnte, und das, was einen verwundet hat, und durch die Vorstellungen von der Zukunft in Form von Wünschen, Plänen, Absichten, Befürchtungen und Hoffnungen.

Die horizontale Bewegung und die vertikale Bewegung

Selbsterfahrung und Psychotherapie bedeuten zunächst eine Bewegung in der Zeit, denn es werden gegenwärtige Gefühle und Konflikte als biografisch geworden verstanden. Bearbeitet werden die auf Zukünftiges gerichteten Wünsche, Hoffnungen und Befürchtungen. Allerdings hat es auch in der Psychotherapie seit der Mitte des letzten Jahrhunderts eine zunehmende Hinwendung zur Gegenwärtigkeit gegeben. In der Psychoanalyse wird nicht einfach die Vergangenheit durchgearbeitet, wie ein Historiker das täte, sondern in der Weise ergründet, wie die Vergangenheit *im gegenwärtigen Augenblick erlebt wird* und *wie sie sich in der gegenwärtigen Beziehung zwischen Analysand und Analytiker herstellt.* Am prägnantesten steht die Gegenwärtigkeit in der Gestalttherapie im Mittelpunkt: Hier wird Vergangenes in die Gegenwart geholt, etwa die früheren Erfahrungen mit den Eltern, indem man sich die Anwesenheit der Elternfiguren auf einem leeren Stuhl vorstellt, um das gegenwärtige Erleben zu ermöglichen. Zudem wird gegenüber der Fantasie die sinnliche Präsenz der Gegenwärtigkeit betont. Claudio Naranjo hat Gestalttherapie als eine Form des Meditierens zu zweit bezeichnet.

Der Modus des Gestaltens, Planens und Machens

Der Bewegung in der Zeit entspricht der Modus des Gestaltens und Machens. Dieser Modus ist geeignet, um Brücken zu bauen oder Brot zu backen. Er ist nicht geeignet für die innere Reise, die Selbsterfahrung, den Weg in die eigene Tiefe zu sich selbst.

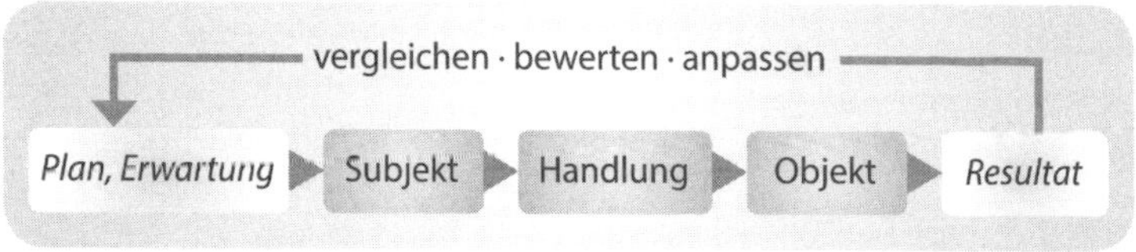

Der Modus des Machens

Dieser Modus hat immer ein Subjekt, eine Handlung und ein Objekt. Der Handlung gehen ein Plan und Erwartungen voraus, sie ist bestimmt von einer Absicht, die gerichtet ist auf das Erreichen des Resultates, welches dann mit dem vorhergehenden Plan verglichen und entsprechend bewertet wird. Bei Nichtübereinstimmung wird entweder der Plan oder die Handlung angepasst, sodass das gewünschte Resultat erreicht werden kann.

Wichtig ist: Dieser Modus des Gestaltens, Planens und Machens kann eine äußere Handlung sein oder auch eine innere, gedankliche Handlung sein. Diese gedankliche Handlung kann die äußere Handlung vorwegnehmen – planend oder im Nachvollzug. So hat bereits Freud das dazugehörige Denken als »Probehandeln« bezeichnet.

Wichtig ist auch: Die Handlung kann sich auf ein äußeres Objekt beziehen oder auf ein inneres. Jemand massiert seinen Bauch mit dem Ziel, dass der Magen sich entspannen kann. Der Mensch kann gleichzeitig Subjekt und Objekt der Handlung sein.

Man macht mit seinem Körper Fitnessübungen, um seinen konditionellen Zustand zu verbessern. Das Erreichen eines Ziels ist Sinn und Zweck der Handlung. Bestimmend ist eine Absicht, die Handlung unterliegt in erster Linie einem Zweck. Das Denken, das diesem Modus des Gestaltens, Planens und Machens entspricht, wird auch »instrumentelles Denken« genannt.

Beim Spielen ist es uneindeutig. Der eine spielt Tennis nur, um zu gewinnen, und nur, um ein bestimmtes Ziel zu erreichen. Der andere spielt Tennis, um sich an der Lebendigkeit und den gelingenden Ballwechseln zu erfreuen; ihm ist wichtiger, selbst gut zu spielen, als zu gewinnen. Jetzt kann die Handlung so selbstvergessen geschehen, dass das Spiel wie von selbst geschieht: Es gibt kein bewusstes Überlegen mehr, es gibt vor allem keine Ängstlichkeit und Selbstzweifel mehr, der Körper bewegt sich wie von allein und das am Limit der Fähigkeiten, manchmal sogar darüber hinaus, begleitet von einer Freude, wie gut man da gerade spielt. Das nennen die Psychologen seit einiger Zeit »Flow«.

Das Bedeutende dabei ist: Auch wenn hier die Handlungen wie von allein, eigentlich ohne ein handelndes Subjekt ablaufen, so sind es doch nach wie vor Handlungen, die diesem Modus entsprechen: Subjekt – Handlung – Objekt. Es ist kein Geschehenlassen an sich, sondern ein Geschehenlassen im Rahmen der vorgegebenen Handlungsabläufe, vorgegeben durch die äußere und innere Situation wie auch durch die verinnerlichten Regeln des Spiels. Tennisspieler haben einen speziellen Ausdruck für diesen »Flow«: Sie nennen es »in der Zone sein« oder auch »in der Zone spielen«.

Die Tragödie des Menschen – und wahrscheinlich vor allem des Menschen der Moderne und Postmoderne – liegt darin, dass er das instrumentelle Denken und den Modus des Machens auch auf alle inneren Wahrnehmungen anwendet. Wenn ein Gefühl auftaucht, kommt als Erstes die Frage: »Wie soll ich damit umgehen?« Als nächste Frage folgt: »Bringt das Gefühl etwas und nutzt es was?« Die dritte Frage lautet: »Was soll ich bloß machen?« Er verhält sich so gegenüber den Gefühlen in der Absicht, sich möglichst gut zu fühlen und angenehme Gefühle zu haben; die unangenehmen Gefühle schiebt er aktiv und manipulativ beiseite. Er öffnet sich nicht für das Wunder des Lebens, sondern Gefühle sind ihm Zweck und Methode geworden.

Die Bewegung im Augenblick, die Präsenz

Die vertikale Bewegung ist eigentlich keine Bewegung, weil weder Zeit noch Raum durchmessen werden. Sie ist ein Innesein, ein Anhalten und eine Entfaltung der Tiefe dieses Augenblicks. Ihr entspricht der Modus des Geschehenlassens.

Der Augenblick hat verschiedene Schichten. Unter Präsenz wird meistens die sinnliche Präsenz gemeint, es gibt jedoch eine tiefere Gegenwärtigkeit, sodass die sinnliche Präsenz nur die äußere Seite des Augenblicks darstellt und die tieferen Erfahrungen das Eigentliche des Augenblicks sind.

Die Wichtigkeit und Lebendigkeit der sinnlichen Präsenz wird deutlich, wenn wir die Alternative betrachten. Präsenz bedeutet die Fähigkeit und Freiheit, das zu sehen, was zu sehen ist, statt unserer inneren Bilder und der Gespenster der Vergangenheit, die sich vor den Menschen schieben, der uns hier und jetzt gegenübersteht. Es ist die Fähigkeit und Freiheit, das zu hören, was der andere wirklich sagt, statt das, was wir unter dem Eindruck innerer unverarbeiteter Figuren und Situationen aus unseren früheren Erfahrungen zu hören glauben und in ihn hineinlegen.

Die Alternative zur Präsenz soll an einem Beispiel verdeutlicht werden. Wenn jemand sich seinem Chef gegenüber fühlt wie vor Jahrzehnten gegenüber dem Grundschullehrer, dann tauchen all die früheren Gefühle der Demütigung und des Versagens wieder auf – genau wie damals, als er von diesem Lehrer zurechtgewiesen wurde. Er ist buchstäblich nicht in der Lage, den Chef wirklich zu sehen und das zu hören, was dieser eigentlich zu ihm sagt. Er sieht vor dem inneren unbewussten Auge den Grundschullehrer und hört sogar, was dieser damals gesagt hat oder heute sagen würde, und er reagiert auf diesen projizierten und übertragenen Grundschullehrer, nicht auf den Chef in der realen Situation.

Vielleicht hat der Chef sich in mancher Hinsicht ähnlich verhalten wie der Grundschullehrer, aber selbst das ist nicht wirklich nötig. Für eine selbst produzierte Illusion kann schon die Position des Abhängigen ausreichend sein. Praktisch redet derjenige dann mit sich selbst; mit sich und seinen inneren Bildern.

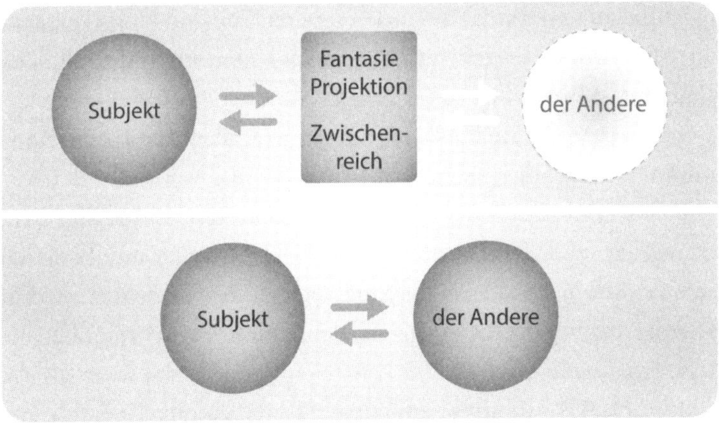

Projektion versus direkter Kontakt

Präsenz ist die Fähigkeit, wirklich das zu spüren, was im Augenblick im Körper spürbar ist, und frei zu atmen, wie der Körper jetzt gerade atmen will, statt, einer alten Gewohnheit aus früheren Zeiten gemäß, den Atem zu blockieren und flach zu halten. Es ist die Fähigkeit zu spüren, wie man wirklich hier und jetzt auf den anderen lebendig reagiert, statt aufgrund innerer, aus der Vergangenheit stammender Bilder, Vorurteile und chronischer Ängste zu reagieren. Und es ist die Fähigkeit, wirklich zu fühlen, was jetzt ist: die Freude, die Angst, die Lust und den Schmerz, wie sie sich aus der Situation heraus hier und jetzt ergeben, statt die gerade auftauchenden Gefühle von früheren, innerlich immer wiederkehrenden Szenen bestimmen zu lassen. Präsenz bedeutet, ganz hier und jetzt zu sein.

Für die Humanistische Psychologie, die sich in den fünfziger und sechziger Jahren des letzten Jahrhunderts entwickelte, standen Präsenz und das »Hier und Jetzt« im Mittelpunkt. Eine berühmte Definition der Gestalttherapie lautete: *»I and You in the Here and Now* – Ich und du im Hier und Jetzt.«

Ganz hier und jetzt präsent zu sein bedeutet zugleich, ganz lebendig zu sein. Nicht mehr den inneren Schatten und Gespenstern von früher ausgeliefert zu sein und auch nicht den Projektionen und Befürchtungen.

Da in den spirituellen Richtungen, vor allem dem Zen-Buddhismus, der damals in Amerika sehr populär war, auch der Augenblick und die Gegenwärtigkeit betont werden, glaubte man damals vorschnell, nicht nur in derselben Richtung unterwegs zu sein, sondern dass das »Hier und Jetzt« schon identisch sei mit jenem Augenblick des Mystikers, der für ihn Erleuchtung bedeutete. Spirituelle Gegenwärtigkeit reicht jedoch viel tiefer als die sinnlichen Wahrnehmungen – in der Tiefe beginnt die Erfahrung des Seins, der Unendlichkeit und des unermesslichen Friedens.

Fühlen und Verstehen

Um frei zu werden, muss man sich selbst verstehen, also auch die eigenen Gefühle. Dieses Verstehen setzt im gegenwärtigen Augenblick des Fühlens an, bezieht sich dann aber auch auf die Vergangenheit und Zukunft: Das Gefühl wird verstanden als etwas, das in der gegenwärtigen Begegnung entstanden ist, zusammen mit dem, was kurz zuvor oder in einem schon länger zurückliegenden Zeitraum bereits geschehen und mir begegnet ist.

Zuerst muss man verstehen, was man überhaupt fühlt. Manch einer sagt, wenn man das Gefühl benenne, dann sei man ja schon wieder im Denken und weg vom Gefühl. Das stimmt jedoch so nicht. Wenn ich Kinder habe und eines kommt zur Tür herein, dann weiß ich, ob das Willi ist oder Klaus, da muss ich nicht nachdenken, um sie richtig benennen zu können. Wenn man allerdings im Fühlen so wenig zu Hause ist, dass man die Gefühle nicht sofort erkennen und benennen kann, dann beginnen oftmals auch Denkprozesse. Dieses Denken steht dem Fühlen aber nicht im Weg. Dann fragt man sich vielleicht: »Ist das eher Ruhe oder Unruhe, was ich fühle? Bin ich eher heiter und gelassen oder bedrückt?« Gefühle sind kein unspezifisches energetisches Aufgewühltsein oder energetisches Empfinden, vielmehr wissen wir meist intuitiv, ob die Aufregung Freude oder Angst darstellt, ob wir wütend oder traurig sind. Solch einen Begriff zu denken, schränkt daher das Fühlen nicht ein.

Tatsächlich tauchen oft verschiedene Gefühle nebeneinander auf. Man fühlt seine Traurigkeit, lässt sich auf die Traurigkeit ein und fühlt zunächst eine Verunsicherung, dann nimmt die Traurigkeit zu und verbindet sich für einen kurzen Moment mit einem aufflammenden Zorn gegen die Verletzung, die der Traurigkeit zugrunde liegt. Da die Traurigkeit stärker wurde, taucht vielleicht

Angst auf, die Traurigkeit nicht auszuhalten, danach vielleicht eine Sehnsucht, freier zu sein und das Gefühl ganz fühlen zu können; die Traurigkeit nimmt zu und wird zu einem brennenden Schmerz, man lässt sich von diesem Schmerz ganz erfassen, und vielleicht taucht jetzt ein Anflug von Verzweiflung auf, verbunden mit der Angst, dass der Schmerz womöglich nie aufhört. Man lässt sich noch tiefer auf den Schmerz ein und kann sich vielleicht auch richtig hineinsinken lassen, und es erscheint möglicherweise die Angst, die Kontrolle zu verlieren, oder die Angst vor dem Abgrund und der Bodenlosigkeit, die unter dem Schmerz geahnt werden. Langsam lösen sich die Traurigkeit und der Schmerz, und diese Gefühle werden abgelöst von einer tieferen Ruhe, und ein intensiverer Frieden wird erfahren. Was wäre, wenn das alles nur als eine Zunahme und Abnahme eines energetischen Geschehens wahrgenommen werden würde?

Aber es gibt noch mehr Gründe, die es zwingend machen, die Gefühle zu verstehen.

Die verschiedenen Arten der Gefühle

Es gibt zum Beispiel verschiedene Arten der *Traurigkeit:* So gibt es die aussöhnende und schließlich auch befreiende Traurigkeit, die einen Verlust oder Abschied verarbeitet und innerlich zum Abschluss bringt. Dann gibt es aber auch die anklagende Traurigkeit, wobei die Anklage zunächst vielleicht gar nicht wahrgenommen wird.

Wenn man die Traurigkeit tiefer zulässt, spürt man in der Traurigkeit zugleich ein Aufbegehren, das sich vielleicht ausdrückt in den Fragen: »Warum bloß? Wieso konnte das nicht anders sein? Warum hat mir keiner geholfen? Wäre es doch bloß anders gekommen!« Dann fühlt man neben der Traurigkeit die Wut und den Zorn. Wenn man nur ein *energetisches Geschehen* empfunden hätte, könnte man diesen Unterschied niemals wahrnehmen. Und es ist ein gewaltiger Unterschied: Wenn man eine einverstandene Traurigkeit fühlt, dann bewirkt das eine Heilung und Aussöhnung und einen Abschluss. Dann kann der Verlust schließlich zur Ruhe kommen, und man ist offen für das Neue.

Wenn man in der anklagenden Traurigkeit bleibt, kann es natürlich noch keine Aussöhnung geben. Die anklagende Traurigkeit bleibt bestehen, sie tritt nur in den Hintergrund, bleibt aber vielleicht das ganze Leben, solange die Anklage aufrechterhalten wird. Die Anklage und die Wut verhindern, dass die Traurigkeit ihre heilende und aussöhnende Wirkung entfalten kann. Man weiß dann aber auch, womit man sich auseinanderzusetzen hat, nämlich mit der Anklage und mit der Wut: Es geht also darum, die Wut zu fühlen, bis sie Ruhe finden kann, und sich mit der Anklage auseinanderzusetzen, sodass man sich dafür entscheiden kann, sie aufzugeben. Dann kann die Traurigkeit heilen.

Ganz anders verhält es sich mit der Trauer, wenn sie sich mit dem Selbstmitleid verbindet. Dann wird der Schmerzkörper wachsen, und es besteht die Gefahr, dass die Trauer über all das, was in den letzten 180 Jahren geschehen ist, wieder und wieder hochkommt. Auch das merkt man der Trauer vielleicht nicht sofort an, man muss sie erst genauer und tiefer verstehen. Ist das Selbstmitleid erst einmal erkannt, kann man sich damit auseinandersetzen und unterscheiden: Was ist das gesunde und heilsame Mitgefühl mit sich selbst, und was ist das zerstörerische Klagen darüber, dass es einem so viel schlechter gehe als allen anderen?

Die Richtungen der Gefühle

Jedes Gefühl hat verschiedene Arten und Richtungen. So gibt es auch verschiedene Richtungen der *Wut:* eine nach außen und auf andere gerichtete – und eine nach innen gegen sich selbst gerichtete. Kinder haben oft die Tendenz, die Fehler eher bei sich zu sehen und die Großen in Schutz zu nehmen. Die Großen stehen für Sicherheit und Halt in der Welt, und Kritik an ihnen würde die ganze Welt zu einem unsicheren Ort machen. Also richten Kinder die Wut gegen sich selbst – in Form von Selbstvorwürfen und indem sie sich schlechtmachen und herabsetzen.

Selbsthass und Selbstverachtung entstehen oftmals, weil man sich nicht erlaubt, die Wut nach außen zu richten, und sie stattdessen gegen sich selbst kehrt. *Retroflexion* nennt man das.

Nun, wenn das Gefühl nur als ein energetisches Geschehen wahrgenommen werden würde, dann bliebe diese Retroflexion ganz unerkannt. Dann würde man sich ein ums andere Mal mit diesem Selbsthass und der Selbstverachtung verletzen.

Das ganze komplexe Gefühl verstehen

Nur wenn man das Gefühl als Ganzes versteht, kann Veränderung geschehen.

Man kann als Erstes den Schmerz zulassen, den man fühlt, wenn man gewahr ist, wie schlecht man sich selbst behandelt und wie zerstörerisch. Vielleicht fühlt man auch die Verzweiflung, wenn einem bewusst wird, wie lange man schon so mit sich umgeht und dass noch immer kein Ausweg in Sicht ist.

Zweitens kann man realisieren, dass an dem Geschehen ja zwei Seiten beteiligt sind: *Jemand* macht *sich selbst* Vorwürfe. Die eine Seite, welche die Vorwürfe, den Hass und die Wut erlebt, leidet; ihr geht es schlecht dabei. Die andere Seite, die vorgibt, genau zu wissen, wie man es hätte richtig und besser machen müssen, fühlt sich in ihrer Selbstgerechtigkeit gut, und ihr gefällt ihre Arroganz. Sie kann sich sogar großartig damit fühlen, dass sie diese hohen Ansprüche überhaupt hat – obwohl diese Ansprüche, alles großartig zu machen, gar nicht erfüllt werden können.

Wenn man sich diese nach Großartigkeit strebende, selbstgerechte und arrogante Seite eingestehen kann, ist Veränderung leichter möglich.

Sich an den Ursprung des Gefühls erinnern

Viele Menschen haben in Selbsterfahrungsgruppen oder in der Therapie erlebt, was es für eine unglaublich lösende Wirkung hat, wenn man etwa ein immer wieder auftauchendes Gefühl von Scham endlich dadurch versteht, dass man sich wieder erinnert an das unerträgliche Beschämtsein im Kindergarten, als die Kinder einen auslachten, weil man etwas Unbedachtes oder Voreiliges getan oder einfach nur die falsche Haarlänge hatte. Es wirkt befreiend, wenn man sich an ein ganz bestimmtes Gefühl in einer ganz bestimmten Situation wieder erinnert, es wieder erlebt und es sich dadurch auflösen kann.

Das gilt auch für die in den letzten Jahren vielfach diskutierte Situation der Traumatisierung. Auch dort geht es darum, aus der Starre herauszukommen – der Traumatisierte ist starr vor Schreck – und die damals unaushaltbaren Gefühle jetzt fühlen zu können. Der Unterschied ist hier jedoch, dass man sich den Gefühlen des Traumas nur Schritt für Schritt nähern kann, und dahin haben sich die traumatherapeutischen Methoden entwickelt. In der traumatischen Situation war der Organismus mit der Verarbeitung und Bewältigung der Gefühle so bedrohlich überfordert, dass er ganz erstarrte. Sowohl die Gefühle von Angst, Wut und Schmerz als auch die Impulse, wegzulaufen oder anzugreifen, blieben wie eingefroren. So kommt es in der Heilung und Bearbeitung darauf an, dass *sowohl die Bewegungsimpulse als auch die Gefühle* Schritt für Schritt aus der Erstarrung befreit werden.

Peter Levine, vielleicht der wichtigste Pionier der Traumaarbeit, beschreibt, dass Tiere, die sich aus einer lebensbedrohlichen

Gefahr befreien konnten, nach gelungener Flucht auf dem Feld standen und eine ganze Zeit zitterten. Durch das Zittern kann sich die muskuläre und energetische Spannung lösen und entladen. Danach konnte das Tier friedlich weiteräsen (siehe Literaturverzeichnis Seite 349).

Mehr über das Verstehen der Gefühle folgt im vierten Kapitel, wo die wichtigsten Grundzüge zusammen mit den wichtigsten Lebensmustern dargestellt werden.

Fühlen und Nichtstun – der Modus des Geschehenlassens

Neben dem Modus des Gestaltens, Planens und Machens gibt es auch den Modus des Geschehenlassens. Dabei nimmt man sich völlig zurück: Da ist niemand, der etwas ändert oder ändern will, niemand, der Einfluss nehmen oder etwas in der Hand behalten will. Dieser zweite Modus ist der entscheidende für die Reise nach innen.

Der Modus des Geschehenlassens bedeutet: offen zu sein für das, was erscheint und auftaucht, und für das, was geschieht. Nicht eingreifen, nichts tun, nicht reagieren. Es ist weder ein Dagegenangehen, noch ein Hinrennen oder Weggehen, sondern ein Stillsein. Stillsein bedeutet nicht, innerlich dafür zu sorgen, dass man ruhiger wird. Stillsein bedeutet, gar nichts zu tun.

Neun von zehn Menschen sprechen davon, dass sie »in die Stille gehen«, und sie glauben, still zu werden würde bedeuten, dass man alles, was der Stille im Wege steht, beruhigt und zur Seite legt. Tatsächlich sollte man von all dem besser überhaupt nichts tun. Stillsein bedeutet ganz im Gegenteil, dass man alles innerlich auftauchen lässt, jedes Gefühl, das sich zeigen will, jede Unruhe und jede Aufregung, *und dass man den ganzen inneren Aufruhr, der daraus folgt, geschehen lässt, sich davon erfassen lässt* und *in dem Aufruhr still bleibt.* Dass man also buchstäblich nichts tut. Dadurch machen der Aufruhr, die Unruhe, die Freude oder der Schmerz *das, was der Aufruhr, die Unruhe, die Freude oder der Schmerz machen wollen.* Das heißt Stillsein, das ist der Modus des Geschehenlassens.

Dieser Modus des Geschehenlassens hat also zwei Seiten:

- offen sein dafür und sich bewusst sein, was erscheint, was auftaucht und was wahrgenommen werden kann;
- offen und bereit sein dafür, alles geschehen zu lassen, was von allein geschieht, wie immer es sich entfaltet.

Einladung an die Gefühle

Sich für etwas öffnen, also offen zu sein, bedeutet, es einzuladen. Man macht bewusst den inneren Raum dafür frei, dass es auftauchen und geschehen kann, entsprechend tritt man selbst zurück. Man weiß, man kann es nicht erzwingen und auch nicht machen. Es einzuladen bedeutet fast, sich zu wünschen, dass es auftauchen und geschehen möge, aber mit dem Wunsch kann schon zu viel Absicht verbunden sein.

Wenn man offen ist dafür, ist man auch ein wenig neugierig, aber ohne gierig zu sein, vielmehr liebevoll interessiert. Vor allem ist man offen für das, was auftaucht, etwa für genau das Gefühl, das jetzt auftauchen will. Ich höre auf, es zu beurteilen und abzulehnen, nur weil ich mir etwas anderes wünsche. Man ist für jedes Gefühl gleichermaßen offen.

WAS GESCHIEHT JETZT, WENN ICH NICHTS TUE?

- Setze dich an einen ruhigen Platz; du kannst die Übung aber auch in der Straßenbahn oder im Kaffeehaus machen.
- Richte die Frage nach innen:
  »Was geschieht jetzt, wenn ich nichts tue?«

Vielleicht nimmst du verschiedene innere Ereignisse wahr: Der Atem kommt und geht, die Muskeln im Kiefer zucken ganz leicht, im Bauch ist vielleicht ein Strömen und Vibrieren spürbar …

- Nimm wahr, was im Vordergrund steht, und antworte auf deine Frage.
- Dann wird die Frage immer aufs Neue wiederholt:
  »Was geschieht jetzt, wenn ich nichts tue?«

Dabei ist die Antwort oftmals nicht so einfach, wie es zunächst erscheint: Der Atem kommt und geht von allein. Das ist etwas, das ohne dein Zutun geschieht. Aber dann merkst du vielleicht, dass der Bauch angespannt ist, sodass sich der Atem nicht so gut in den Bauchraum hinein entfalten kann, wie es eigentlich möglich wäre; offensichtlich ist die Anspannung und die Blockierung des Atems etwas, das du herbeiführst.

Auch das kannst du bemerken, und vielleicht passiert nur durch das Bemerken schon eine Veränderung, die in der nächsten Antwort Platz findet.

- Nimm wahr, wie sich dein Bewusstseins- und dein Gefühlszustand im Laufe der Übung verändern.

Mit der Zeit, auch durch die vorige Übung, wird es immer leichter, zwischen dem, was von allein geschieht, und dem, was du tust, zu unterscheiden. Diese Fähigkeit ist sehr wichtig, denn nur dadurch entwickelt sich die Fähigkeit des Geschehenlassens.

Viele Menschen haben Angst vor dem Schmerz, Angst vor der Unaushaltbarkeit und davor, dass man das Leben nicht mehr bewältigen könnte, wenn man diese Angst und den Schmerz zulassen würde. Dabei ist es gerade umgekehrt: Schmerz und Angst verschwinden ja nicht, bloß weil sie unterdrückt werden; sie sorgen für Anspannung, für schlechten Schlaf, und auf Dauer machen sie einen krank. Gerade erst durch das Unterdrücken schränken die Gefühle das Leben und die Lebensqualität ein. Das Fühlen des Schmerzes und der Trauer wären gerade für den Prozess des Verarbeitens so dringend nötig.

Wenn ich mich tief ins Bein geschnitten habe, dann muss ich dem Bein einige Zeit Ruhe gönnen, damit die Wunde gut zusammenwächst und verheilt; viel Sauerstoff, Schutz und Pflege sind nötig, damit sie sich nicht entzündet. Würde ich das Bein zu schnell wieder bewegen, würde die Wunde immer wieder aufreißen, sie könnte nicht verheilen. Genauso ist es mit der Seele: Den Schmerz und die Trauer zu fühlen ist der wichtigste Teil des Heilungsprozesses; dadurch kann man sich mit dem Verlust, der Einschränkung oder der zerplatzten Hoffnung aussöhnen. Wenn ich der Seele – und dem ganzen Organismus – diese Zeit und diese Ruhe nicht lasse, wird die Wunde immer wieder aufgerissen werden, sie kann nicht zuwachsen und nicht verheilen. Trauer, wenn ihr genügend Zeit gegeben wird, heilt und löst.

Gefühle wollen also Zeit und Raum bekommen, sie möchten ausgefühlt werden und wirken dadurch lösend und heilend. Also braucht man nicht zu fragen: »Wie soll ich mit dem Gefühl umgehen?« Oder: »Was soll ich mit dem Gefühl machen?« Weil die Antwort klar ist: gar nicht und gar nichts. *Das Gefühl fühlen und nichts damit tun* – es wallt auf, wird stärker, es gibt vielleicht einen inneren Aufruhr; Herzschlag, Muskeltonus und der Atem nehmen zu; und wenn man weiterhin nichts tut, kein Öl ins Feuer gießt, löst es sich, wird weniger und klingt aus. Weil einem oft nicht nur warm, sondern sogar ganz heiß dabei wird, sagt man auch, dass das Gefühl *verbrennt,* dass man es verbrennen lässt.

Das Gefühl ist kein Leid

Die meisten Menschen kennen Gefühle gar nicht in ihrer reinen Form. Sie kennen sie nur im Doppelpack: Da ist ein Gefühl, und gleichzeitig ein Jemand, der dieses Gefühl vielleicht gar nicht haben will oder unter Kontrolle behalten will, der aufpasst, dass es nicht zu stark wird und dass es nicht nach außen dringt. Der passt auch auf, dass das Gefühl nicht ein weiteres Gefühl mit sich bringt, das man nicht haben darf oder nicht haben sollte.

All das, was dieser Jemand tut, bewirkt eine Anspannung, sodass das Gefühl nicht einfach da sein und so gefühlt werden kann, wie es gefühlt werden möchte. Es bleibt nun immer da, zusammen mit dieser Verkrampfung und Verspannung. Und das gilt nicht nur für sogenannte negative Gefühle. Auch Freude, die verbunden ist mit der Angst, zu explodieren oder zu platzen und sie nicht auszuhalten, darf nicht ganz einfach da sein und wird unter Verschluss gehalten. Die Verspannung und Verkrampfung, dieser Kampf gegen das Gefühl und der Krieg mit sich selbst, sind die Ursache für das Leid. Zur Wiederholung: Die vielleicht größte Tragödie des Menschen besteht darin, dass er in guter Absicht, nämlich um glücklich zu werden, den Schmerz nicht haben will und sogar bekämpft; dieses *Bekämpfen vervielfacht den Schmerz,* und das Glücklichsein rückt so in weite Ferne.

Das Fühlen und die Geschichte

Man nimmt eine Enttäuschung wahr, sagen wir, der angekündigte Besuch für den Abend hat abgesagt. Diese Wahrnehmung ruft zunächst einen Schmerz, eine Traurigkeit hervor.

Weil sie nicht einfach gefühlt wird, springt die Energie wieder in den Kopf, und es kommen die Gedanken: »Warum kommt er heute Abend bloß nicht? Wahrscheinlich bin ich ihm nicht wichtig genug.« So entsteht ein zusätzlicher, neuer Schmerz und ein Gefühl der Demütigung. Auch dieses wird jetzt nicht ausgefühlt, sondern die Reise geht erst einmal wieder zurück in den Kopf, und man bedenkt, wie man sich jetzt zu verhalten habe, ob man mit dem anderen jetzt gar nichts mehr zu tun haben will.

Diese Gedanken mobilisieren eine Wut auf ihn, die wiederum einen Rachegedanken, wie man es ihm heimzahlen könne, auftauchen lassen, worauf sich dann womöglich eine Angst vor dem Alleinsein meldet, wenn der andere seinerseits vielleicht nie mehr etwas von einem wissen will.

Diese Angst vor dem Alleinsein droht nun so heftig zu werden, dass man schnell wieder zurück in den Kopf verschwindet und sich jetzt selbst beschuldigt, dass man bestimmt etwas falsch gemacht habe, weswegen er dann abgesagt hat.

Es entsteht ein Schmerz zusammen mit der Wut, die man nun gegen sich selbst richtet. Und es kommt vielleicht ein Selbstbedauern hinzu, das den gesamten Schmerzkörper aktiviert, mit dem Gedanken, dass man immer wieder so ein Unglück habe oder dass man es nie richtig zu machen in der Lage sei.

Wenn nun dieser Schmerzkörper dabei ist, einen ganz zu erfassen, dann wird es höchste Zeit, die Reißleine zu ziehen, indem einem dringend einfällt, dass gerade jetzt diese wichtige Fernsehsendung beginnt, die man nun unbedingt ansehen sollte.

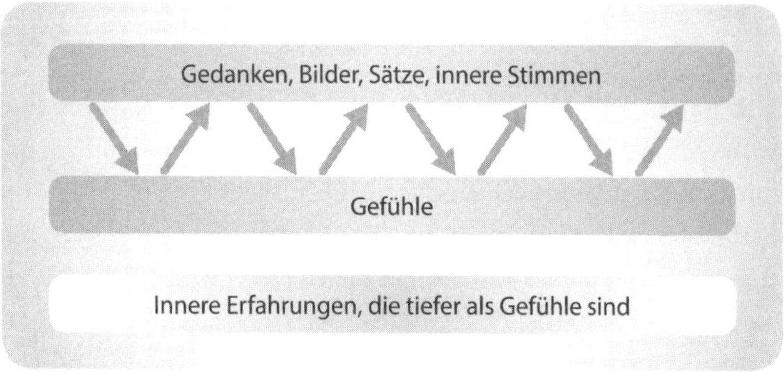

Gefangensein zwischen Gedanken und Gefühlen

So geht es also zwischen Gedanken und Gefühlen ständig hin und her. Dieser Prozess wird von dem drängenden Wunsch bestimmt, dem jeweiligen Gefühl nicht ausgeliefert zu sein und das Gefühl auf keinen Fall zu Ende fühlen zu müssen.

Die Alternative wäre, den Schmerz zu fühlen, dass man auf den schönen Abend jedenfalls im Augenblick verzichten muss. Zusammen mit dem Schmerz kommt auch Enttäuschung hoch, gerade dann, wenn die Freude vorher groß und der Besuch so gut wie sicher war. Dann fühlt man Schmerz und Enttäuschung, gibt dem Raum und ist wieder im Frieden.

Wenn dann noch ein Gedanke käme, was wohl der Grund sei, dass der andere nicht gekommen ist, ob es denn vielleicht doch mit einem selbst zusammenhänge? Dieser Gedanke könnte offen bleiben und beantwortet werden mit: »Das werde ich versuchen herauszubekommen« – am besten, indem man den anderen einfach bei nächster Gelegenheit fragt.

An diesem Beispiel ist klar geworden: Weil man nicht bereit war, die Traurigkeit und Enttäuschung einfach anzunehmen, ist ein Prozess von halben Gedanken und halben Gefühlen entstanden, der eins auf jeden Fall bewirkt, nämlich Quälerei und Leid.

Fühlen und nichts tun

Die Lösung ist so einfach, wie sie sich anhört, denn was könnte einfacher sein, als nichts zu tun?! Da würde ein Alkoholiker auch nur gequält mit den Achseln zucken, wenn man ihm sagen würde: Was könnte einfacher sein, als *nicht* zu trinken? Kompliziert ist es sicher nicht – also zwar einfach, aber eben auch nicht leicht.

Es ist die *Angst vor der Unaushaltbarkeit* auszuhalten, und es ist *das Gefühl selbst auszuhalten.* Es geht nur wirklich gut – das wird im fünften Kapitel eine wichtige Rolle spielen –, wenn man den Atem frei fließen lassen kann und dem Körper erlaubt, den Atem so zu verändern, wie er ihn verändern möchte. Es entsteht das Gefühl, dass es mich atmet, anstatt dass ich atme. Es wird erleichtert dadurch, dass die Körpermuskulatur gelöst und nicht blockiert wird.

Das Wichtigste allerdings ist, dass man in dem Gefühl bleibt, und dann entstehen tatsächlich die verschiedensten Impulse: der halbe Gedanke, ob das jetzt nicht zu unbequem werden könnte; der nächste Gedanke, ob es zu bedrohlich sei; ein dritter Gedanke, dass man erst rausfinden müsse, ob der Schmerz überhaupt berechtigt sei; ein weiterer Gedanke, dass man jetzt dringend etwas ganz Wichtiges tun müsse oder etwas auf keinen Fall verpassen dürfe; wieder ein Gedanke, dass man doch eine Heulsuse sei, wenn man jetzt weine, oder dass man sich nicht wie ein Jammerlappen benehmen solle ... Dazu kommen Impulse im Körper: die Luft automatisch anhalten zu wollen, die Stirn anzuspannen und die Bauchmuskulatur, damit der Atem nicht zu tief wird, die Kehle zusammenzupressen, weil vielleicht sonst ein Ton, gar ein unangenehmer, entstehen könnte ...

Worauf es ankommt: *alle Impulse gar nicht erst zu berühren,* sondern sie einfach nur wahrzunehmen, am besten schon dann, wenn sie gerade dabei sind zu entstehen, und nichts zu tun. Oder den ganzen Prozess zu beantworten mit: »Nein, ich will entdecken, was der Organismus, der Körper und die Seele mit diesem Gefühl machen und was das Gefühl mit mir macht, wenn ich nichts tue. Ich will entdecken, was von allein geschieht.« Dann bleibt man in dem Gefühl, man bleibt ganz von ihm erfasst, in gewisser Hinsicht kann man sogar sagen, dass man zu dem Gefühl wird. Es wird ganz ausgefühlt.

Man geht auch nicht in das Gefühl hinein. Wer sollte da wohin »gehen«? Ist das Gefühl denn in einer bestimmten Distanz von einem weg, so wie der Bäcker, zu dem man erst hingehen muss? Nein, das Gefühl ist hier, ganz unmittelbar, näher als die eigene Nase, niemand braucht irgendwohin zu gehen. Zudem wäre das Gehen, wenn man es denn könnte, ein Prozess von Aktivität, ein Tun, um etwas zu bewirken. Nein, stattdessen: nichts tun. Dann lässt man los, man sinkt buchstäblich in das Gefühl. Denn das ist das Ergebnis des Loslassens: ein Tiefersinken.

Man sinkt in das Gefühl, und während das Gefühl stärker wird und einen Aufruhr bewirkt, sinkt man tiefer und tiefer. Wenn man sich dem Gefühl so überlässt, lässt der Körper immer mehr von allein los, und Anspannungen fallen ab. Das geschieht, weil man alle Impulse von Aktivität nicht berührt hat und sich richtiggehend in das Gefühl hinein aufgelöst hat.

Und wenn das Gefühl sich ausgefühlt hat, wenn es ausgeklungen ist? Dieser Moment ist besonders wichtig, denn viele Menschen gehen hier wieder in den Kopf zurück, befassen sich mit einem neuen, anderen Thema. Wenn man stattdessen jetzt »da«-bleibt und sich fragt: »Was fühle ich als Nächstes? Was wird dann sein?«, dann wird man entweder die Ruhe fühlen, die unter dem Gefühl war und jetzt umso tiefer gefühlt werden kann, weil der Körper und die Seele gelöster und entspannter sind – oder es taucht ein anderes Gefühl auf. Um bei dem Beispiel vom abgesagten Besuch zu bleiben: Vielleicht taucht jetzt doch so etwas wie Ärger auf, vielleicht war die Entschuldigung zu blass und zu unbestimmt für den eigenen Geschmack. Oder es taucht umgekehrt Freude auf, verbunden mit der Liebe zu dem Menschen, oder ein Mitgefühl wegen seiner Krankheit und eine Angst, ob es wohl etwas Schlimmeres ist. Jedenfalls geht der Prozess weiter: entweder in die Ruhe hineinsinken, wiederum ohne etwas zu tun, oder sich von diesem nächsten Gefühl erfassen lassen.

Fühlen, nichts tun und tiefer sinken

Wahre Souveränität

Die meisten Menschen sehen es als Teil von Souveränität an, ihre Gefühle zu beherrschen. So wird über einen Politiker, der sich in der Öffentlichkeit zu weinen traute, gesagt, er habe seine Tränen nicht beherrschen oder sich nicht zurückhalten können. Oder man sagt, das Gefühl habe ihn »übermannt«. Denn man geht davon aus, dass so ein Mann das Weinen normalerweise nicht zulassen würde. Die meisten Menschen denken, Selbstbeherrschung bestünde darin, Gefühle gar nicht erst zu haben oder sie wenigstens kontrollieren zu können. Tatsächlich jedoch – und das wird klar, wenn man das bisher Dargestellte Revue passieren lässt –

bedeutet Souveränität, jedes Gefühl ganz fühlen zu können und dadurch ganz gelöst zu bleiben, aber vollständig unabhängig zu werden von all den Impulsen, die vom Gefühl ausgelöst werden. Souveränität heißt, *alles, was auftaucht, da sein zu lassen und nichts tun zu müssen*. Das bedeutet auch Freiheit: Es gibt keinen Zwang, irgendetwas tun zu müssen.

DIE FÜNF FREIHEITEN DES FÜHLENS

1. Die Freiheit, den Körper zu spüren, seine Lebendigkeit, und den Atem frei fließen zu lassen; die Freiheit, in deinem Körper zu Hause sein zu können.
2. Die Freiheit, die Gefühle wahrzunehmen und das zu fühlen, was wirklich da ist, statt das, was du fühlen solltest; die Freiheit, zusammen mit den Gefühlen alle Bedürfnisse und Wünsche wahrzunehmen.
3. Die Freiheit, alle Gefühle wahrzunehmen, anstatt einzelne Gefühle zu tabuisieren oder als anstößig, unerlaubt oder störend zu verdrängen; die Freiheit, die Gefühle und dich selbst zu verstehen.
4. Die Freiheit, jedes Gefühl zur Gänze zu fühlen, anstatt es kontrollieren zu müssen aus Angst, es nicht auszuhalten; die Freiheit, alles zu fühlen und auszufühlen, ohne irgendetwas zu tun, anstatt vor dem Gefühl wegzulaufen, dagegen anzugehen oder zu ihm hinzurennen.
5. Die Freiheit, dich bewusst entscheiden zu können, wann und wem gegenüber du Gefühle zeigen und welche Gefühle du zeigen willst – und was du für dich behalten möchtest.

Durch das Fühlen Freiheit finden

Den Zugang zu seinen Gefühlen wieder zu entdecken, lässt einen lebendig sein und den Reichtum des Lebens erfahren. Es ist der Weg zur Freiheit, weil die ganze Energie des Fühlens Raum bekommt und zugelassen werden kann. Lebendigkeit auf der einen Seite und ein tiefes Gelöstsein auf der anderen Seite sind das Ergebnis. Die Freiheit besteht zunächst darin, dass ich nichts tun muss und dennoch kein Gefühl zu verdrängen brauche; dass ich es ganz erleben kann – ohne irgendeinen Zwang zu einem Tun, zu einer impulsiven Reaktion oder einem Dagegenhalten.

Wenn ich diesem Gefühl so Raum gebe, gibt es praktisch auch kein Leid. Jede Form des inneren Krieges ist beendet, das Gefühl entfaltet sich, und das in einem Raum von Frieden und Stille. Ich bin in tiefem Einklang mit dem Gefühl, weil ich Ja zu ihm sage. Es darf da sein. Mit dem Gefühl zusammen kann man diesen Frieden erleben – als Lohn für die Bereitschaft, sich dem Gefühl ganz auszusetzen, für die Bereitschaft, zu fühlen und nichts zu tun.

Wenn man die Fähigkeit entwickelt hat, im Gefühl zu bleiben, ohne etwas zu tun, erlebt man bald etwas völlig Neues und Eigentümliches. Man hat das Gefühl, buchstäblich nach unten zu sinken, erst durch das Gefühl hindurch, vielleicht noch durch ein zweites, und dann erfährt man ein Hineinsinken in die Ruhe und die Leere.

Meditation und Achtsamkeit

In der Vergangenheit gab es zwei Wege, mit Gefühlen bewusst umzugehen zu lernen. Der eine ist der Weg der Selbsterfahrung und der therapeutischen oder analytischen Arbeit: Dabei geht es darum, Gefühle zu verstehen, gedanklich zu durchdringen, die

Vergangenheit zu verstehen; und in der mehr körperorientierten oder Humanistischen Psychologie geht es auch darum, die Gefühle mit Worten oder Bewegung auszudrücken. Dies sind wichtige Methoden, um Gefühle zu verstehen und zu lösen.

Der zweite, traditionelle Weg ist die Meditation. Bei der Meditation geht es darum, in eine Haltung des nicht wertenden Beobachtens zu kommen. Dabei entsteht die Gefahr, dass man sich vom Fühlen und Erleben noch weiter abtrennt, alles nur noch von außen wahrnimmt und sich nicht wirklich berühren lässt. Abgesehen davon, dass das den Reichtum und die Lebendigkeit des Lebens mindert, ist das auch kein guter Weg, um wirkliche und tiefe Freiheit und Souveränität zu entwickeln.

Als »Achtsamkeit« und »Mindfullness-Based Stress Reduction« (MBSR) hat eine neue Methode in den letzten Jahren weite Verbreitung gefunden, nicht nur im therapeutischen Alltag, sondern auch im Coaching, als Entspannungstechnik, in der Schule und in Unternehmen. Zwar ist es ein großer Fortschritt, wenn der Mensch mithilfe der Achtsamkeitspraxis Zugang zu seinen Körperempfindungen bekommt, denn darauf fokussiert sich dieses Achtsamkeitstraining meistens. Das Wahrnehmen, Beobachten und die Bewusstheit sind wichtig und ein notwendiger Bestandteil des Wachstums und des inneren Weges – dies ist der Inhalt des dritten Kapitels. Aber ohne den Weg des wirklichen Fühlens besteht die Gefahr, dass der Mensch künstlich und unlebendig wird und sich vom Leben nicht mehr wirklich berühren und auch nicht mehr wirklich bewegen lässt.

Der Weg, alles ganz zu fühlen, ohne etwas zu tun, ist anders als der therapeutische Weg und auch anders als der Weg der Meditation. Ich selbst habe ihn entdecken und erlernen dürfen durch meinen Lehrer Eli Jaxon-Bear, einen Amerikaner, der bereits das westliche Wissen der Psychologie mit dem spirituellen Wissen auf eine tiefe Weise vereint (siehe Literaturverzeichnis Seite 349). Es hatten ja schon mehrere das Problem erkannt, dass der Mensch, der meistens ohnehin Schwierigkeiten hat, einen Zugang zu seinen Gefühlen zu finden, durch die Meditation von ihnen noch mehr entfremdet wird. Es wurde öfter versucht, den meditativen Weg mit dem therapeutischen und Selbsterfahrungsweg zu verbinden, aber auch damit ließ sich nicht wirkliche Freiheit finden. Die Lösung, die Eli Jaxon-Bear gefunden hat, war daher tatsächlich so etwas wie das Zerschlagen eines gordischen Knotens: eine verblüffend einfache Lösung und Methode, die zutiefst wirkt und wahre Freiheit ermöglicht.

Durch das weitere Erforschen früherer spiritueller Wege bin ich darauf gestoßen, dass Meister Eckhart und sein Schüler Johannes Tauler genau dasselbe praktizierten und ihren Zuhörern, Lesern und Schülern genau das empfahlen: *alle Gefühle ganz auszufühlen und inmitten des größten Aufruhrs still zu bleiben* – und nicht die Stille zu suchen, indem man den Aufruhr und alles andere beiseiteschiebt.

Die tieferen Erfahrungen – die tiefere Freiheit

Ab Seite 50 wurden bereits die verschiedenen Ebenen des Fühlens dargestellt; unterhalb der Gefühle, die sich auf die Welt, die anderen und sich selbst beziehen, gibt es tiefere, existenzielle Gefühle. Da ist die Sehnsucht, ganz zu sein und einen tieferen Frieden und wirkliche Erfüllung zu finden, dazu gehört auch der Schmerz über das Getrenntsein. Vor allem sind dort aber existenzielle Ängste zu finden: die Angst vor der inneren Bodenlosigkeit und der Leere, in die hinein man sich vernichtend auflösen könnte, die Angst vor dem Alleinsein und dem Tod, die Angst vor vollständigem Sinnverlust und vor dem existenziellen Vakuum.

Man kann auch diesen Gefühlen begegnen und sie fühlen. Man kann den Abgrund, der unter ihnen ist, erfahren und durch diesen Abgrund hindurch noch tiefere und vollständigere Freiheit finden. Dafür wurden immer schon die Begriffe Aufwachen, Erwachen oder Erleuchtung verwendet.

Dadurch, dass man das Gefühl ganz fühlt, dass man den inneren Aufruhr da sein lässt, wenn innerer Aufruhr geschieht, oder die Wellen zulässt, die einen durchfließen, oder die Hitze oder das Zerrissensein oder die innere Unruhe der Aufregung … indem man all dem Raum gibt und alles zulässt, sorgt das Gefühl dafür, dass man sich innerlich immer mehr löst, sodass auch der Körper immer freier und offener werden kann. Jeder weiß, wie erleichternd es ist, wenn man in seiner Traurigkeit endlich dazu kommt zu weinen. Mit jedem Gefühl verhält sich das so.

Dann kann man den Frieden entdecken, der unter den Gefühlen und ihrem Aufruhr aufscheint. Der Frieden taucht von allein auf. Wenn man dagegen »in die Stille geht«, dann schiebt man alle Gefühle und eine Unruhe beiseite, was nicht bedeutet, dass die Gefühle weg sind, und auch nicht, dass sie einen nicht mehr stören. Das Wegschieben verursacht ein Angespanntsein, und das wird dem Loslassen immer im Wege stehen.

Der Frieden existiert unter den Gefühlen und durch die Gefühle hindurch, aber niemals daneben.

Die Bewusstheitsübung

Die Bewusstheitsübung ist vielleicht die beste und wichtigste Übung, die es gibt. Wie keine andere Übung oder Methode entwickelt sie die Haltung des Geschehenlassens: offen sein zu können für das, was erscheint, und geschehen lassen, was geschieht.

Die Übung wird zumindest anfangs am besten zu zweit gemacht und besteht aus vier Schritten:

1. Die Frage: »Wessen bist du dir jetzt bewusst?«, darauf die Antwort des Übenden.
2. Die Antwort wird vom Begleiter wiederholt, mit denselben Worten, möglichst demselben Klang, in der Du-Form.
3. Ein Vorschlag folgt, wessen der andere sich auch noch bewusst sein kann. Und anschließend:
4. Der Satz: »Und das kann dir helfen, tiefer zu fallen.«

Die Übung wird intensiver, wenn man sie zu zweit macht. Die Aufmerksamkeit wird nach innen gerichtet und immer mehr nach innen und auch nach unten in die innere Tiefe gezogen. Die Frage, die Wiederholung, der Vorschlag und der anschließende Satz des Begleiters: »Das kann dir helfen, tiefer zu fallen«, unterstützen den Übenden, alles ganz wahrzunehmen, ohne etwas zu tun, ohne Aktivität und sogar ohne den Wunsch, irgendetwas zu verändern. Man ist offen, ein bisschen neugierig und hat vielleicht ein wenig den Wunsch, mehr loszulassen, aber ohne irgendetwas wirklich zu wollen.

Das Wichtige an der Übung ist die Entwicklung dieses kontemplativen Zustands des Geschehenlassens, sodass es immer leichter wird, diesen einzunehmen – neugierig, was sich da entwickelt und tut und was es mit einem macht.

Der *Vorschlag* (Punkt 3) orientiert sich an den verschiedenen Schichten der inneren Wahrnehmung, die zu Beginn dieses Kapitels dargestellt wurden. Die obere Schicht sind Gedanken, Bilder, Sätze und innere Stimmen, eine Schicht tiefer finden wir die Körperempfindungen, darunter die verschiedenen Schichten der Gefühle und darunter tiefere Erfahrungen wie Leere, Stille, Ruhe oder Frieden. Der Vorschlag liegt auf derselben Ebene wie die Antwort des Übenden oder eine Ebene tiefer. Wenn der Übende also antwortet: »Ich spüre, wie der Bauch sich entspannt«, dann ist das eine Antwort auf der Ebene der Körperempfindungen; also könnte der Vorschlag auf derselben Ebene lauten: »Und vielleicht kannst du auch wahrnehmen, wie der Atem kommt und geht. Und das kann dir helfen, tiefer zu fallen.« Er könnte aber auch auf einer Ebene tiefer sein: »Vielleicht kannst auch wahrnehmen, was du fühlst. Und das kann dir helfen, tiefer zu fallen.«

Es ist ganz wichtig, dass dies nur ein Vorschlag ist und keine Aufforderung wie: »Spüre auch deinen Atem.« Das gilt natürlich genauso, wenn man die Übung allein macht. Denn wenn es eine Aufforderung wäre, müsste sie durch eine Aktivität beantwortet werden; entweder würde die Aufmerksamkeit aktiv auf den Atem gerichtet, oder der Übende gerät in einen Widerstand. Sinn der Übung ist, den kontemplativen Zustand des Wahrnehmens und Geschehenlassens immer mehr zu entwickeln. Durch eine Aufforderung, die Aktivität hervorruft, würde die Übung ruiniert.

Praxis des Übens

Die Bewusstheitsübung ist ein wesentlicher Bestandteil der von mir initiierten Partnerarbeit, in der man sich zu zweit verabredet und wöchentlich oder 14-tägig trifft, um solche Übungen miteinander zu machen (siehe Seite 249 und 349). Das Ganze ohne organisatorischen und finanziellen Aufwand, mit dem Vorteil, dass man durch die Begleitung wirkungsvoll unterstützt wird und lernt, sich selbst zu begleiten, indem man den anderen begleitet.

Wenn man genügend Erfahrung damit hat, kann man die Bewusstheitsübung auch allein machen (dann entfällt Schritt 2) – entweder für eine halbe Stunde oder etwas kürzer oder gar nur für zwei bis drei Minuten in der Pause nach dem Mittagessen. Auf Dauer wird es so zur gewohnheitsmäßigen inneren Haltung: ein natürliches Gewahrsein und gleichzeitig ein Fühlen, in der inneren Mitte, ganz und gar lebendig; ein Zustand, in dem man sich wahrhaft berühren lassen kann von dem, was geschieht.

Die Übung ist ungeheuer kraftvoll. Anfänger berichten immer wieder, dass es ihnen noch nie so leichtgefallen ist, sich einem Gefühl zuzuwenden und in dem Gefühl zu bleiben, wie durch die Bewusstheitsübung. In meinen 14-tägigen Sommer-Retreats (*Retreat* bedeutet Rückzug: Ein solches Seminar ist ein Rückzug vom Alltag, um sich in Ruhe und ungestört ganz der Reise nach innen widmen zu können.) wird die Bewusstheitsübung immer zweimal gemacht, am Ende der ersten Woche und am Ende der zweiten Woche. Durch den Prozess des Retreats bekommen die Bewusstheitsübungen natürlich eine besondere Intensität, sodass es vor allem in der zweiten Woche immer wieder geschieht, dass jemand in der Übung tiefer sinkt und tiefer fällt, durch einen Abgrund hindurch in die tieferen Erfahrungen von Stille, Grenzenlosigkeit und Unendlichkeit. Das heißt, es geschieht immer wieder, dass jemand – vorbereitet durch den Prozess zuvor – in der Bewusstheitsübung aufwacht oder Erleuchtung findet.

Man kann die Übung aber auch sehr gut in den Alltag integrieren und sie einfach für zwei Minuten nach dem Teammeeting oder in der Kaffeepause machen. Man schließt kurz die Augen, atmet einmal, vielleicht mit einem Seufzer, aus und richtet die Frage nach innen: »Wessen bin ich mir jetzt bewusst?« Weil der Rhythmus der vier bzw. drei Schritte immer identisch bleibt, kommt man bei regelmäßiger Anwendung sehr schnell in das

Fühlen und die innere Tiefe. Dadurch hat die Übung eine ungeheuer intensive Wirkung von innerer Lösung, Entspannung und auch Zentrierung. Nach dem »Stress« des Teammeetings mit seinen fünf Tagesordnungspunkten, acht Teilnehmern und 26 Meinungen kommt man sehr schnell wieder zu sich, bei sich und in der eigenen Mitte an.

Was den Menschen belastet, sind vor allem auch die vielen unterschiedlichen Gefühle, für die er sich keine Zeit und keinen Raum nimmt. Sie lagern sich innerlich an, darüber eine Angespanntheit, die das Ganze zusammenzuhalten sucht – wie in einem Flussbett, in dem das Wasser nicht schnell genug fließt und sich immer mehr Schlammschlick und Unrat ablagert, bis über kurz oder lang die Schifffahrt behindert oder gar unmöglich wird. Die Bewusstheitsübung ermöglicht, diese »Gefühlablagerungen« wieder wahrzunehmen und auszufühlen.

DIE BEWUSSTHEITSÜBUNG

Diese Übung kann zu zweit gemacht werden, aber nach etwas Erfahrung auch gut allein. Plane etwa 30 Minuten Zeit dafür ein, es können aber auch 45 Minuten sein oder 15 oder vielleicht nur fünf oder zwei Minuten – wie es gerade passt.

➤ Setze dich in Ruhe hin. Es ist nicht so gut, die Übung im Liegen zu machen, da Liegen zu sehr mit vollständiger Passivität und sogar Einschlafen verbunden ist.

1. Die Frage lautet immer: *»Wessen bist du dir jetzt bewusst?«*

   Als Antwort kommt vielleicht: »Ich bin mir meines Atems bewusst, und wie schwer er geht.«

2. Die Antwort wäre: »Du bist dir deines Atems bewusst und wie schwer er geht.«

3. Ein Vorschlag wäre: »Du kannst dir auch anderer Körperempfindungen bewusst sein.« (siehe dazu Seite 141 f.)

4. Dann immer der Satz: *»Und das kann dir helfen, tiefer zu fallen.«*

– Kurze Pause –

1. *»Wessen bist du dir jetzt bewusst?«*

   Antwort vielleicht: »Ich merke, dass mein Atem ruhiger wird.«

2. »Du bist dir bewusst, dass dein Atem ruhiger wird.«

3. »Und vielleicht kannst du auch wahrnehmen, was du fühlst.«

4. *»Und das kann dir helfen, tiefer zu fallen.«*

...

Der normale zeitliche Rahmen für diese Übung beträgt 30 Minuten. Die Fragen und Antworten werden automatisch mit der Zeit langsamer und ruhiger und dauern etwa 20 Minuten.

- Wenn die Übung mit Begleiter gemacht wird, sagt dieser dann: *»Und jetzt kannst du tiefer fallen; vielleicht tiefer als jemals zuvor, und hast Zeit dafür.«* Dann bleibt der Begleiter noch weitere zehn Minuten in Stille neben dem Übenden sitzen.

- Nach 30 Minuten: *»Und jetzt kannst du, auch wenn du gleich die Augen öffnest, in der Wahrnehmung der inneren Erfahrung bleiben und zugleich außen alles wahrnehmen, was wichtig ist.« Oder: »... und wir können die Rollen tauschen und die Übung fortsetzen.«*

DAS DRAMA LOSLASSEN – ZUSCHAUER WERDEN

Der Modus des Lebens und der Modus des Kommentierens

Die Fähigkeit des Denkens, die dem Menschen als großartiges Geschenk gegeben wurde, beinhaltet die Fähigkeit, das Handeln und Erleben, während es geschieht, gleichzeitig erforschen und be-denken zu können. Es beinhaltet auch die Fähigkeit, über sich selbst und sogar über das Denken selbst nachzudenken.

Es ist ein großer Segen, dass Handlungen durch Denken planend vorab durchgespielt werden können und dass sie auch während der realen Durchführung mithilfe des Denkens erforscht und hinsichtlich des Ziels beurteilt und sogar dann noch verändert und angepasst werden können. Die Fähigkeit, über sich selbst nachzudenken, nennt man Selbstreflexion, eine der wichtigsten Begabungen überhaupt. Ohne die Möglichkeit, über das Denken nachdenken zu können, hätte ein großer Teil dieses Buches gar nicht entstehen können.

Es gibt also zwei Modi der inneren Existenz:

- den Modus des Lebens und der Erfahrung und
- den Modus des Denkens, Erforschens und Kommentierens.

Ich esse eine Hühnersuppe, schmecke die verschiedenen Geschmacksrichtungen, spüre die angenehme Wärme, während die Suppe durch die Kehle rinnt, nehme das wohlige Gefühl der Sättigung wahr und fühle mich dabei insgesamt heiter und gelöst. Das ist der Modus des Lebens und der Erfahrung.

Der Modus des Kommentierens kann verschieden ausfallen. Es kann die Hühnersuppe in Bezug auf den Nährwert erforscht werden, das mögliche Rezept der Hühnersuppe bedacht oder die Zahl der Nudeln gezählt werden, und die Suppe kann mit der Erinnerung an andere Hühnersuppen verglichen werden. Es könnte aber auch die Tatsache kommentiert werden, dass ich in der Lage bin, Hühnersuppe zu essen, während viele Menschen hungern müssen oder andere Menschen lieber einen Hamburger essen. Ich könnte mich aber auch an den Besuch bei der Großmutter vor zwei Wochen erinnern, mich an den Geschmack der dortigen Hühnersuppe zu erinnern versuchen und dann schließlich beim inneren Selbstgespräch mit der Großmutter landen.

Wenn ich mich ganz im Modus des Kommentierens aufhalte, kann es sein, dass ich von der Hühnersuppe gar nichts mehr mitbekomme. Würde ich danach gefragt werden, wie es mir geschmeckt hat, müsste ich sagen: »Ich weiß es nicht.« Oder vielleicht auch: »Ich habe gar nichts geschmeckt.«

Die Modi unterscheiden sich in zwei wesentlichen Punkten.

Der Modus des Lebens und der Erfahrung

Er umfasst immer die Sinneswahrnehmungen sowie die Gefühle und die tieferen Erfahrungen. Zu den Sinneseindrücken zählen Sehen, Hören, Riechen, Schmecken, Spüren, entsprechend den fünf Sinnen. Das Erleben führt direkt zu den Sinneswahrnehmungen, den Körperempfindungen und den Gefühlen.

In der Begegnung mit dem anderen wird dieser unmittelbar wahrgenommen, so wie er ist. Man hört seine Stimme und nimmt wahr, dass sie schleppend und monoton klingt, und fragt nach: »Belastet dich etwas, bist du bedrückt?« Beim Tennisspielen sieht man den Ball, spürt seinen Körper, die Bewegung des Schlages und fühlt die Freude dieser lebendigen, kraftvollen Bewegung.

In diesem Modus gibt es natürlich auch mentale Wahrnehmungen und Denkprozesse, bewusste und unbewusste. Aber sie verzerren die Wahrnehmung nicht, sondern stehen im Dienste des Erlebens und der Bewegung. In der Begegnung mit dem anderen »weiß« man, dass der andere die deutsche Sprache versteht. Man »erinnert sich« an den normalen Klang der Stimme des anderen, sodass jetzt die Frage auftaucht, ob er bedrückt ist. Auch beim Tennisspielen »sieht« man bereits die offene linke Seite, die Bewegung des Gegenspielers in diese Richtung, sodass man »vorhersieht«, dass er, wenn man den Ball nach rechts spielt, Schwierigkeiten haben wird, schnell darauf zu reagieren, denn man spielt gegen seine Laufrichtung. Wenn man den ersten Aufschlag macht, »weiß« man, dass man noch einen zweiten Aufschlag zur Verfügung hat, sodass man beim ersten Aufschlag mit vollem Risiko aufschlägt. Dies macht deutlich: Das Erleben und die Sinneswahrnehmungen sind bewusst und das Bestimmende, aber es gibt natürlich auch Deutungen und Denkprozesse. Diese sind in Übereinstimmung mit den Sinneswahrnehmungen; wo sie es nicht sind, führen sie zu offenen Fragen.

Der Modus des Kommentierens

Hier sind dagegen Denken, Vorstellungen, Bilder, Fantasien und Selbstgespräche bestimmend. Wegen der monotonen, schleppenden Stimme des anderen »weiß« man, dass der andere etwas gegen einen hat und lieber allein wäre. Oder man führt ein Selbstgespräch über diese Vermutung, untersucht die Gründe, die dafür und dagegen sprechen, und fühlt sich durch die »gelangweilte« Sprache des anderen gedemütigt, statt einfach zu fragen. Beim Tennisspiel ist man mehr damit beschäftigt zu beurteilen, ob der eigene Schlag gut genug gewesen ist, ob man in der letzten Woche nicht viel besser war und ob man vor dem Spielen nicht lieber auf das Stück Kuchen hätte verzichten sollen und dergleichen. Diese Vorstellungen, Fantasien und Selbstgespräche rufen natürlich auch Gefühle hervor. Das sind *induzierte Gefühle.*

Wenn jemand die Stimme des anderen nicht nur als monoton und schleppend wahrnimmt, sondern als gelangweilt und respektlos, kann es leicht geschehen, dass sich ein Bild des Vaters, den man früher als gelangweilt und respektlos erlebt hat, dazwischen schiebt, sodass man jetzt kaum auf den anderen reagiert, sondern in viel größerem Maße auf den inneren Vater. Das wird *Übertragung* genannt. Wenn jemand voller Ärger ist und die knappe Antwort des anderen als Angriff erlebt, ist es wahrscheinlich eine *Projektion,* der eigene Ärger wird also im anderen wahrgenommen. Allerdings besteht dabei die Möglichkeit, dass der andere tatsächlich auch ärgerlich ist. Wenn man an eine wütende Auseinandersetzung denkt, ist die Erinnerung an die Wut ein Vorstellungsinhalt. Durch die Vergegenwärtigung der Auseinandersetzung kann auch jetzt eine Wut hervorgerufen werden, das ist aber nicht die Erinnerung an die Wut des Gespräches, sondern eine jetzt durch die Vorstellung hervorgerufene.

Die induzierten Gefühle sind ganz unwirklich, sie basieren zum größten Teil auf eigenen Erfindungen und Projektionen.

Der Modus des Kommentierens ist nicht grundsätzlich etwas Schlechtes oder dem Leben Abträgliches. Beispielsweise denkt jemand nach einigen Ballwechseln beim Tennisspiel: »Heute spielen wir mit älteren Bällen, die springen weniger, ich muss etwas kräftiger schlagen.« Oder nach einem gemeinsamen Restaurantbesuch: »Das ist nett, dass mein Freund heute die Rechnung übernommen hat, das nächste Mal bin ich aber mit dem Bezahlen dran.« Das sind kommentierende Denkprozesse, die dem Fluss des Erlebens nicht im Wege stehen. Wenn man sich stattdessen fragt, was der andere im Schilde führt, dass er heute die Rechnung übernimmt, weil es ganz ähnlich wie damals in der Beziehung mit Fritz zu sein scheint, der immer die Rechnung bezahlt und einen anschließend ständig damit gedemütigt hat, dass man es zu so wenig gebracht und kein Geld zur Verfügung hätte …

Das Problem entsteht also, wenn der Modus des Kommentierens das jetzige Erleben *vollkommen verzerrt und verfälscht* oder *das jetzige Erleben ersetzt.*

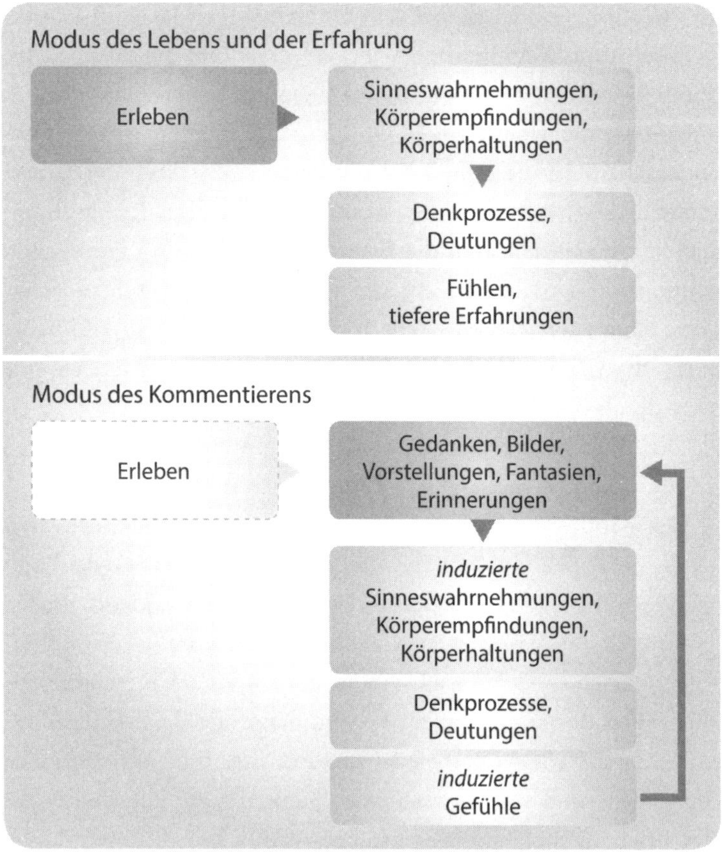

Das Leben und das Kommentieren I

Leben als Erfahrung oder Vorstellung

Der Modus des Lebens und der Erfahrung spielt sich immer in der Gegenwart ab. Gefühlt werden kann nur jetzt. An ein Gefühl von gestern kann man sich nur erinnern, es ist somit eine Vorstellung. Der Modus des Kommentierens spielt sich zwar auch jetzt ab, aber sein Inhalt bezieht sich immer auf Vergangenes. Selbst wenn ich das Gegenwärtige kommentiere, ist es zum Zeitpunkt des Kommentierens bereits vergangen. Und selbst wenn ich das Zukünftige kommentieren will, benutze ich dazu Bilder und Erinnerungen aus der Vergangenheit, die ich dann in die gewünschte oder befürchtete Richtung verändere.

Wenn ich morgens wach werde, kann ich mich erinnern, welches Gefühl im Traum vorherrschend war; jetzt wird es aber nicht gefühlt, sondern ist eine Vorstellung. Ich kann mir die Traumbilder wieder vergegenwärtigen, dann können sie jetzt *gleiche, ähnliche oder andere Gefühle hervorrufen*. Diese werden *jetzt* gefühlt.

Das Leben und die Erfahrung finden immer im berühmten »Hier und Jetzt« statt, das Kommentieren im Dort und Damals.

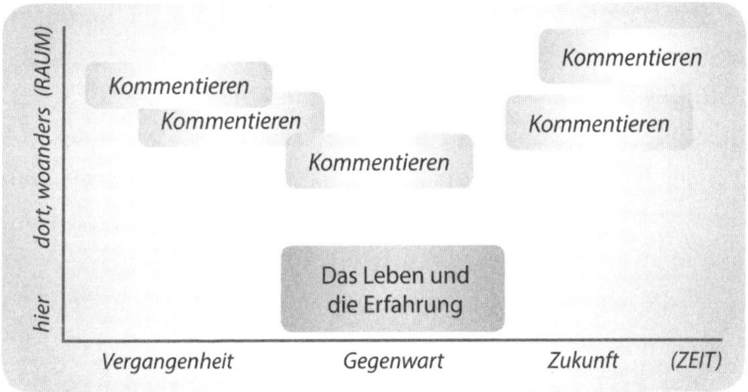

Das Leben und das Kommentieren II

So wichtig die Entwicklung des Denkens für den Menschen war, so gewaltig sind deren Auswirkungen und so negativ können sie auch sein. Indem wir vom Baum der Erkenntnis gegessen haben, sind wir regelrecht aus dem Paradies der unmittelbaren Erfahrung des Hier und Jetzt herausgefallen und hineingefallen in ein lineares Zeiterleben.

Jeder kann sich das leicht vergegenwärtigen: Es ist ein Unterschied, ob ich den Urlaub erlebe, die Gischt, die Wellen und die Wärme des Wassers spüre und meine Bewegungen in ihm; ob ich die Sonne auf der Haut und die Berührung durch den anderen Menschen spüre, ob ich also diesen Urlaub wirklich erlebe – oder ob ich im Hotelzimmer sitze und Urlaubsprospekte für das nächste Jahr studiere oder aber Fotoalben vom Urlaub aus dem letzten Jahr. Natürlich macht dies auch Gefühle, Vorfreude vielleicht. Aber wie viel fader sind die Gefühle dieser Erinnerungen, verglichen mit dem wirklichen, unmittelbaren, prallen Leben! Die erzeugten Gefühle haben weniger Nährwert als die Gemüsesuppe aus der Konserve. Genausowenig führen allein die Erinnerungen an eine intensive, auch anstrengende Bergtour zu einer Erholung und Stärkung des Körpers.

Die Tragödie besteht darin, dass sich die Menschen *mehr oder weniger dauerhaft im Modus des Kommentierens befinden und die unmittelbare Erfahrung nicht wirklich erleben*. Der Modus des Kommentierens besteht im Erinnern, Erzählen der Geschichte, im Vergleichen, Bewerten und im Ausmalen von Zukünftigem. Weil das Kommentieren sich auf der Ebene des Denkens abspielt, kann es sein, dass jemand am wirklichen Leben ganz vorbeilebt.

Wenn ich im Urlaub ständig in Gedanken an einen anderen Urlaub oder an die Arbeit bin, daran denke, was ich jetzt tun könnte, mich in Selbstgesprächen über irgendwelche Theorien und Geschichten befinde oder auch im Gespräch zu zweit Erlebnisse aus vergangenen Jahren austausche, dann bin ich nicht im Moment. Wenn ich mich dann, zurück am Arbeitsplatz, an den Urlaub erinnere, ja, woran erinnere ich mich eigentlich? Ich habe nur noch bestimmte Bilder im Kopf, sehe den Himmel wie eine Postkarte; vielleicht sind sogar die Fotos aus dem Urlaub für mich präsenter, als es das Bild des Himmels und Wassers damals gewesen ist. Ich erinnere mich an einen Urlaub, in dem ich aber nur Erinnerungen an etwas anderes und Vorstellungen über eine ausgedachte Zukunft wahrgenommen habe, ich erinnere mich an Erinnerungen und Vorstellungen, ich erinnere mich also an Erinnerungen an einen dritten Urlaub, in dem ich aber auch nur im Modus des Denkens, Vorstellens und Kommentierens gewesen bin … Ein endloser Regress von erinnerter Geschichte, die selbst wieder nur aus Erinnerungen besteht, ein Dasein, das ausschließlich im Reich des Denkens und Vorstellens verbleibt.

Ist dieses Bild übertrieben? Wahrscheinlich ist es doch so, dass der Mensch immer wieder für eine kurze Zeit Kontakt mit dem wirklichen Leben und der unmittelbaren Erfahrung hat, dass zum Beispiel selbst der hartgesottenste Kommentierer beim Sprung ins Wasser etwas spürt und vielleicht sogar fühlt. Ein sehr erheiternder Comic zeigt einen Menschen im Büro hinter seinem Schreibtisch, aus dem Fenster schauend, darunter der Kommentar: »Er hatte eine kurze, aber intensive Nahlebenserfahrung.«

Wahrnehmen, beobachten, achtsam sein

Neben dem Modus des Lebens und dem Modus des Kommentierens gibt es den dritten Modus: Beobachten. Wahrnehmen, ohne zu bewerten und ohne Urteil. Gewahrsein ist ein anderes Wort dafür, und in letzter Zeit hat sich der Begriff Achtsamkeit verbreitet. Das Gewahrsein, das Beobachten hat keine Absicht, es will nirgendwo hin. Wenn der Körper beobachtet wird, wird wahrgenommen, wie angespannt, wie gelöst, wie entspannt er ist. Es gibt keine Absicht, ihn mehr zu lösen oder zu entspannen; Anspannung und Entspannung werden nicht als gut oder schlecht bewertet; die heutige Entspannung wird nicht mit der von gestern verglichen. Reines Gewahrsein. Man kann auch sagen: Es wird auf Erinnerung, auf eine Absicht und Erwartung verzichtet.

Das reine Gewahrsein üben

Eine sehr effektive Übung, um die Wirkung des einfachen Beobachtens zu entdecken, ist die folgende (siehe Kasten).

Diese Übung kann 15 oder 30 Minuten andauern oder in der Mittagspause fünf Minuten oder zwischendurch nur 30 Sekunden, ganz wie es die Situation ermöglicht.

Gerade weil du in der Übung nichts tust und damit innerlich zurücktrittst, können Anspannung und Druck von allein abfallen. Es ist wichtig, die Art des Zurücktretens genau zu verstehen: Es ist gerade *kein Zurücktreten vom Spüren der Körperempfindung, kein Zurücktreten in dem Sinne, dass man die Körperempfindung nur aus einer Distanz heraus wahrnehmen würde.* Vielmehr ist es *ein Zurücktreten vom Wollen und Tun,* sodass man sich ganz pur dem Spüren hingeben und gleichzeitig beobachten kann, was geschieht.

Dabei kann man erneut, wie schon bei anderen Übungen zuvor, entdecken, dass etwas geschieht, ohne dass man etwas tut, ja gerade weil man nichts tut. Entspannung und Lösung geschehen von allein. Denn sobald die Entspannung eine Absicht wird, ist die Übung verfehlt, mehr noch: Eine Entspannung wird nicht stattfinden. Jede Absicht bewirkt eine Anspannung, und das soll sie ja auch, weil wir Energie und Handlungsbereitschaft brauchen, um Absichten in Taten umzusetzen. Absicht und mitfühlendes Beobachten, ohne etwas zu tun, schließen sich aus.

KÖRPERBEWUSSTHEIT

Lege dich am besten hin, wenn es die Situation gestattet. Im Sitzen wäre es gut, wenn Rücken und auch Kopf so gestützt sind, dass das Loslassen und Entspannen leichterfällt.

1. Schließe die Augen. Überlass den Atem ganz sich selbst. Der Mund kann geschlossen bleiben; kann der Atem aber durch den geöffneten Mund fließen, fällt es dem Körper leichter, so zu atmen, wie es für den Organismus gerade genau richtig ist.
2. Gehe mit deiner Aufmerksamkeit zu einer Stelle im Körper, in der du Druck, Anspannung, vielleicht auch Schmerz oder besonders viel Bewegung spürst oder wo du dich umgekehrt ganz taub fühlst. Bleibe mit deiner ganzen Aufmerksamkeit an dieser Stelle und nimm wahr, ohne etwas zu tun. Einfach nur beobachten, was erscheint und was geschehen will.
   Gar nichts tun. Selbst wenn drängende Impulse auftauchen, etwas zu tun oder wegzugehen, folge diesen Impulsen nicht. Lass in Ruhe alles geschehen, was sich von allein entfaltet.
3. Unabhängig davon, ob sich an der zuerst gewählten Stelle etwas verändert hat oder nicht: Gehe nach einiger Zeit mit deiner Aufmerksamkeit zu einer anderen Stelle im Körper, in der auch ein Druck, Anspannung oder anderes spürbar ist. Bleibe jetzt mit deiner Aufmerksamkeit hier; behalte aber die erste Stelle noch im Hintergrund im Bewusstsein – ein bisschen so wie beim Gehen, wenn man den einen Fuß schon aufgesetzt, aber den anderen Fuß noch nicht ganz angehoben hat.
4. Wiederhole dies etliche Male – so lange, wie es hinsichtlich Zeit und Situation angemessen ist.

Die Übung ist sehr wirkungsvoll, weil sie nicht nur ermöglicht wahrzunehmen, was ist und auftaucht, sondern auch, weil sie es möglich macht wahrzunehmen, was geschieht, was von allein geschieht, was also der Körper von selbst tut und geschehen lässt.

Da passiert vielleicht an einer Stelle, an der vorher nur Druck spürbar war, mehr Bewegung; Lebendigkeit kommt in diesen Bereich, vielleicht fühlt es sich unsicher an, und wahrscheinlich hat es eine Auswirkung auf den Atem, der sich dabei verändert.

Absichtsloser, gelöster Atem

Der Atem kann tiefer werden oder sanfter, vielleicht wird das Ausatmen mehr betont, vielleicht wird es ruhiger, vielleicht bewegter. Es wäre ganz falsch, eine bestimmte Atemveränderung zu erwarten oder sie sich gar zu wünschen, genauso wie es ein Fehler ist, einen bestimmten Atem als besser oder schlechter zu beurteilen. Viele Menschen tun genau das, indem sie denken, dass nur ein tiefer, ruhiger Atem ein guter Atem sei. Allein einen zarten oder sanften Atem »flach« zu nennen, enthält bereits ein Urteil, »flach« hat meistens eine negative Konnotation. Gut ist der Atem dann, wenn er gelöst ist; das bedeutet, dass ich nicht eingreife, ihn weder verstärke oder in eine bestimmte Richtung bringe, noch ihn blockiere, festhalte oder zurückhalte. Wenn er also so geschieht, wie auch immer der Körper von selbst atmen möchte, dann ist es ein gelöster Atem.

Wenn der Atem gelöst ist, also sich selbst überlassen, merkst du, dass »es dich atmet«, anstatt dass du atmest. Dann bleibst du dabei, weiter zu beobachten und wahrzunehmen, ohne etwas zu tun.

Bei diesem Wahrnehmen stört jede Erwartung. Sobald du die Erwartung hast, dass sich die beobachtete Stelle entspannen möge oder wird, erzeugst du neue Anspannung und veränderst bewusst oder unbewusst deine Wahrnehmung. Alle Einzelheiten, die in

Richtung Entspannung gingen, würden dann stärker wahrgenommen werden, andere Körperempfindungen dagegen würden weniger oder ganz ausgeblendet. Das alles erhöht weiter die Anspannung. Ein erwartungsloses Beobachten ist gleichermaßen offen für eine Zunahme von Anspannung wie für deren Abnahme oder für ein Gleichbleiben des Zustands. *Alles wahrnehmen, ohne zu bewerten, ohne zu vergleichen und ohne eine Absicht.*

Das Drama

Ohne diese Bewusstheit ist das Leben voller »Dramen«. Jedes Leben hat sein eigenes Drehbuch, ist eine einzigartige Geschichte und auch ein einzigartiges Abenteuer. Wegen seiner Einmaligkeit ist es weder irgendwie messbar noch mit anderen vergleichbar. Dennoch bewerten und vergleichen wir ständig und glauben sogar, das zu können. Deshalb spielen sich in dieser großen Geschichte viele kleine Dramen ab, die wir selbst »inszenieren« oder in die wir hineingeraten. Oft haben diese Dramen immer wieder den gleichen oder ähnlichen Titel: »Ich als Opfer« – »Ich als der, der sich wehren muss gegen den übermächtigen anderen« – »Ich lebe in der Bedrohung, wieder verlassen zu werden.« Meistens sind das Dramen, die Leid erzeugen und wenig Freude machen.

Es können auch noch kleinere Dramen sein: »Ich bin zu spät dran und muss mich wahnsinnig anstrengen, dass ich den Bus bekomme, um rechtzeitig anzukommen, weil es eine furchtbare Katastrophe wäre, wenn ich zu spät kommen würde, und ich bin froh, dass ich es gerade eben so geschafft habe und bin nun völlig fertig, weil ich mich so anstrengen musste.« Das klingt zwar nicht kurz, umfasst aber nur zehn Minuten oder eine halbe Stunde der Lebenszeit, während das große Drama »Mein Leben als Opfer ist eine einzige Katastrophe« 80 Jahre andauern kann.

Der Wiederholungszwang: Versuch der Heilung und das Scheitern

Dramen unterliegen oft dem Wiederholungszwang, der einen immer wieder eine bestimmte leidvolle oder sogar katastrophale Situation »inszenieren« oder in diese hineingeraten lässt, so als handle es sich dabei um einen immer wiederkehrenden Albtraum. Wozu diese leidvollen, wiederkehrenden Inszenierungen?

Der Mensch hat zwei wichtige Tendenzen, die seine Bewegung bestimmen: erstens die Tendenz zu Liebe und zweitens die Tendenz zur Ganzheit, zum Heilwerden und zum Ganzwerden.

So wird eine lange zurückliegende, furchtbare und ungelöste Situation ständig wiederholt, immer wieder neu inszeniert, weil man an der Hoffnung festhält, dass dies irgendwann doch zu einer guten Lösung und zu einer Heilung führt. Das Unbewusste kennt keine Zeit, deshalb erlebt es eine furchtbare Situation, die längst vergangen, aber noch nicht bearbeitet und zu Ende gefühlt wurde, immer wieder als gegenwärtig.

Kinder nehmen oft die Schuld auf sich

Zum Beispiel kann es in der ursprünglichen Situation so gewesen sein, dass das kleine Kind sich nicht traute, auf die Eltern, auf die Großen wütend zu sein. Natürlich fühlte es sich vollständig angewiesen auf sie, wusste, dass es ohne sie nicht überleben konnte. Wenn das Kind die Erkenntnis zugelassen hätte, dass die Eltern etwas falsch machten, dann wäre die ganze Welt als unsicher erschienen. Das kleine Kind braucht es aber, Mutter und Vater als Götter zu sehen, denn nur dann ist das Gefühl von Geborgenheit und Sicherheit ungefährdet. So fällt es dem Kind leichter, sich selbst den Fehler und die Schuld zuzuschreiben, als dem Vater oder der Mutter.

Wenn nun durch ständiges Wiederholen ähnlicher Situationen irgendwann erlebt würde, dass die Situation endlich geheilt wird – weil man es endlich schafft, den anderen zu retten, oder endlich erreicht, dass der andere einen nicht verlässt, obwohl er zuvor so unnahbar war –, dann wäre dadurch auch bewiesen, dass man sich nicht schuldig fühlen muss und dass man selbst nicht derjenige war, der etwas falsch gemacht hat.

Der Ausweg? Die frühere Situation verstehen, die Gefühle durcharbeiten, Wut und Schmerz fühlen und schließlich aussöhnen mit dem, was war.

Überdecken von Gefühlen und Konflikten

Dramen haben unterschiedliche Funktionen. Erstens ermöglichen sie es, das Wichtige, aber Bedrohliche und Infragestellende, nicht fühlen und wahrnehmen zu müssen. Das Drama überdeckt dann alles.

Man braucht sich mit seiner Arbeitsunzufriedenheit nicht auseinanderzusetzen – mit der bedrohlichen Frage, ob man kündigen und sich etwas anderes, vielleicht Selbstständiges suchen muss –, wenn man immer wieder mit denselben Streitereien und Aussöhnungen mit den Kolleginnen oder Kollegen beschäftigt ist. Sexuelle Affären mit immer ähnlichem, unbefriedigendem Ausgang haben schon manch einen darüber hinweggerettet, sich mit dem Sinn und Ziel seines Lebens befassen zu müssen.

Bestimmte Dramen erlauben einem sogar, in einem Leben, in dem man sich vielleicht überwiegend ohnmächtig und hilflos fühlt, immer wieder kleine Triumphe zu erleben, etwa wenn man es nach großen Anstrengungen wegen der viel zu knappen Zeit schließlich doch noch geschafft hat, rechtzeitig da zu sein.

Gefühl von Lebendigkeit

Die zweite Funktion der Dramen ist die, sich lebendig zu fühlen, während das Leben als Ganzes unlebendig und ohne wichtige Gefühle erlebt wird. Im Drama, das abgegrenzt und wegen der Wiederholung oftmals auch bekannt ist, können Gefühle zugelassen werden, die wegen ihrer Begrenztheit, Überschaubarkeit und Bekanntheit nicht mehr bedrohlich sind.

Die wöchentliche Angst vor dem Teammeeting, die sich bis zum Mittwochmittag wieder in Wohlgefallen und Erleichterung aufgelöst hat, ist natürlich leichter zu ertragen und auch immer wieder besser zu überstehen als die Angst vor dem Tod oder der vollständigen inneren Bodenlosigkeit.

Dramen können auch stellvertretend aufgeführt werden: Viele Menschen können leichter ihre Traurigkeit fühlen und weinen, wenn sie einen traurigen Film sehen, als wenn sie es selbst erleben würden. Auch da gilt: Indem mit dem anderen miterlebt und mitgefühlt wird, sind die Gefühle weniger bedrohlich, kontrollierbarer und überschaubarer. Wenn man dem eigenen Unglück wirklich ins Auge sehen würde, könnten Gefühle hochkommen, die viel weniger erträglich wären; sie könnten das eigene Leben viel mehr infrage stellen, und das könnte viel bedrohlicher für einen sein. Da ist es sicherer, im bequemen Sofa sitzend »Vom Winde verweht« anzusehen.

Das kann dazu führen, dass jemand im Gefühl von Traurigkeit oder auch Wut badet, ein ums andere Mal, hauptsächlich deswegen, weil er sich nur dadurch lebendig fühlen kann, da die ursprüngliche und vielseitige Lebendigkeit zu sehr verschüttet wurde. So kann sich eine Tendenz verfestigen, im Leid oder in bestimmten Gefühlen oder bestimmten Sensationen zu schwelgen. Dazu gehört auch ein Verliebtsein ins Drama.

Sicherheit der Erwartungen

Und schließlich drittens: Das immer wieder selbe Drama, in dem jemand vielleicht jedes Mal als unglückliches Opfer endet, bietet doch so etwas wie eine Sicherheit der Erwartungen und ermöglicht den »Das hab ich ja gewusst«-Effekt.

Dass das, was geschieht und was erlebt wird, mit dem übereinstimmt, was vorher erwartet wurde, ist ein wichtiges Bedürfnis vor allem des ich-haften Verstandes. Der kann nicht unterscheiden zwischen den Lebensbereichen, in denen es um Planung und Erwartung geht, und den Bereichen, in denen Spontanität, Kreativität und Unmittelbarkeit die bestimmenden Elemente sein sollten – Bereiche, in denen man immer dem Unbekannten begegnen kann.

Kompensatorische Verhaltensweisen

Das Drama ist nicht nur ein erlebtes und innerlich erzeugtes Drama, sondern kann auch eigene Verhaltensweisen umfassen.

Wenn jemand zum Beispiel immer andere Menschen beschuldigt oder wenn sich jemand ständig verliebt und genauso schnell wieder entliebt – manch einer ist mehr in das Verliebtsein verliebt als in die andere Person –, dann stellt das ein unbewusstes kompensatorisches Verhalten dar, das die eigentlichen Gefühle und vor allem die wahren Bedürfnisse verdrängen und ausgleichen soll. Es funktioniert wie süchtiges Verhalten im engeren Sinne.

Andere kompensatorische Verhaltensweisen laufen vorwiegend innerlich ab, zum Beispiel eine Negativitätssucht: Die liegt vor, wenn sich jemand ständig ärgert und aufregt über das Verhalten des Umfeldes, über politische und wirtschaftliche Ereignisse oder über die Äußerungen anderer.

Diese kompensatorischen Verhaltensweisen sind ein wichtiger Hinweis auf übergangene Bedürfnisse und weggeschobene Gefühle, die wahrgenommen werden wollen. Hinter der Sucht kann sich die Suche verbergen, die Suche nach dem tieferen Sinn des Lebens, nach innerem Einklang, und die Suche nach der Verbundenheit, vielleicht auch nach dem Ganzwerden. Hinter dem ständigen Beschuldigen und Anklagen kann sich der verzweifelte Wunsch nach Nähe und Verstandenwerden verbergen, hinter dem rastlosen Tun und dem Stress der Wunsch nach Liebe.

Wenn man diese dahinterliegenden Wünsche aufdeckt, zeigt sich, dass in den kompensatorischen Verhaltensweisen bedeutende Wachstumsmöglichkeiten liegen.

Beispiele von Dramen, die Gefühle verdrängen oder vervielfachen

Das selbst erzeugte Leid

Der Mensch möchte glücklich sein. Es ist ein natürliches Bestreben des Organismus, Schmerz zu vermeiden, daher ist Schmerz eine Warnung und ein Hinweis darauf, mit dem, was den Schmerz auslöst, aufzuhören.

Bei Gymnastik oder Yoga fordert der Schmerz dazu auf, nicht weiterzugehen, weil vielleicht die Bänder an den Gelenken zu sehr belastet sind. Schmerz zeigt eine herannahende oder tatsächliche Verletzung, die Ruhe oder Beachtung braucht; er zeigt, wo dem Körper ernsthafter Schaden droht. Bei einer Krankheit bringt der Schmerz den Menschen dazu, sich hinzulegen, weil der Körper genau das in dem Moment braucht.

Es ist ganz deutlich: Ohne Schmerzen zu spüren hätten wir es schwer zu überleben. Das trifft nicht nur auf den Körper zu, sondern auch auf die Seele. Der Schmerz zeigt, wo etwas über unsere Grenzen geht oder wo wir etwas verlieren, das wir dringend gebraucht haben oder von dem wir das wenigstens dachten.

Aber: Man kann auf verschiedene Weise mit dem Schmerz umgehen. Ein sehr häufiger, destruktiver Weg ist folgender: Der Schmerz wird durch den Versuch, sich dagegen zu wehren, vervielfacht. So wird ungeheuer viel Leid erzeugt.

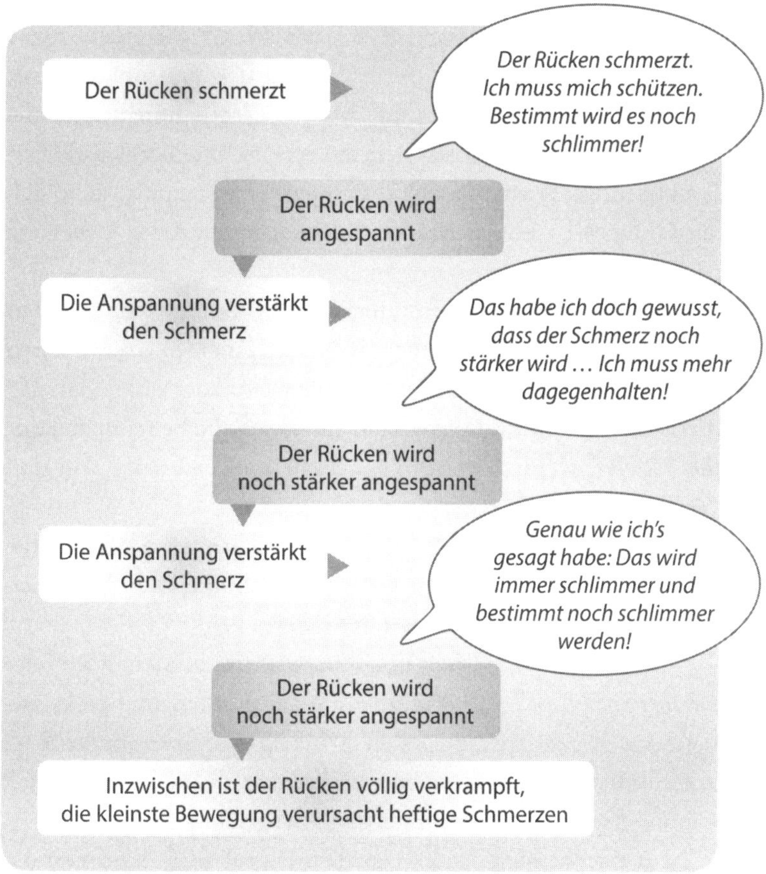

Das selbst erzeugte Leid

So entsteht ein furchtbarer Teufelskreis. Indem der Mensch versucht, sich vor dem Schmerz zu schützen, wird dieser gerade dadurch immer stärker, denn die Anspannung, mit der versucht wird, etwas abzuwehren, verstärkt den Schmerz. Das kann jeder auf einfache Weise entdecken.

Die Anspannung selbst verursacht Schmerz

Wenn ein Muskel zu stark angespannt wird, schmerzt er, weil er durch die Anspannung verhärtet wird. Wenn auf einen angespannten Muskel ein auch nur leichter Druck ausgeübt wird, tut er weh, während der entspannte Muskel nicht schmerzt. Ein angespannter Muskel verkürzt sich, das entspricht seiner natürlichen Funktion; wenn wir den Oberarmmuskel anspannen, hebt sich der Unterarm, weil der Muskel sich verkürzt und den Unterarm nach oben zieht.

Die Anspannung verhärtet und verkürzt also die Muskeln. Was passiert mit den beginnenden Rückenschmerzen, wenn durch Anspannung dagegengehalten wird? Die Muskeln verkürzen sich, drücken dadurch die Wirbel und die Bandscheiben aufeinander, die Nerven werden weiter gequetscht und gedrückt, und dies vervielfacht den Schmerz weiter.

Es ist lohnend, sich sehr genau zu vergegenwärtigen, was das bedeutet: *Indem der Schmerz bekämpft wird, wird er stärker.* Weil ich ihn nicht haben will, erzeuge ich größeres Leid.

Wenn ein Feuer entsteht und jemanden zu erfassen droht oder wenn ein Holzbalken herunterzustürzen droht, dann ist es sinnvoll, dass der Körper mit allen Muskeln maximal energetisiert wird und eine maximale Spannung entsteht, damit man so schnell wie möglich wegspringen oder sogar weglaufen kann.

Aber mit Schmerzen, die innerlich entstehen, funktioniert das nicht. Da wird bei erhöhter Spannung der Schmerz erhöht und eine wirkliche Wahrnehmung dessen, was ist, verhindert. Dabei bemerkt man gar nicht, dass der größte Teil des Schmerzes selbst erzeugt wird.

- Die unterschiedslose und reflexhafte Ablehnung jeden Schmerzes verhindert es, die Art des Schmerzes und seine Botschaft wahrzunehmen.
- Das Verlangen, den Schmerz wegzuhaben, und die Hoffnung, den Schmerz durch Dagegenhalten verhindern zu können, erzeugen Anspannung.
- Die Erwartung, dass der Schmerz bestimmt stärker und unaushaltbar werden wird, verstärkt die Anspannung, was wiederum den Schmerz verstärkt.

Wie viel wäre gewonnen, wenn die menschliche Fähigkeit, zu beobachten und wahrzunehmen, durch diesen Teufelskreis nicht so schrecklich beeinträchtigt würde. Andernfalls könnte nämlich wieder wahrgenommen werden, was den Schmerz eigentlich verursacht, und auch, ob die Gedanken der Realität angemessen sind oder nicht.

Wenn ich den anfänglichen Schmerz vollständig spüren und beobachten würde, ohne in Gedanken gleich eine Katastrophenfantasie zu erfinden, gäbe es keine Anspannung. Der Schmerz würde nicht verstärkt werden. Vielleicht wäre es mir sogar möglich, mich in den Schmerz hinein zu entspannen und ihn dadurch zu reduzieren.

Dies ist tatsächlich eines der wichtigsten Geheimnisse des menschlichen Daseins: *Wenn ich bereit bin, den Schmerz, der unausweichlich da ist, so anzunehmen, wie er ist, werde ich glücklicher. Wenn ich bereit bin, den Schmerz, der unausweichlich da ist, so anzunehmen, wie er ist, werde ich freier. Wenn ich bereit bin, den Schmerz, der unausweichlich da ist, so anzunehmen, wie er ist, komme ich in tiefen Einklang mit mir und der Welt.*

Der Schmerzkörper, der Angstkörper und der Wutkörper

Dieser Teufelskreis des selbst erschaffenen Leides bezieht sich natürlich nicht nur auf den körperlichen, sondern auch auf den seelischen Schmerz.

Die Summe unseres Leidens: der Schmerzkörper

Wenn etwa die Trauer über einen Verlust bekämpft wird, dann kommt zu der Trauer eine Anspannung und Verkrampfung hinzu, die noch mehr Schmerz verursacht, als ursprünglich da war. Wenn die Trauer über den Verlust zudem die Geschichte von früheren Verlusten innerlich wiederbelebt – vielleicht verbunden mit dem generalisierenden Gedanken, »immer verlassen mich alle«, verbunden mit der Zukunftserwartung, »bestimmt werden mich weiterhin alle verlassen, und ich werde immer ganz allein bleiben«, verbunden mit dem Versuch, den Schmerz nicht fühlen zu müssen, und verbunden mit der grundsätzlichen Ablehnung des Schmerzes –, dann wird das Leid dadurch vervielfacht.

So entwickelt sich der Schmerzkörper. Mit dem Begriff des »Schmerzkörpers« hat Eckart Tolle zum ersten Mal das Phänomen benannt, dass Menschen oft eine suchtartige Tendenz haben, nicht nur gegenwärtigen Schmerz zu fühlen, sondern dabei zugleich den Schmerz aus der Vergangenheit wiederzubeleben.

Beispiel: Jemand erlebt den Verlust eines Menschen, weil dieser sich zurückzieht. Der Schmerzkörper, der den verlassenen Menschen jetzt erfasst, besteht nicht nur aus dem Schmerz über diesen Verlust, sondern aus dem gesamten Schmerz über alle erlebten, ja sogar fantasierten und befürchteten Verlusterfahrungen.

Paradoxerweise ist es immer derselbe Mechanismus, der diesen Schmerzkörper aktiviert: Anfänglich wird der Schmerz aus der aktuellen Situation heraus abgelehnt, verbunden mit einem anklagenden Gedanken in der Form: »Immer verlassen mich andere Menschen!« Oder: »Warum bloß verlassen mich alle?« Wird ein solches Gefühl immer wieder erlebt, führt das zu einer Bestätigung des Selbstbildes als Opfer und Leidender. So kann der Schmerzkörper, so schrecklich der riesige Schmerz auch ist, ein trügerisches Gefühl von Sicherheit geben.

Alle verdrängten Ängste: der Angstkörper

Ein Beispiel für den Angstkörper: Nehmen wir an, jemandem fällt die Aufgabe zu, auf dem Familienfest eines runden Geburtstags eine Rede zu halten. Er schiebt das Schreiben der Rede auf, weil er so viel zu tun hat. Aber es macht ja nichts, so eine Rede ist doch eine Kleinigkeit, das ist auch kurz vorher schnell erledigt. Er versteht gar nicht, weswegen er schon seit einigen Tagen so unruhig schläft. Die Familienfeier rückt immer näher, endlich muss er sich an die Rede machen. Jetzt wird ihm bewusst, dass er eine Riesenangst hat: Angst davor, sie zu schreiben – und bei der Vorstellung, sie halten zu müssen, verschlägt es ihm den Atem, und es fühlt sich an wie die Bedrohung durch einen Weltuntergang. Er kann keinen klaren Gedanken mehr fassen. Die Verwandtschaft kommt ihm vor wie eine Ansammlung von Monstern, die nur darauf warten, ihn beim kleinsten Versprecher zu verschlingen. Und, das scheint ihm jetzt gewiss, er wird keinen einzigen Ton herausbringen. Die Teilnahme am Geburtstag muss schnell abgesagt werden; besser ist es, in eine fremde Stadt zu ziehen und niemandem die Adresse mitzuteilen, schon gar nicht der Verwandtschaft.

Die ursprüngliche Angst wurde nicht wahrgenommen, die Aufgabe selbst bagatellisiert. Offensichtlich passt es nicht zum Selbstbild dieses Menschen, Angst zu haben wegen solch einer

»Kleinigkeit«. So entsteht eine Katastrophenfantasie, in die alle Bedrohungsszenarien, erlebte wie befürchtete und fantasierte, mit eingehen. Die Verwandtschaft wird zum Tribunal und einer Ansammlung von Monstern, die Bedrohung ist so umfassend, dass jedes klare Denken ausgeschlossen ist.

Ganz anders wäre es, wenn von Anfang an die Aufgabe ernst genommen worden und die Angst gefühlt worden wäre, nicht das Richtige zu schreiben und sich zu blamieren. Das könnte dazu führen, dic Aufgabe etwas ernster zu nehmen, mit dem Schreiben der Rede früher anzufangen und sie probehalber einem Freund vorzulesen. Man würde sich sicherer fühlen und hätte vor dem Vortrag zwar ein wenig, vielleicht sogar eine Menge Lampenfieber, aber hinterher wäre man froh, dass man es gut geschafft hat.

Die beiden Alternativen machen deutlich, dass der Beginn des Angstkörpers in der Verdrängung der ursprünglichen, mit der aktuellen Situation verbundenen Angst liegt.

Die ganzen alten Verletzungen: der Wutkörper

Der Wutkörper ist vielleicht der bekannteste. Nehmen wir an, die Geschichte geht noch weiter: Der Mensch hat die Rede gehalten, und … das Geburtstagskind vergisst, sich zu bedanken und auf die Rede einzugehen. Der die Rede gehalten hat, fühlt sich – vielleicht auch zu Recht – verletzt. Aber er fühlt nicht den Ärger und vor allem nicht den Schmerz, verletzt zu sein, sondern er ist empört, in dieser Weise ignoriert und übergangen worden zu sein, er fühlt sich persönlich gemeint und getroffen.

Alle Situationen im Leben, in denen er die Wut heruntergeschluckt hat oder auch wütend geworden ist, alle Situationen, in denen er übergangen wurde, werden wach. Es fühlt sich plötzlich an, als wäre er nicht nur übergangen worden, sondern regelrecht vernichtet – und die Wut wird entsprechend groß und blind dazu.

In Wirklichkeit hat das Geburtstagskind natürlich gar nicht mitbekommen, wie viel innere Pein und Anstrengung das Schreiben und Vorbereiten der Rede für ihn bedeutete – und das vor allem deswegen, weil derjenige immer schon ein Bild von sich nach außen trug, dass ihm alles leicht von der Hand ginge. Zudem war er im Trubel des Geburtstags abgelenkt durch andere Gratulanten, und der Sekt beim Empfang tat ein Übriges.

Der Wutkörper entsteht vor allem dann, wenn man nicht bereit ist, den Schmerz über die Verletzung zu fühlen, die der Wut vorausging. Dann hat die Wut nicht nur die Funktion, sich gegen die Verletzung zu wehren und womöglich eine Entschuldigung zu bekommen, welche die Verletzung mildern oder heilen kann. Sie hat nun eine zweite Funktion: *den Schmerz, den die bereits geschehene Verletzung hervorgerufen hat, nicht zu fühlen.* Die Funktion der Abwehr verstärkt die Wut noch einmal um ein Vielfaches.

Das Drama der Sucht

Eine Sucht ist eine ständig wiederkehrende Verhaltensweise, mit der Konflikte und bestimmte Lebensthemen und/oder bedrohliche Gefühle sowie das Fühlen als Ganzes zugedeckt, verleugnet und verdrängt werden. Die Suchtmittel sind vielfältig, alles kann süchtig entgleisen: Telefonieren, Essen oder Trinken, die Arbeit, der Sport, der Konsum, das Zeitunglesen, der Sex.

Auch das Unterwegssein in den sozialen Medien, wie etwa in Facebook, kann zur Sucht entgleisen. Was ursprünglich als ein Mittel der Begegnung gedacht war, um Informationen und Nachrichten auszutauschen, ersetzt hier die Begegnung. In den sozialen Netzwerken werden weit mehr Stunden verbracht als im realen Kontakt mit Menschen, und über Handys, Tablets oder Computer ist man schnell überall erreich- und verfügbar. Der

Mensch droht in den Oberflächlichkeiten zu ertrinken, in Nachrichten und Mitteilungen, die ganz und gar substanzlos geworden sind. Das Schlimmste ist jedoch, dass der Mensch den Kontakt zu sich selbst verliert, weil die ständige Verfügbarkeit und der Aufforderungscharakter der sozialen Netzwerke bewirken, dass er sich nicht mehr allein auszuhalten braucht. Es würde einen großen Unterschied machen, wenn jeder einige Stunden des Tages nur für sich wäre und sich dem aussetzen würde, was auftaucht, vielleicht sogar neugierig darauf und interessiert daran sein könnte. Natürlich begegnet man immer dann wieder dem Unbekannten, und das macht Angst – Angst vor der Unaushaltbarkeit der Gefühle und Angst vor dem Unbekannten.

Sogar Gefühle können zur Sucht werden, etwa die Traurigkeit, wenn sie die einzige Möglichkeit ist, sich lebendig zu fühlen, und vor allem die Wut, die immer wieder eine Adrenalinüberflutung des Körpers und damit intensive Lebendigkeit bewirkt.

Die tiefe Sehnsucht nicht fühlen müssen

Immer hat Sucht dieselbe Funktion: etwas zuzudecken, etwas Wichtiges nicht fühlen zu müssen. Das bezieht sich durchaus nicht nur auf vergangene schlimme Ereignisse, nicht nur auf das, was verloren wurde, sondern genauso auf die eigenen Bedürfnisse und vor allem auf die grundlegende Sehnsucht, ganz zu werden, im Einklang zu sein, und auch auf die Sehnsucht, sich selbst zu verwirklichen und seine Möglichkeiten zu realisieren. Zugedeckt wird nicht nur das Schlimme, das war, sondern auch das, was nach eigenem Ermessen nicht sein kann oder nicht sein darf, obwohl das Innere sich danach sehnt und ahnt, dass es eigentlich möglich sein müsste und könnte.

Nicht umsonst wird immer wieder auf die Nähe der Wortbedeutung von Sucht und Suche hingewiesen. Eine Sehnsucht nach

Leben, nach Lebendigkeit und nach dem tieferen Grund des Seins, deren Realisierung in der eigenen Wahrnehmung unmöglich erscheint, wird zugedeckt mit läppischen Oberflächlichkeiten oder harten Drogen.

Die Sucht ermöglicht es, sich abzulenken von den Gefühlen und den Bedürfnissen – Bedürfnisse, die übergangen werden, weil sie keine Chance haben, befriedigt zu werden, und Bedürfnisse, die noch nicht einmal wahrgenommen werden dürfen, weil sie das eingefahrene Leben zu sehr infrage stellen würden.

Diese oft selbstzerstörerischen und das Leben vergeudenden Süchte loslassen zu können, setzt voraus, dass man wieder beginnt zu entdecken, was wirklich gefühlt wird. Oftmals muss das Fühlen als solches erst wieder aufgefunden werden. Weiter muss die Frage: »Was will ich? Was möchte ich jetzt überhaupt?«, wieder Raum bekommen. In einem Leben, das oftmals von der Sucht so sehr ausgefüllt und in der Routine der Sucht ertränkt wurde, konnte die Frage nach eigenen Wünschen gar nicht mehr auftauchen, weil sie es nicht mehr durfte.

Jede Sucht, wie alle anderen kompensatorischen Verhaltensweisen, dient dazu, den eigentlichen Gefühlen und Bedürfnissen aus dem Weg zu gehen. Bei dem Süchtigen ist es oft besonders deutlich, dass er wie unter Zwang mitten im Drama selbst feststeckt. Wie viel wäre allein schon dadurch gewonnen, wenn er in der Lage wäre, das, was abläuft, zu beobachten – nicht indem er sich kritisiert und selbst schlecht macht, sondern indem er für sich selbst da ist als ein geduldiger, liebevoller Beobachter?

Um es noch einmal zu wiederholen: Im Entdecken der zugeschütteten Gefühle und Bedürfnisse liegen bedeutende Wachstumsmöglichkeiten, weil die Gefühle so viel Energie gebunden hatten und die Bedürfnisse, wenn sie ans Licht geholt werden, die Richtung zeigen, in die es gehen könnte.

SUCHT UND KOMPENSATORISCHES VERHALTEN

In dieser Übung geht es darum, die wiederkehrenden Verhaltensweisen zu erfassen, sowohl die inneren als auch die äußeren.

➤ Fülle möglichst alle Spalten aus. Manches wirst du jedoch erst ergänzen können, wenn die entsprechenden Verhaltensweisen wieder auftauchen und du dann genauer erforschend beobachten kannst, was sich da abspielt und was du fühlst.

Wiederkehrende Verhaltensweisen a) innere b) äußere	*Gefühle während des Verhaltens*	*Gefühle nach dem Verhalten*	*Wozu soll das Verhalten dienen?*	*Was würde ich eigentlich gerne machen?*

Stress

Viele Menschen glauben, sie wären gestresst, weil sie zu viel arbeiten würden. Das stimmt natürlich nicht. Zu viel Arbeit führt zu Erschöpfung, aber nicht zu Stress.

Große Menge an Arbeit → ? → Gestresster Mensch (Adrenalin, Blutdruck, Muskeltonus)

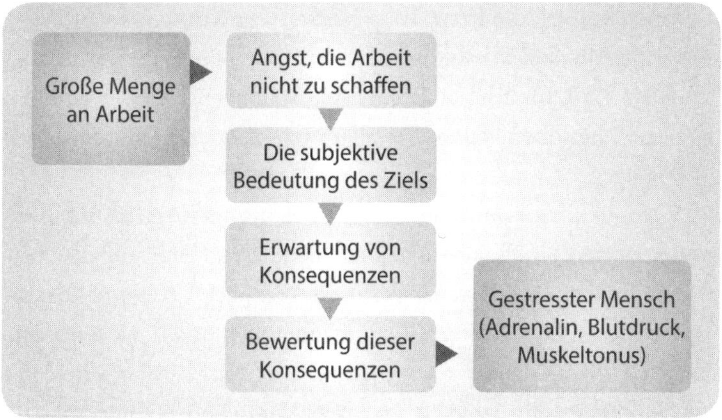

Psychologisches Stressmodell

Es muss also etwas hinzukommen – und zwar sind das verschiedene Gedanken, Deutungen, Erwartungen und Bewertungen.

Zunächst gibt es die Unsicherheit oder Angst, die Arbeit gar nicht oder nicht rechtzeitig zu schaffen. Diese Unsicherheit allein würde noch keinen Stress erzeugen. Man könnte einen größeren Zeitrahmen einplanen oder die Arbeit reduzieren, vielleicht indem man einen Teil davon an andere delegiert.

Dann gibt es das Ziel der Arbeit, das eine bestimmte subjektive Bedeutung hat. Diese Bedeutung wird von gesellschaftlichen Sichtweisen und Werten mitbestimmt, bleibt aber etwas Subjektives. Welche Bedeutung wird der Arbeit gegeben? Ist sie der gesamte Lebensinhalt? Und vor allem: Wird das ganze Selbstwertgefühl, ja vielleicht sogar das Gefühl der Existenzberechtigung von der Arbeit bestimmt? Ist der subjektive Sinn der Arbeit die Finanzierung des Lebensunterhaltes? Geht es darum, die eigenen Fähigkeiten anzuwenden und zu lernen, Kontakt mit anderen Menschen zu halten? Oder besteht der Sinn eher darin, Anerkennung, Wertschätzung oder Bewunderung von anderen zu bekommen?

Hinzu kommt die Erwartung bestimmter Konsequenzen. Diese können in der Missbilligung durch den Chef, im Verlust des Arbeitsplatzes, im Eingeständnis des Scheiterns und in anderen Szenarien bestehen. Auch dies allein reicht noch nicht, um Stress zu erzeugen.

Es muss hinzukommen, dass diese Konsequenzen als schlimm bewertet werden. Es scheint nahezuliegen, vielleicht sogar selbstverständlich zu sein, dass der Verlust des Arbeitsplatzes eine furchtbare Konsequenz darstellt. Das ist aber keinesfalls so selbstverständlich. Zwar wird die Lage tatsächlich verschärft in einer gesellschaftlichen Situation, in der den Menschen nicht genügend Arbeit und genügend Wahlmöglichkeiten zur Verfügung gestellt werden und gleichzeitig Arbeitslosigkeit nach wie vor ein Stigma ist. Dennoch gibt es viele Beispiele von Menschen, die durch den Verlust des Arbeitsplatzes freier wurden und danach erst eine neue und viel befriedigendere Alternative fanden.

Wahrnehmen, beobachten und fühlen ist befreiend

Wozu dient diese Darstellung? Bei dem Gedanken, »wegen der vielen Arbeit bin ich gestresst«, wird die Arbeit bzw. ihre Menge als Stressursache angesehen. Dies ist eine äußere Größe, die oft nicht verändert werden kann. (Allerdings dürfen auch nicht die Veränderungsmöglichkeiten übersehen werden, etwa einen erweiterten Zeitrahmen einzufordern oder einen Teil der Arbeit zu delegieren.) Aber erst wenn die inneren Faktoren erfasst werden, kann sich das Erleben von Stress wirklich verändern. Ich selbst bin immer derjenige, auf den ich den größten Einfluss habe.

Es hilft, wenn ich erst einmal diese inneren Faktoren ins Auge fasse, und zwar durch konkretes und zielgerichtetes Nachfragen und Zu-Ende-Denken: »Was würde eigentlich passieren, wenn ich die Arbeit nicht schaffe? Was wäre eigentlich so schlimm an den Konsequenzen, etwa die Missbilligung durch den Arbeitgeber? Was für Handlungsalternativen stehen mir angesichts der Konsequenzen zur Verfügung, wie etwa: Kann ich mich gegen die Missbilligung durch den Chef zur Wehr setzen? Welche Bündnispartner kann ich gewinnen? Was wäre hinsichtlich des eigenen Selbstbildes so schlimm daran, wenn ich ein – wahrscheinlich auch nur partielles – Scheitern eingestehen müsste? Worin besteht mein Selbstbild eigentlich?«

Ein solches Zu-Ende-Denken wird als bedrohlich empfunden. Bedrohlich ist daran, dass das Ergebnis dieses Denk- und Bewusstwerdungsprozesses ganz offen ist. Man müsste sich den einzelnen schlimmen Konsequenzen gedanklich – und dadurch auch gefühlsmäßig – nähern, doch diese Gefühle machen Angst und werden auch wegen der gewohnheitsmäßigen Gefühlsabwehr weggeschoben. Zudem bestünde die Gefahr, dass das Ergebnis des Denkens die ursprüngliche Angst – als Folge einer diffus wahrgenommenen Bedrohung – bestätigt, vielleicht sogar noch deutlicher macht. Und es besteht immer die Gefahr, dass die Antworten zeigen, dass es womöglich noch schlimmer werden wird, als man ursprünglich befürchtet hat. Hilfreich wäre im Gegensatz zu all dem ein Wahrnehmen ohne Bewertung und Urteil.

Wahrnehmen in zwei Schritten

1. Ich beobachte sowohl die *äußere Situation* als auch *alle inneren Gedanken,* die Befürchtung, es nicht zu schaffen, sowie die Konsequenzen und deren negative Bewertung.
   Durch Hinterfragen und Zu-Ende-Denken entpuppen sich viele Gedanken als Vorurteile oder exorbitante Übertreibungen, und ich selbst erscheine darin viel ohnmächtiger und hilfloser, als ich tatsächlich bin. Dadurch bin ich in der Lage, …

2. *die Situation selbst* so wahrzunehmen und zu beobachten, wie sie ist, oder sie wenigstens bei weitem realistischer und angemessener wahrzunehmen, als ich es vor dem ersten Schritt tat.

Das nüchterne, sachliche Wahrnehmen und Beobachten bedeutet auch, einen anderen Standpunkt einzunehmen und das Geschehen wie von außen wahrzunehmen. Das weitet den Blick und macht freier. Dies entspricht dem dritten Schritt des Loslassens.

Wir hatten gesehen, dass das Bedrohliche des Zu-Ende-Denkens vor allem die verschiedenen als bedrohlich erlebten und unangenehmen Gefühle sind. Die nüchterne Betrachtung schützt mich vor diesen Gefühlen. Und das ist gut, und darauf basiert der Erfolg des sich verbreitenden Achtsamkeitstrainings.

Weitaus besser aber ist es, wenn man diese sachliche Betrachtung vom freieren äußeren Standpunkt damit verbindet, alle Gefühle zu fühlen, die zuvor als bedrohlich empfunden und deswegen weggeschoben wurden. Das macht vollständig frei, während die sachliche Betrachtung allein noch damit einhergehen würde, dass die Gefühle beiseitegeschoben werden, also ungefühlt und dadurch ungelöst bleiben.

Der innere Kritiker und Antreiber

Die Verdoppelung des inneren Lebens durch Wahrnehmung und gleichzeitiges Kommentieren führt dazu, dass der Mensch bei einem großen Teil oder sogar allen Handlungen wie neben sich steht – und das fast ausschließlich mit einer *kritischen* Beobachtung und einem *kritischen* Kommentar. »Das hast du nicht gut genug gemacht, du müsstest dich viel mehr anstrengen« – so kommentiert der innere Kritiker ständig das, was geschieht. Viele Menschen sind mehr damit befasst, das Leben und die eigenen Handlungen, die eigenen Gedanken und Gefühle nicht nur zu kommentieren, sondern mehr oder weniger kontinuierlich zu kritisieren, als dass sie selbst *wirklich leben* würden.

Dieser innere Kritiker, selbst wenn er die beste Absicht hat, erhöht die Anspannung und lässt dadurch die Handlung ungünstiger werden, als sie sein könnte. Basierend auf ähnlichen Überlegungen hat der amerikanische Autor und Trainer W. Timothy Gallwey ein Konzept für Coaching im Sport, in beruflichen und anderen Feldern und zur Lösung und Prophylaxe von Stressphänomenen entwickelt (siehe Literaturverzeichnis Seite 349).

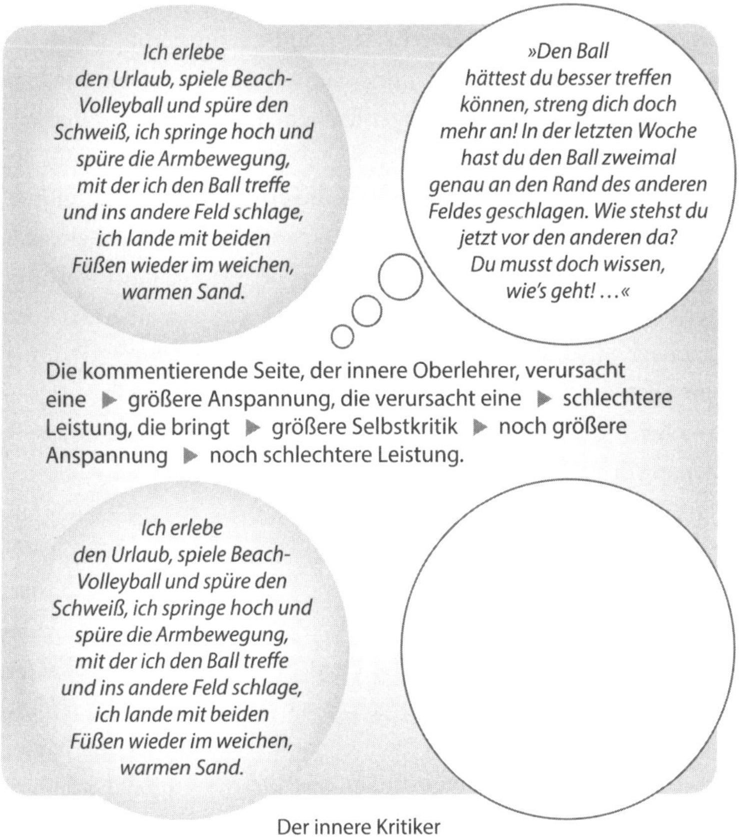

Der innere Kritiker

Die wichtige Frage lautet: Was geschieht, wenn der innere Kritiker und Antreiber still wird? Wenn der Kommentator und Oberlehrer ersetzt wird durch reines Gewahrsein, durch einfaches Beobachten oder Achtsamkeit?

Man würde sich aller Bewegungen viel deutlicher bewusst und wäre viel konzentrierter. Diese Bewusstheit des Beobachtens würde zum Beispiel die Fähigkeiten des Spielens erhöhen, Konzentration statt Ablenkung bedeuten. Gelöstheit statt Anspannung. Es entstünde die gute Spannung des engagierten Spiels. Jeder, der Sport macht, kennt den Unterschied zwischen der guten Spannung, die für die erforderliche Energetisierung des Körpers und des Geistes sorgt, und einer Anspannung bis hin zur Verkrampfung, durch die die tatsächliche Leistung weit unterhalb der Möglichkeiten bleibt.

Ein wichtiges Thema, das uns in diesem ganzen Kapitel immer wieder beschäftigen wird, ist auch schon sichtbar: Was hätte ich davon, wenn ich mich in der Haltung des Beobachters leer und gelöst fühlen würde, aber meine ganze Aufmerksamkeit so vom Beobachten absorbiert wäre, dass ich wie neben mir stünde, ohne die Spannung, die Lebendigkeit, die Bewegung und Freude des Spiels wirklich ganz zu fühlen? Das, und das wird deutlicher werden, ist die große Crux der ganzen Achtsamkeitstrainings.

Das praktische und das psychische Denken

Es gibt zwei Bereiche des Denkens: das praktische und das psychische Denken. Das praktische Denken bezieht sich auf konkrete Überlegungen, wie Dinge gestaltet oder geplant werden können, etwa beim Bau einer Brücke (»Die Schlucht ist 40 Meter breit, zum Überbrücken brauchen wir dieses und jenes Material usw.«). Das psychische Denken umfasst ganz andere Fragen:

»Wenn die Brücke fertig wird und so großartig ist, wie ich sie mir vorstelle, dann werden alle Kollegen beeindruckt sein und mich bewundern. Dann bekomme ich endlich die Anerkennung, die ich verdiene. Dann kann ich endlich aufatmen, dann habe ich bewiesen, dass ich nicht der Versager bin, als der ich mich so oft fühle ... Aber vielleicht wird die Brücke nichts, vielleicht sieht der Entwurf nur auf dem Papier gut aus, und in der realen Größe passt sie vielleicht gar nicht in die Landschaft hinein ... Vielleicht werden sie mit dem Finger auf mich zeigen und sagen, da hätte ich mir einfach zu viel vorgenommen, das wäre wohl eine Nummer zu groß für mich gewesen. Wie werde ich mich schämen müssen ... Dann wird schließlich mein Vater doch recht behalten, der früher immer sagte, dass ich zwei linke Hände hätte ...«

Das psychische Denken ist also auch die wesentliche Grundlage für das Kommentieren und für den inneren Kritiker und Antreiber. Dieser Teil des Denkens hat zugleich die wichtige Funktion des Vermeidens. Die unangenehmen Gefühle sollen vermieden werden, aber wegen der Angst vor Kontrollverlust soll das Fühlen als Ganzes eigentlich eingeschränkt und kontrolliert bleiben. Genauso soll die Wahrnehmung innerer Konflikte vermieden werden und vor allem das Wahrnehmen von Bedürfnissen und Wünschen, die das augenblickliche Leben immer gefährlich infrage stellen könnten.

Der Psychoanalytiker Hermann Beland schätzt, dass 95 Prozent des Denkens nur die Funktion des Vermeidens erfüllt. Ich glaube, dass einen eine solche Zahl ganz zu Recht erschüttert.

Was wäre, wenn diese 95 Prozent des Denkens still würden? Das genau ist das Ziel aller Weisheitstraditionen, das Ziel der Erleuchtung und des Aufwachens, dass nämlich das Denken aufhört, dass der Verstand still wird. Wenn der Verstand still wird, können die tiefere Wirklichkeit und tiefere Erfahrungen wahrgenommen werden. Aber natürlich besteht das Ziel darin, dass diese 95 Prozent des Denkens still werden. Manch einer hat Sorge, dass man durch die Erleuchtung gar nicht mehr denken könne und deswegen im normalen Leben nicht mehr funktionieren würde – dass Erleuchtung also etwas wie frühzeitige Demenz bedeute. So ist es selbstverständlich nicht.

Wenn die 95 Prozent still werden, dann können sich die restlichen fünf Prozent des Denkens, die praktischen Gedanken, die sich mit der Gestaltung des Lebens und der Welt befassen, einfach viel freier, ungestörter und dadurch wirksamer entfalten. Um genau das deutlich zu machen, hat Jiddu Krishnamurti die beiden Begriffe des praktischen und psychischen Denkens entwickelt.

Der innere Kritiker als ständiger Begleiter

Für viele Menschen ist der innere Kritiker ein ständiger Begleiter. Da werden alle Handlungen, ja sogar alle Gedanken und alle Gefühle kritisch kommentiert. Allerdings können die Strenge des Kritikers und der Grad seiner Unerbittlichkeit, bis hin zur Grausamkeit, sehr verschieden sein.

Wer seinem inneren Kritiker zuhört, kann entdecken, ob er ein kumpelhaftes »Das hättest du auch besser hinkriegen können« zu hören bekommt oder aber ein »Das hast du wieder völlig falsch gemacht, das wirst du nie hinkriegen, du bist einfach ein Versager«. Die negativen Gefühle sich selbst gegenüber steigern sich im letzten Fall bis zu einem grundlegenden Selbsthass.

Natürlich hängt die Ausdrucksweise dieses Kritikers mit den Erfahrungen aus der Kindheit zusammen, ob man liebevoll und freundlich behandelt oder ob man schlecht gemacht wurde. Es hängt davon ab, welche Beziehungserfahrungen man damals erlebt und welches Verhältnis man heute zu sich selbst hat.

Der Beobachter

Der Beobachter als wahrer Freund, als wahre Freundin

Wenn sich jemand nun statt des bisherigen inneren Kritikers einen wahren Freund als inneren Begleiter wünscht, dann könnte ihm Folgendes durch den Kopf gehen: »Wenn ich mir den inneren Begleiter selbst wählen dürfte, wie sollte er sein? Sollte er etwas Mütterliches oder Väterliches haben? Vielleicht ein bisschen, manchmal wäre das das Richtige, aber sicher nicht die ganze Zeit, das würde mich doch vermutlich klein machen. Eher wie ein Bruder, wie eine Schwester, aber es könnte sein, dass mir das zu nah wäre, da fehlte mir etwas Distanz. Wie eine Freundin, wie ein Freund, das wär's. Aber nicht das, was man bei den Freundschaften erlebt, in denen beide dem anderen nur das Beste sagen. Nein, ich wünschte mir einen Freund, der mir die Wahrheit sagt – auch dann, wenn es unbequem für mich ist. Die Wahrheit würde ich mir wünschen, natürlich möglichst wenig verletzend, aber wirklich auch dann, wenn die Wahrheit weh tut. Das wäre ein wahrer Freund, liebevoll und sorgend, aber ohne falsche Scham.

Der konventionelle Freund wird immer wieder sagen, wie toll ich bin, und mir symbolisch auf die Schulter klopfen. Vielleicht auch, weil er erwartet, dass ich ihn genauso behandle. Eine »narzisstische Zugewinngemeinschaft« kann man das ironisch nennen. Aber auch, wenn es mir gefällt, dass er mich toll findet, so habe ich doch Angst, dass ich immer wieder und weiterhin wundervoll zu sein habe und dass ich all das andere, das ich auch noch bin, verstecken muss, aus Angst, dass das nicht da sein darf.

Nein, lieber wäre mir, ich dürfte so sein, wie ich bin; er würde mich wahrnehmen, so wie ich bin, mit dem Guten wie mit dem, was nicht so gut oder sogar schlecht ist. Ja, ich würde mir sogar wünschen, dass er mich auf diese Seiten hinweist, wenn ich es selbst gar nicht sehen kann, vielleicht weil ich es selbst gar nicht sehen möchte. Ich würde mir wünschen, dass er – freundlich und liebevoll – darauf besteht, falls ich es ablehnen oder entrüstet von mir weisen sollte, vielleicht weil ich ein bisschen Zeit brauche, um es mir einzugestehen.

Bei einer konventionellen Freundin, einem konventionellen Freund kann man es in Ordnung finden, dass sie oder er einen braucht, Bedürfnisse hat und den Wunsch, man möge diese erfüllen, sodass es ein Geben und ein Nehmen gibt. Von dem Freund, der ich mir selbst gern sein möchte, wünsche ich mir, dass er keine Wünsche und schon gar keine Ansprüche an mich stellt; dass ich nicht für ihn da sein, ihm keine Bedürfnisse erfüllen muss.

Aber ich wünsche mir auch, dass er immer für mich da ist, wenn ich ihn brauche. Dass ich so sein kann, wie ich will, und er nicht geht. Ich wünsche mir, dass er mich versteht – und das manchmal besser als ich mich selbst. Ratschläge sind nicht das, was ich brauche; davon hab ich selbst mehr als genug. Dass er mir zuhört, aufmerksam, verständnisvoll, das wünsche ich mir. Und dass er auch dann, wenn ich nichts zu sagen habe, da ist und mir beisteht; ja genau, dass er *bei* mir *steht*. Dass er hört, was ich zu sagen habe, und mehr als das, dass er auch zwischen den Zeilen zu lesen versteht und offen dafür ist; dass er auch für das Ungesagte offen ist und, wenn es sein muss, auch für das Unsagbare.

Voller Liebe sollte er sein, aber nicht so, wie das meist verstanden wird. Da ist die Liebe ein Habenwollen, ein Besitzenwollen und ein Brauchen – nicht das Brauchen, in dem die Liebe Nähe sucht und ersehnt, sondern das Brauchen für sich selbst. Nein, nicht diese Liebe soll es sein, sondern die Liebe, die nichts will und nichts braucht und trotzdem immer da ist und offen für alles.

Ja, ein solcher Freund, das wünschte ich mir, dass ich mir ein solcher Freund sein könnte. Dann wäre ich mir wirklich ein wahrer Freund, eine wahre Freundin.«

Die Bedingungen des wahren Freundes und der wahren Freundin

Es gibt drei Charakteristika, die den wahren Freund und die wahre Freundin ausmachen:

1. *Er ist leer.* Das klingt natürlich merkwürdig, wird aber schnell verständlich. Leersein bedeutet, keine eigenen Wünsche zu haben und keine eigene Absicht und keinen Plan; keine eigene Agenda. Vor allem aber ist er frei von jedem Urteil, er nimmt alles so, wie es ist. Jedes Urteil schränkt den anderen ein, teilt ihm mit, was sein darf und was nicht, und wenn auch nur auf die subtilste Weise. Der wahre Freund weiß: »Wenn ich den anderen beurteile, liegt es immer nur daran, dass ich nicht genug von ihm weiß und verstehe.« Das Fremde, das Andersartige wird am schnellsten beurteilt und verurteilt.
   Natürlich ist es leicht, den Mörder zu verurteilen. Je mehr ich ihn jedoch verstehe und begreife, wie er dazu gekommen ist, in welcher Zwangslage er vielleicht steckte, womöglich sogar etwas anderes wollend und in diesem Augenblick nicht könnend; wenn ich vielleicht begreife, dass er selbst sich nicht versteht, nicht weiß, wie es dazu kommen konnte; wenn ich mitfühlend erfahre, was er selbst erfuhr, die Zeit vorher, die ganze Zeit, dann ist es sehr wahrscheinlich, dass sich mir jedes Urteil entzieht, ja sogar verbietet.
   Der wahre Freund hat keine Absicht, kein Urteil, will nichts und hat keine Erwartung. Tatsächlich engt eine Erwartung ein:

Der Mensch hat eine grundlegende Tendenz, das Erlebte so einzugrenzen, dass es zum Erwarteten passt, und das nicht Erwartete weniger deutlich wahrzunehmen und auch nicht offen dafür zu sein. Der wahre Freund kann einfach mit dem anderen sein – sogar ohne die Erwartung, dass es ihm hilft. Er kann einfach absichtslos sein.

2. *Er ist bewusst.* Er ist aufmerksam, verständnisvoll und empathisch, also einfühlsam. Das kann er nur, wenn er auf eigene Konzepte verzichtet, sogar auf Erinnerungen an frühere Begegnungen und das, was ihm schon erzählt wurde. Das nämlich würde das zu Hörende und Wahrzunehmende im jetzigen Augenblick bereits einfärben und verzerren. Wirklich bewusst und wirklich offen ist er nur dann, wenn er im Wahrzunehmenden das neue Unbekannte sucht und entdeckt.
   Das bedeutet auch, auf das Verstehen zu verzichten, jedenfalls auf das allzu schnelle und das konzeptuelle Verstehen. Denn dieses Verstehen, das so schnell weiß, warum etwas wie ist, wird das Gehörte sofort verbiegen und zurechtformen, sodass es in das Konzept passt, das es schon vorher gab. Ohne das Oberflächliche kann es ein tieferes Verstehen geben; ver-stehen bedeutet ja ursprünglich nichts anderes, als dass ich nicht mehr auf dem eigenen Stand-Punkt stehe, sondern den Stand-Ort und Stand-Punkt des anderen einnehme, mich dorthin stelle, wo der andere steht.
3. *Er ist liebevoll.* Wenn er die ersten beiden Qualitäten verwirklicht, ist er automatisch liebevoll – voll von einer Liebe, die nichts braucht und nichts will; das ist bedingungslose Liebe.

Für diese Qualität der Liebe braucht er nichts zu tun und kann es auch gar nicht, denn sie entfaltet sich von allein. Für die Verwirklichung der ersten beiden Qualitäten kann er etwas tun:

Wenn er eine Absicht entdeckt, und mag es auch die Absicht zu helfen sein, kann er sich fragen: »Was soll mir das geben, wozu will ich das?« Wenn er sich bewusst ist, dass *jede* Absicht, auch die sogenannte »beste«, den Wahrnehmungs- und Handlungsspielraum einengt, kann es ihm gelingen, diese Absicht fallenzulassen. Es bedarf keiner Absicht, weil Wachstum eine natürliche Eigenschaft des Lebens ist. Wachstum geschieht durch Erfahrungen und durch die Offenheit für Erfahrungen, es geschieht von allein. Man braucht es nicht zu wollen, genauso wenig wie es dem Tomatenstrauch beim Wachsen hilft, wenn man ihn nach oben zieht.

Auch für das Bewusstsein und die Aufmerksamkeit kann man etwas tun, kann dessen gewahr sein, wovon und wodurch die Aufmerksamkeit abgelenkt wird und was einen gerade bewegt und festhält, sodass man im Moment vielleicht nicht offen sein kann. Man kann dem Raum geben, wo es nötig ist, und es beiseitestellen, wo das im Moment die bessere Alternative darstellt. So kann man selbst dafür sorgen, dass sich diese Qualitäten von Bewusstheit und Aufmerksamkeit tiefer und vollständiger zeigen; die Liebe wird dadurch von allein wachsen.

Der innere Beobachter als liebevoller Zeuge

So also kann sich der innere Beobachter, die innere Freundin entwickeln – leer, bewusst und liebevoll. Er nimmt alles wahr, ohne Absicht und ohne Urteil. Alles, was geschieht, darf so sein, wie es ist. Das heißt, es gibt keinen Kampf und keinen Krieg, es gibt kein Dagegenangehen, Davonweggehen, kein Hinrennen. Der innere Beobachter bewegt sich nicht selbst, nimmt aber alle Bewegungen wahr. Er steht außen, in Distanz zum Geschehen und in Distanz zum Drama.

Doch er ist nicht »neutral«, sondern er ist liebevoll und er ist parteiisch – er ergreift Partei für das Leben und die Wahrheit.

Alle geistigen und spirituellen Traditionen sehen es als einen zentralen Schritt für das persönliche Wachstum an, dass sich dieser innere absichtslose und nicht bewertende Beobachter entwickelt: als ein Schritt auf dem Weg zu wirklicher innerer Gelassenheit. Diese Gelassenheit resultiert aus der Erkenntnis, dass man selbst gar nicht der Mittelpunkt dieses Dramas ist, das jeder »sein Leben« nennt. Man ist nur der Beobachter oder, wie die spirituellen Traditionen oft sagen, der Zeuge dieses Lebens. Im Zustand dieses *Zeugenbewusstseins* gibt es keinen Kampf, keine Ablehnung und keinen Krieg. Der Zeuge selbst ist leer; leer nicht im Sinne eines Vakuums, sondern leer als Ausdruck der Potenzialität: Nur weil das Bewusstsein leer ist, kann alles in ihm auftauchen und erscheinen, was wahrgenommen werden kann.

Die Auswirkung des Beobachters

Die Bedeutung dieses Beobachters soll noch einmal anhand der vier Formen des Dramas (Seite 157) unterstrichen werden.

1. *Das selbst erzeugte Leid:* Man gerät nicht in den Teufelskreis der »Anspannung als irrtümlichem Versuch der Schmerzabwehr, Erwartung größeren Schmerzes, größerer Anspannung und so Vervielfachung des ursprünglichen Schmerzes«, wenn man den Schmerz beobachtet, ohne ihn abzulehnen, ohne zu beurteilen und ohne die Erwartung zu haben, dass damit etwas geschieht. So wird nur der anfängliche Schmerz gefühlt.
   In der Position des wahrnehmenden Beobachtens in der vollständigen Gegenwärtigkeit kann Anspannung von allein abfallen, sodass man sich sogar in den Schmerz hinein entspannen kann – wodurch sich möglicherweise selbst dieser anfängliche Schmerz reduziert.

2. Bei der *Aktivierung des Schmerzkörpers* kann der Beobachter den Mechanismus mitbekommen. Er nimmt das Selbstbedauern und die Verallgemeinerung wahr, die am Beginn der Aktivierung des Schmerzkörpers stehen: »Immer muss mir solches Unglück zustoßen …« Erst wenn das bewusst wahrgenommen wird, ist eine Änderung möglich – nicht jedoch, solange das ganz automatisch und unbeeinflussbar abzulaufen scheint.
3. *Das Drama der Sucht:* Das süchtige Verhalten hört nicht automatisch dadurch auf, dass es gelingt, aus dem vollständigen Verstricktsein in die Zwanghaftigkeit des süchtigen Verhaltens herauszutreten, zurückzutreten und beobachtend wirklich wahrzunehmen, was gerade geschieht. *Aber weil der augenblickliche innere Zustand und der Ablauf des Verhaltens erfasst werden, besteht die Möglichkeit, das süchtige Verhalten zu beenden.* Denn erst dann hat man eine Wahl.
4. Beim *Thema Stress* hatte sich gezeigt: Dadurch, dass der Beobachter die Gesamtheit der Faktoren wahrnimmt, nicht nur die äußeren, sondern vor allem auch die verschiedenen inneren Bedingungen, kann eine Auseinandersetzung mit den selbst erzeugten Bestandteilen des Stresses stattfinden. Dann kann eine positive Veränderung beginnen. Wenn der innere Kritiker, der alles beurteilt und vergleicht und innerlich antreibt, sich verändert und zum freundlichen Beobachter wird, der genau wahrnimmt, was geschieht, dann wird der Teufelskreis »Beurteilung, Anspannung, schlechtere Leistung, Zunahme der Beurteilung, Zunahme der Anspannung« beendet.

Die Gefahr der Dissoziation

Ein gelassenes, absichtsloses und nicht bewertendes Beobachten ermöglicht es, das Erleben wirklich vollständig wahrzunehmen und die Dinge wahrzunehmen, wie sie sind. Das ist auch das Ziel der traditionellen Meditation in ihren verschiedenen Formen. Genauso ist es das Ziel der Achtsamkeit, die sich in Form der achtsamkeitsbasierten Stressreduktion in den letzten Jahren überall dort verbreitet, wo es um Stressbewältigung, Persönlichkeitswachstum und -veränderung geht.

Eine große Gefahr besteht allerdings darin, dass die Gelassenheit als Gleichgültigkeit missverstanden wird. Diese Gefahr ist überall dort vorhanden, wo es als das Ziel der Meditation verstanden wird, sich von all dem, was geschieht, nicht mehr berühren zu lassen und unabhängig zu werden dadurch, dass einem nichts mehr etwas ausmacht. Dann gäbe es zwar Gelassenheit, aber um den Preis der Verarmung des Lebens. Demgegenüber forderte Ignatius von Loyola die »engagierte Indifferenz« ein, ein Gleichmut, der nicht nur einhergeht mit wirklichem Berührtwerden, sondern der sich auch niederschlägt in engagiertem Tun, wo es nötig und angemessen ist.

Die große Gefahr besteht darin: Durch distanziertes Beobachten kann sich der Mensch auch vom Fühlen generell und dauerhaft dissoziieren (abtrennen). Und genau das tut in der traditionellen Meditation der Beobachter und soll es auch tun. Wenn nun die Achtsamkeit oder die Gelassenheit durch beobachtende Meditation gefördert wird, ohne zugleich auch das Fühlen der Gefühle zu fördern, dann wird sich der Mensch nahezu zwangsläufig vom wirklichen Fühlen und Erleben weiter entfremden. Er wird zwar gelassen, aber sein Leben bekommt etwas Künstliches. Er ist nicht wirklich lebendig und erlebt die Momente nicht, sondern befindet sich immer in Distanz zum wirklichen Leben.

Mit diesem Problem haben sich schon viele beschäftigt. Einer der Ersten, der dieses Problem besonders ernst nahm, war der indische spirituelle Lehrer Bhagwan, der sich später Osho nannte.

Osho schlug folgende Lösung vor: Weil mit der Meditation die Gefahr der Dissoziation und Entfremdung vom Erleben einhergeht, solle man neben der Meditation die damals neuen Methoden der Humanistischen Psychologie – die Körpertherapie, den Encounter und die Gestalttherapie – nutzen, um lebendiger zu werden. Da wurde vielleicht zum ersten Mal das Problem sehr deutlich; eine Lösung war das allerdings nicht, weil es eben nicht nur darum geht, die Gefühle zu bearbeiten, und schon gar nicht darum, sie einfach loszuwerden, sondern es geht darum, neben dem Modus des Gestaltens *den Modus des Geschehenlassens zu entwickeln*. Dadurch wird man frei und wirklich souverän; zugleich ermöglicht einem diese Haltung des Geschehenlassens den Zugang zu den tieferen Erfahrungen und zur tieferen und vollständigeren Gelassenheit.

Ganz drinnen und ganz draußen – beobachten und fühlen

Das also kann nur die Lösung sein: ganz drinnen und ganz draußen zu sein. Vollständig drinnen zu sein heißt, ganz lebendig zu sein, und das bedeutet in erster Linie, alles wirklich zu fühlen, fühlen zu dürfen und fühlen zu können, zugleich fühlend wahrzunehmen, was man will, was man möchte und sich wünscht. Man folgt also den beiden Fragen: »Was fühle und erfahre ich?« Und: »Was will ich und was möchte ich?« Damit befassten sich die Kapitel 1 und 2.

Ganz draußen zu sein heißt, sich ganz von außen wahrzunehmen, als würde man dem Leben eines anderen zuschauen, mit einem Blick, der nicht an eine bestimmte Perspektive gebunden ist, vor allem nicht an die Ich-Perspektive. Es geht darum, sich aus verschiedenen Perspektiven sehen zu können bzw. dass man gar keine Perspektive mehr hat. Gerade dadurch kann man – ohne Absicht, ohne Wertung und ohne Erwartung und daher offen für alles, was auftaucht – sich selbst so sehen, wie man wirklich ist. Dann ist man ganz lebendig, vom Leben vollständig erfasst, und zugleich ein ganz gleichmütiger, liebevoller Beobachter, dem an nichts anderem gelegen ist als an der Wahrheit. Und man weiß, dass nichts so heilsam ist wie die Wahrheit und dass die Wahrheit zugleich den tieferen Grund des Seins aufdeckt. Wenn jemand innen *und* außen ist, kann er fließend hin und her gleiten, ohne einen der beiden Pole je ganz zu verlassen. *Er kann beide Pole gleichzeitig realisieren:* zum größten Teil ganz lebendig sein und wirklich eins mit dem Leben, im Flow, und zu einem kleinen Teil der wahrnehmende Beobachter, reines Bewusstsein sein.

Übungen für den inneren Beobachter

Polaritätsübung 2: Die Position des spirituellen Freundes

Die Polaritätsarbeit, die uns im zweiten Teil begegnete, hatte dort nur drei Positionen (Seite 91): die Positionen der Alternativen A und B als die beiden Teile eines Konfliktes oder als zwei Seiten, zwei Anteile der Persönlichkeit. Dann gibt es die Position III, in der man schon außen steht, aber noch involviert ist, als jemand, der vielleicht Partei für eine Alternative ergreift oder sich über das unproduktive Miteinander der beiden Seiten ärgert.

Jetzt kommt die Position IV hinzu: Das ist die Position des Beobachters als wahrer Freund. In seiner Absichtslosigkeit, Liebe und Aperspektivität, das heißt, ohne eine Perspektive, weil er alle Perspektiven einnehmen kann, sieht er die Dinge, *wie sie sind*, statt sie zu sehen, *wie er sie sieht*. So hat dieser wahre Freund etwas Überpersönliches.

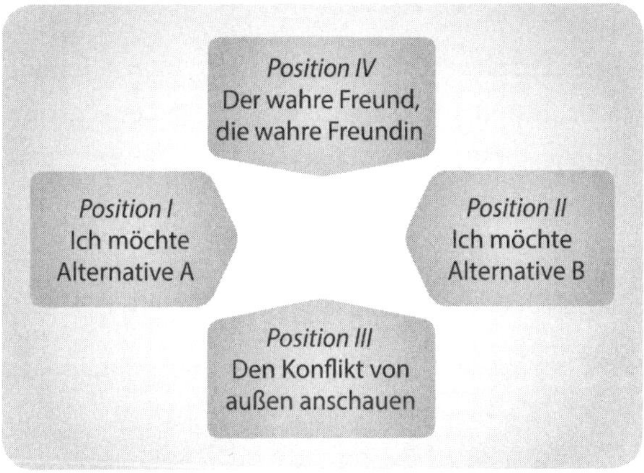

Die vier Positionen der Polarität

POLARITÄTSÜBUNG 2

1. Nimm dein Arbeitsbuch, in dem du vielleicht schon ein oder zwei Polaritätsübungen niedergeschrieben hast. Lies die beiden Seiten des Konflikts sowie die dritte Seite, die den Konflikt von außen sieht. Lies alles gründlich durch und vergegenwärtige dir nacheinander jede der drei Positionen.
2. Schließe die Augen. Stell dir vor, du kennst diese Person, so wie du jemanden kennst, dessen wahrer Freund oder wahre Freundin du bist. Du kennst diese Person gut, vielleicht besser als sie sich selbst, und du bist bereit und in der Lage, alles an ihr zu sehen. Jetzt schau auf alle drei Seiten, nimm auch wahr, dass auf der dritten Position schon alles gesagt wurde, was mitfühlend und teilnehmend gesagt werden konnte. Schau absichtslos und ohne Wertung. Dann sage zu dieser Person und ihren drei Positionen das, was du zu sagen hast. ...

Halte inne und nimm dir Zeit zu fühlen, was ist; nimm dir Zeit wahrzunehmen, wie du dich als dieser wahre Freund oder diese wahre Freundin fühlst.

3. Dann setze dich hin und schreibe dieser Person als wahrer Freund einen Brief; schreibe ihn am besten in einem Fluss, mehr fühlend, als über das Schreiben selbst nachdenkend.
4. Lege den Brief beiseite und mache eine Pause, trinke eine Tasse Tee. Oder setze die Übung erst am nächsten Tag fort.
5. Jetzt lies den Brief noch einmal durch. Nimm wahr, an welcher Stelle sich eine Wertung eingeschlichen hat, eine Erwartung oder eine Absicht (außer der Absicht, sich tiefer auf die Wahrheit einzulassen). Nimm wahr, wie sie sich anfühlen würde und ob du den Wunsch verspürst, diese Stelle umzuändern, sodass sie absichtsloser wird und ohne Wertung. Fühlt es sich stimmig an, dann ändere es, sonst lass es sein.
6. Jetzt sprich diesen Brief auf einen Tonträger. Mache wieder eine Pause und höre ihn dann an. Alternative: Bitte einen guten Freund, eine gute Freundin, dir diesen Brief vorzulesen. Während du ihn hörst, nimm genau wahr, welche Gefühle er auslöst. Gib diesen Gefühlen Raum.

Das Gewahrseins-Kontinuum

Um diesen inneren Beobachter und das Gewahrsein zu entwickeln, gibt es eine weitere, sehr einfache und doch sehr wirksame Übung aus den frühen siebziger Jahren, die Übung des »Gewahrseins-Kontinuums« aus der Gestalttherapie. Sicher hat sie auch

Pate gestanden bei der Entwicklung der Bewusstheitsübung (Seite 144), die in vielerlei Hinsicht eine Weiterentwicklung darstellt. Die ursprüngliche Übung ist jedoch nach wie vor lohnenswert.

Bei der »Gewahrseins-Kontinuum«-Übung können alle Wahrnehmungen in das Aufmerksamkeitsfeld kommen: Körperempfindungen, Gedanken, Gefühle oder tiefere Erfahrungen. Das Bewusstsein dieser einzelnen Phänomene ist ohne Absicht, ohne Erwartung und ohne Bewertung.

Oft werden mehrere Wahrnehmungen auftauchen, von denen jeweils eine Wahrnehmung auszuwählen ist. Die Auswahl geschieht ohne ein bestimmtes Kriterium, ganz von allein – es wird sich jeweils eine Wahrnehmung in den Vordergrund schieben, und das wird, je offener man für alles ist, die jeweils wesentliche Wahrnehmung sein.

GEWAHRSEINS-KONTINUUM

- Setze dich an einen ruhigen Ort oder lege dich hin. Die Augen können geöffnet oder geschlossen sein; wenn sie geöffnet sind, dann werden auch mehr Wahrnehmungen von außen eine Rolle spielen.
- Nun sprich und ergänze den Satz:

  »Jetzt bin ich mir bewusst, dass …«

  und wiederhole ihn so oft, wie es dir stimmig erscheint: »Jetzt bin ich mir bewusst, dass … Jetzt bin ich mir bewusst, dass …« und so weiter.

  Du kannst den Satz laut oder leise sagen, er soll aber immer ausgesprochen und nicht nur gedacht werden.

Durch den Satz »Jetzt bin ich mir bewusst, dass …« bleibst du in der Position des Beobachters. Der Beobachter fühlt sich immer gleich: leer, offen und liebevoll. Aber du bleibst nicht nur in der Position des Beobachters. »Jetzt bin ich mir bewusst, dass ich Heiterkeit fühle.« Du bist beides: der Fühlende und das Gefühl auf der einen Seite und der mitfühlende Beobachter auf der anderen.

Dabei bekommt man auch ein Gefühl für die Flüchtigkeit des Augenblicks, denn wenn der Satz gesprochen wird, ist die Wahrnehmung vielleicht schon an einer anderen Stelle.

Andererseits hilft der Satz auch, die jeweilige Wahrnehmung wirklich ernst zu nehmen und nicht zu schnell wieder wegzuschieben: »Jetzt bin ich mir bewusst, dass ich hier sitze. Jetzt bin ich mir bewusst, dass ich einen tiefen Atemzug nehme. Jetzt bin ich mir bewusst, dass der Atem ruhiger wird. Jetzt bin ich mir des Gedankens bewusst, ob ich die Übung wohl richtig erläutert habe. Jetzt bin ich mir bewusst, dass ich mich frage, ob dieses Beispiel die Übung wohl gut genug erläutert. Jetzt bin ich mir bewusst, dass ich tiefe Ruhe fühle. Jetzt bin ich mir bewusst, dass ich eine Heiterkeit fühle. Jetzt bin ich mir bewusst, dass ich ein Strömen durch den Körper spüre. Jetzt bin ich mir bewusst, dass ich lächle. Jetzt bin ich mir des Gedankens bewusst, dass es für die Illustration der Übung reicht. Jetzt bin ich mir bewusst, dass ich die Augen öffnen möchte.«

Ein Fazit: lebendig sein und bewusst sein

Der Mensch steht in der Regel viel zu oft und viel zu weit neben sich. Und dieses Neben-sich-Stehen ist selten freundlich. Wir haben gesehen, wie sehr der Modus des Kommentierens, der innere Kritiker und Antreiber genauso wie der innere Oberlehrer uns einschränken; wie sehr Lebendigkeit, Spontanität und Authentizität darunter leiden.

Es geht dabei auch darum, welche Beziehung ich zu mir selbst habe. Ist sie geprägt von Liebe und Wahrhaftigkeit, von Geduld und einem tiefen Mitgefühl? Oder ist man sich fremd und verhält sich abschätzig sich selbst gegenüber, immer mit einer vorwurfsvollen Haltung? Ist man sich selbst nie gut genug?

Wir haben weiter gesehen, dass die Methoden der Achtsamkeit ein Schritt in die richtige Richtung sind, beginnend mit der Achtsamkeit für den eigenen Körper und die inneren Körperbewegungen. Das Konzept der Achtsamkeit basiert ja auf der buddhistischen Meditationspraxis der Vipassana-Meditation. Und sie leidet an demselben Mangel, wenn nur die inneren Prozesse beobachtet werden und, schlimmer noch, wenn diese Beobachtung auf die körperlichen Prozesse fokussiert und das Fühlen ignoriert oder stiefmütterlich behandelt wird: Dann besteht nicht nur die Gefahr, dass man unlebendig wird und den Zugang zum Fühlen womöglich weiter verbaut, sondern auch, dass man gar nicht zu den tieferen Erfahrungen und zu größerer Freiheit findet. Denn das Beiseiteschieben des Fühlens, was durch die Vereinseitigung des Beobachtens zwangsläufig geschieht, erzeugt eine körperliche und seelische Anspannung, die dem Loslassen im Wege steht.

Aber eben dieses Loslassen ist die wichtigste Voraussetzung dafür, überhaupt zu den tieferen Erfahrungen zu gelangen. Wirklicher Frieden und tiefe Stille lassen sich nicht entdecken, wenn sie durch das Beiseiteschieben der Gefühle gesucht werden.

Nahezu alle spirituellen Wege, die sich dieser traditionellen Meditation als Hauptwerkzeug bedienen, unterliegen dieser Gefahr. Oft wird es die Entwicklung des Zeugenbewusstseins genannt. Durch diese Art des Meditierens wird man ruhiger, man kann sich besser konzentrieren, aber man wird auch unlebendiger und nähert sich nicht wirklich dem tiefen Frieden, der Freiheit und der Erleuchtung.

So zeigte sich als Lösung die Gleichzeitigkeit des Bewusst-Seins – durch einen Beobachter – und des wirklichen Fühlens und Lebendigseins. Als Beobachter, den man am besten als seinen eigenen wahren Freund betrachtet, kann man sich nicht nur all dessen bewusst sein, was geschieht und gefühlt wird; zugleich kann man das eigene Leben und die jeweilige Situation auch »von einem anderen Standpunkt« aus betrachten, aus einer anderen Perspektive, von der aus manchmal Lösungen und Entwicklungen viel leichter wahrnehmbar sind. Meistens reicht es, wenn zehn Prozent der Aufmerksamkeit und Energie für den Beobachter bleiben; nur in Ausnahmesituationen ist der Anteil höher.

Die Polaritätsübung mit den vier Positionen ist dafür eine großartige Übung – nicht nur, um konkrete Konflikte zu lösen und die tiefer liegenden Gefühle zu entdecken, sondern vor allem auch deswegen, weil sich die verschiedenen Positionen durch mehrfaches Üben immer besser in der inneren Struktur und Wahrnehmung etablieren: die Position des wahren Freundes als des Beobachters ebenso wie die dritte Position, von der aus der Konflikt, die Polarität von einem anderen Standpunkt aus betrachtet wird.

SCHRITT 4

MUSTER VERSTEHEN UND ALLE »SOLLTES« LOSLASSEN

Wichtige Gedanken dieses Kapitels knüpfen an Gedanken aus dem ersten Kapitel an. Dort ging es um die Wünsche nach Objekten und Erfahrungen, die man *haben möchte,* hier geht es um die inneren Ansprüche, wie man *sein sollte.* Gleichzeitig werden die Gedanken aus dem ersten Kapitel nicht nur aufgegriffen, sondern an entscheidenden Punkten weitergeführt.

Das Idealbild von sich selbst und das falsche Selbst loslassen

Die Grundangst und die Grundstrategie

Jedes Kind erlebt Situationen von Hilflosigkeit gegenüber der großen und überwältigenden Welt, von Angst und zu wenig Liebe. Die Psychoanalytikerin Karen Horney hat eine Theorie darüber entwickelt, wie das Kind versucht, damit fertigzuwerden, und wie sein Entwicklungsprozess dabei verläuft. Die folgende Darstellung zu diesem Thema basiert auf dieser Theorie, die Karen Horney vor allem in ihrem Buch »Neurose und menschliches Wachstum. Das Ringen um Selbstverwirklichung« darlegt.

Das Kind erlebt eine Grundangst von Hilflosigkeit und Alleinsein. Diese Grundangst bezeichnet Karen Horney als eine vage Furcht und eine tiefe Unsicherheit. Darüber hinaus ist auch ein Kind schon sehr früh mit der Angst vor dem Tod konfrontiert und erlebt die Angst vor dem inneren Abgrund, den es als Angst vor der Dunkelheit nach außen projiziert.

»Als Folge entwickelt das Kind kein Zusammengehörigkeitsgefühl, kein Gefühl des ›Wir‹, sondern eine tiefe Unsicherheit und vage Furcht, für die ich den Ausdruck *Grundangst* verwende. Diese Grundangst ist das Gefühl des Kindes, isoliert und hilflos in einer Welt zu sein, die es als latent feindlich empfindet. Der einengende Druck seiner Grundangst hindert das Kind daran, sich anderen mit der Ungezwungenheit seiner wahren Gefühle zu offenbaren, und zwingt es, Wege zu finden, um mit ihnen fertigzuwerden. Es muss (unbewusst) so mit ihnen umgehen, dass seine Grundangst nicht erregt oder verstärkt, sondern beschwichtigt wird.« (Quelle siehe Seite 349.)

So entwickelt das Kind eine Grundstrategie, um Hilflosigkeit, Angst und Isolation nicht mehr erleben zu müssen. Eine solche Strategie entsteht nicht durch bewusste Planung oder eine bewusste Entscheidung. Sie könnte lauten:

- »Wenn ich erst stärker bin als alle anderen, dann brauche ich diese unerträgliche Schwäche nicht mehr zu erleben.«
- »Wenn ich nie mehr einen Fehler mache und mich gleichzeitig nützlich mache, dann brauche ich nicht mehr zu befürchten, kritisiert, ausgelacht und ausgeschlossen zu werden.«
- »Wenn ich etwas leiste, Flöte oder Klavier spielen kann, wenn ich gute Noten habe, wenn ich etwas Gelungenes aufführe, dann müssen die anderen mir Liebe und Anerkennung geben.«

Wir werden später entdecken, dass es gar nicht viele verschiedene, sondern neun Hauptstrategien gibt. Karen Horney nennt sie neun neurotische Strukturen; wie im Enneagramm (Seite 237) können sie auch Charakterfixierungen genannt werden.

An den drei obigen Beispielen kann man die drei Grundbewegungen des Menschen erkennen: Die erste Strategie, stärker sein zu wollen als alle anderen, ist ein *Gegen-an*; die zweite Strategie, keinen Fehler mehr machen zu wollen, ist ein *Davon-weg,* die dritte Strategie, etwas Tolles zu leisten, ist ein *Hin-zu,* ein sich unterwerfendes Hin-zu.

Das Kind entscheidet sich nicht, das so zu tun. Es bewegt sich und wächst in eine solche Strategie hinein. Trotzdem: Wenn man als Erwachsener im Nachhinein darauf blickt, ist es besser anzunehmen, dass man sich damals so dafür entschieden hat. Dadurch wird es leichter, etwas zu ändern – zunächst einmal sich vorzustellen, dass man diese Entscheidung revidieren könnte und sich neu entscheiden, sich verändern könnte. Wie diese Möglichkeiten der Veränderung aussehen, dazu kommen wir später.

Das Ideal-Selbst, das Idealbild

Zunächst müssen wir uns die inneren Konsequenzen dieser gefundenen Strategien verdeutlichen. Die Strategie, »Ich werde alles dafür tun, um immer stärker zu sein als die anderen, um keine Schwäche und Hilflosigkeit mehr erleben zu müssen«, enthält auch ein Bild darüber, wie ich sein will und sein sollte, nämlich: immer stark, überlegen, niemals abhängig von den anderen sein, niemals um Hilfe bitten müssen und deshalb am besten alles können und für die Schwachen da sein und ihnen helfen.

Zuerst – so müssen wir uns das vorstellen – sind es nur Wünsche, oder da ist vielleicht ein Gedanke wie: »Wenn ich doch bloß jetzt stärker wäre, dann würde ich mich nicht so hilflos und schwach fühlen müssen …« Dann wird aus diesen Wünschen eine Überzeugung: »Ich sollte stärker sein als der andere.« So wird das Bild des Kindes von sich selbst, wie es sein *möchte*, zu einem Bild, wie es sein *sollte,* und zu einem System innerer Gebote. Das Kind versucht nun immer mehr, diesem Bild nachzujagen; egal ob es ein Bild von Unangreifbarkeit, ein Bild von Fehlerlosigkeit, von uneingeschränkter Stärke oder von vollständiger Hilfsbereitschaft und Liebenswürdigkeit ist.

Dieses Bild als Ideal-Selbst mit seinen Geboten richtet sich immer auf seine perfekte Erfüllung, es enthält einen Zwang zur absoluten Einlösung. Die Gebote enthalten solche Worte wie »immer« – immer stark sein müssen –, oder »nie« – nie einen Fehler machen. So wird dieses Bild zur Grundlage eines inneren Terrors des »Ich sollte«: »Ich sollte dies können, ich sollte jenes können, ich sollte alles perfekt machen, ich sollte keinen Fehler machen.« Weil dieses Ideal-Selbst so absolut ist, ist es *nie erreichbar.*

Der innere Richter

Es ist klar, dass durch dieses innere Terrorregime der Solltes Leid entsteht – der Schmerz, dieses Bild nie zu erreichen und immer wieder zu erleben, dass man nicht der Stärkere ist. Das ruft ein Gefühl von Versagen und eine Angst vor dem Versagen hervor. Wenn dann jemand dieses Gefühl des Versagens gegenüber den Solltes erlebt, verurteilt er sich: »Das hättest du viel besser machen müssen.« Es entwickelt sich ein innerer Richter oder eine innere Richterin, und dabei handelt es sich, wie beim Ideal-Selbst, um eine Instanz des Über-Ichs.

Es kommt nun nicht nur auf das Ideal-Selbst an, sondern auch darauf, wie rigide und grausam der innere Richter oder die innere Richterin agiert: »Jetzt hast du das wieder nicht geschafft, du bist nicht gut genug! So bist du selbst schuld, dass man dich nicht mag.« Über all dem steht das Versprechen: »Wenn ich dies und das demnächst erreicht habe, dann brauche ich nicht mehr an mangelnder Liebe, zu wenig Anerkennung und an Hilflosigkeit zu leiden.« Es ist die heimliche Illusion der Übermenschlichkeit, die dann vollständige Kontrolle ermöglichen würde. Wie rigide und streng dieser innere Richter zutage tritt, ist sehr unterschiedlich. Eine milde richtende Instanz würde sagen: »Na, das hättest du auch ein bisschen besser machen können, wenn du dich mehr ins Zeug gelegt hättest.« Ein grausamer innerer Richter würde sagen: »Du hast versagt, und deswegen bist du selbst schuld, dass es dir schlecht geht; es zeigt, dass du nichts wert bist und keine Berechtigung hast, da zu sein.«

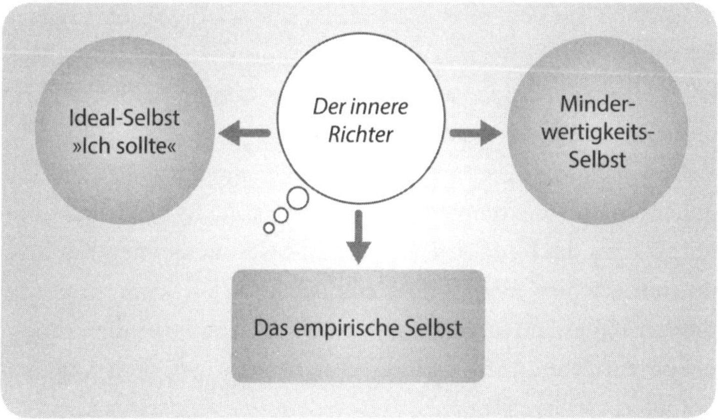

Das Ideal-Selbst und der innere Richter

Die inneren Folgen des Ideal-Selbst und der Solltes

Weil man den rigiden und absoluten Geboten des Ideal-Selbst nie ganz genügen kann und weil sich deshalb ein Gefühl des Versagens und ein Bild der Minderwertigkeit entwickelt, schwankt man oft zwischen zwei Bildern: dem Ideal-Selbst und dem Minderwertigkeits-Selbst. Dadurch ist man hin- und hergerissen zwischen dem Gefühl, toll und großartig zu sein, und dem Gefühl, ein Versager zu sein. Dieses Schwanken kann sehr schnell geschehen oder sich auch über längere Phasen ausdehnen, in denen man sich zeitweise selbstbewusst und stärker fühlt, abgelöst von Phasen, in denen man sich niedergeschlagen fühlt und als Versager wahrnimmt. Natürlich kann dies sowohl die Ursache für eine chronisch latente oder zutage tretende Depression sein als auch für abwechselnde depressive und nicht depressive Phasen.

Als Folge des ständig scheiternden Versuches, diesem Idealbild von sich zu entsprechen, kann sich auch eine chronische Unzufriedenheit mit sich selbst entwickeln, eine ständige innere Atmosphäre von Negativität und eine stumme Vorwurfshaltung sich selbst gegenüber oder aber wechselnde heftige Selbstvorwürfe und ein chronischer Selbsthass.

Das *empirische Selbst* schließlich umfasst die tatsächlichen Körperempfindungen, die Gefühle, die Anspannung und Verkrampfung wegen des Drucks, den das Ideal-Selbst zusammen mit dem inneren Richter erzeugt. Das empirische Selbst kann zu einem großen Teil unbewusst sein, wenn die seelischen und die körperlichen Anspannungen womöglich gar nicht wirklich wahrgenommen werden können.

Das falsche Selbst und die Entfremdung von sich selbst

Das alles wäre schon schlimm genug, und es ist die Quelle eines ständigen, unnötigen Leides. Noch schmerzlicher ist jedoch, dass man dabei sich selbst völlig entfremdet ist. Man nimmt nicht wahr, was man wirklich fühlt; man nimmt nicht die eigenen Bedürfnisse wahr, sondern nur ein ausgedachtes Vorstellungsbild davon, wie man sein sollte. Wahres Fühlen, Wünschen und Wollen, all das wird betäubt und ausgegrenzt, verdrängt und verleugnet, weil alles dem »Ich sollte« untergeordnet ist, einem Bild, dem man nachjagt, ohne es je erreichen zu können und ohne damit wirklich das zu bekommen, was man sich erhofft hat. Für die Leistung bekommt man vielleicht Anerkennung, womöglich sogar Bewunderung, aber niemals Liebe. Die kann man nicht kaufen. Indem man stärker ist als andere, erntet man vielleicht Furcht und Gehorsam und auch da manchmal Bewunderung, aber niemals wirkliche Nähe und Intimität. Indem man dieses falsche Selbst nach außen darstellt, wie eine Fassade, und dadurch beachtet wird von anderen, weiß man ja insgeheim, dass man ihnen etwas vormacht. Daher bleibt es unwirklich, und man ist immer begleitet von der Angst, dass der andere, würde er wirklich wissen, wie man ist, einen genauso verachten müsste, wie man selbst seine schwachen Seiten, seine ängstlichen Seiten verachtet und deswegen versteckt.

Das, was man eigentlich ist, und vor allem, was man eigentlich wäre, wenn man man selbst wäre, nennt Karen Horney das *wahre Selbst* im Kontrast zum *falschen Selbst*. Der Mensch hat sich – durch das innere Idealbild und durch all die Solltes, denen er nachjagt – von diesem wahren Selbst entfremdet. Das wahre Selbst hat sich noch nie richtig zeigen und schon gar nicht entwickeln können; viel zu früh begann die Ausrichtung auf das, was man glaubte, sein zu sollen.

Ich zitiere noch einmal Karen Horney, die dieses Phänomen in so klare Worte kleidet: »Unter innerem Druck kann jedoch ein Mensch seinem wahren Selbst entfremdet werden. Dann setzt er den größten Teil seiner Kräfte dafür ein, sich mithilfe eines starren Systems innerer Gebote zu einem Wesen von absoluter Vollkommenheit zu formen. Denn nur göttergleiche Vollkommenheit kann die Erfüllung des idealisierten Vorstellungsbildes, das er von sich hat, ermöglichen, nur sie kann seinen Stolz auf jene Eigenschaften befriedigen, die er seinem Gefühl nach besitzt, besitzen könnte oder sollte.« (Quelle siehe Seite 349)

Auf diese Eigenschaften hin, die seinem Ideal-Selbst entsprechen, entwickelt der Mensch seinen Stolz. Er ist stolz, stärker zu sein als die anderen, immer hilfsbereit zu sein oder keinen Fehler zu machen. Allerdings wird dieser Stolz immer unterminiert durch die Erfahrung, dass man diesem Selbstideal nie wirklich genügen kann. Karen Horneys unglaublich intelligente Analyse zeigt sich besonders an Punkten wie diesen: Der Mensch ist sogar stolz darauf, dass er das Selbstideal hat, auch dann, wenn er diesem Ideal niemals zu entsprechen vermag. Er fühlt sich besonders und besser als die anderen, welche in seinen Augen niemals so hohe Ideale verfolgen würden wie er selbst.

All das hat mit seinem wirklichen Erleben, seinen Gefühlen, seinem wahren Selbst nichts zu tun. Er ist grundlegend entfremdet, sich selbst entfremdet. Natürlich ist bei den Einzelnen das Ausmaß der Entfremdung unterschiedlich – das hängt von vielen Faktoren ab, unter anderem auch von den Möglichkeiten in seiner Kindheit und Jugend, von der gesellschaftlichen Situation und dem gesellschaftlichen Druck, etwas Bestimmtes darstellen zu müssen und Teile von sich nicht zeigen zu dürfen. Aber das ändert nichts am Grundsätzlichen.

Zu seinem wahren Selbst finden

Wie findet man aus diesem Dilemma heraus, wie findet man zu seinem wahren Selbst? Der wichtigste Schritt ist der: Man nimmt die Selbstentfremdung erst einmal wahr und sieht dem Ausmaß des Ganzen wirklich ins Auge; und wenn man dann realisiert, dass man einen großen Teil des bisherigen Lebens an sich selbst vorbeigelebt hat, dann wird man einen tiefen Schmerz darüber fühlen. Wenn man sieht, wie aussichtslos das bisher war, wird man Verzweiflung fühlen. Es ist dieselbe Verzweiflung, von der Kierkegaard sinngemäß sagte: Der Mensch ist verzweifelt wegen des Getrenntseins (von sich selbst und vom Ganzen), ganz unabhängig davon, ob er sich dieser Verzweiflung bewusst ist oder nicht. Man ist erschüttert, wie wenig zutiefst Eigenes man gelebt hat wegen dieses Bildes, wie man sein sollte; man ist erschüttert und verzweifelt über die Entfremdung und darüber, dass man sein wirkliches Leben verpasst.

Der erste Schritt: Schmerz und Verzweiflung fühlen

Tatsächlich ist es der erste und wichtigste Schritt, sich dieser Verzweiflung und dieses Schmerzes bewusst zu werden. Womöglich wird als Erstes mal wieder der Gedanke auftauchen: »Was soll ich jetzt tun?« Die Antwort heißt: nichts. Die schnelle Frage »Was soll ich jetzt tun?« will zwar aus der Entfremdung herausführen, bedeutet aber zuerst, sich *aus den Gefühlen des Schmerzes und der Verzweiflung herauszustehlen,* und genau das wäre wieder ein Schritt in die Entfremdung hinein.

Wenn man stattdessen beide Gefühle, den Schmerz und die Verzweiflung, ganz annimmt, ihnen Raum gibt und sie fühlt, dann entdeckt man: *Jetzt, dies fühlend, in diesem Augenblick wenigstens, bin ich wirklich bei mir angekommen. Bei mir selbst. Bei dem, was ich wirklich fühle – was ich fühle angesichts des Wichtigsten, das ich habe, meines eigenen Lebens.*

Wie bereits früher erwähnt, hat die zu schnelle Frage: »Was soll ich jetzt tun«, überhaupt nur den Zweck, die Gefühle angesichts dessen, was ist, nicht fühlen zu müssen. Sie ist ein Mittel, dem Schmerz, der Trauer und der Verzweiflung zu entkommen. Dabei ist es oft sogar weniger wichtig, ob die scheinbaren praktischen Schritte, die man sich ausdenkt, die Situation wirklich lösen.

Hauptsache, man hat etwas in der Hand, an dem man sich festhalten kann, etwas, das scheinbare Sicherheit verspricht. Das ist in der Politik kaum schlimmer als im persönlichen Leben.

Alexander und Margarete Mitscherlich haben 1967 mit ihrem Buch »Die Unfähigkeit zu trauern« der deutschen Nachkriegsgesellschaft den Spiegel vorgehalten. Diese verdrängte nämlich die Verzweiflung und Trauer angesichts der Zerstörung und der großen nationalen Katastrophe, statt sie zu fühlen, und zwar mit dem Mythos der Stunde null. Durch ihn konnte man einfach von vorn beginnen und die Vergangenheit ignorieren, um dann mit der Aktivität und dem Getriebensein des Wirtschaftswunders die unterdrückte Trauer und Verzweiflung zu überdecken. Diese Trauer und die gesellschaftliche Erschütterung, die schließlich 1968 einsetzte, sind immer noch nicht zu Ende, immer noch nicht bewältigt und nicht wirklich verarbeitet. Der Rechtsruck, der gegenwärtig durch Europa geht, ist auch eine Folge davon. Es fehlt – zum Glück sind sich darüber inzwischen doch mehr Menschen im Klaren – die Verarbeitung der Trauer. Stattdessen herrschen Empörung und Entrüstung, als gehörte das Furchtbare nicht zu uns selbst, sondern würde nur von den anderen kommen.

Dass es sich im Gesellschaftlichen genauso verhält wie im Individuellen, dass die Auswirkungen der Verdrängung von Trauer und Verzweiflung hier genauso furchtbar sind wie beim Individuum, das sollte *die Notwendigkeit* unterstreichen *zu fühlen.*

Wenn also Schmerz und Verzweiflung über die Entfremdung wirklich gefühlt werden – und sie können nicht tief genug gefühlt werden –, dann ist dies der erste Schritt zur Veränderung.

Eine Geschichte von meinem eigenen Lehrer ist mir in sehr guter Erinnerung: Eine Retreat-Teilnehmerin erzählte kurz vor dem Mittagessen, dass sie einen tiefen Schmerz fühle wegen des Grabens zwischen sich und ihrem Vater. Nach der Mittagspause meldete sie sich wieder und sagte, sie habe einen Spaziergang gemacht, und dann sei es ihr schon sehr schnell wieder besser gegangen. Die Antwort meines Lehrers: »Schade.«

Der zweite Schritt: Das Verdrängte wieder zulassen

Zu fühlen, das ist der erste Schritt. Der zweite Schritt besteht darin, die verdrängten Seiten, die man nicht haben wollte, wiederzuentdecken, kennenzulernen und zuzulassen.

Karen Horney hat sich in den letzten Jahren ihres Lebens (sie starb 1952 64-jährig) sehr viele Gedanken darüber gemacht, ob dieses wahre Selbst, das man auf diese Weise wieder oder, genauer, zum ersten Mal entdeckt, ob das nicht dasselbe WAHRE SELBST ist, das in der östlichen Spiritualität als das Ziel der Selbstrealisierung bezeichnet wird, auch Erleuchtung genannt. Sie selbst lernte diese östliche Spiritualität in Form des Zen-Buddhismus kennen. Sie verbrachte viel Zeit mit dem großen Zen-Meister Daisetz Teitaro Suzuki, der mehrere Jahre an der New Yorker Columbia-Universität als Professor unterrichtete. Er war ein regelmäßiger Gast ihres Sunday Evening Dinners und begleitete sie auch auf mehrmonatige Studien in japanischen Zen-Klöstern. Es scheint gewiss zu sein, dass Karen Horney sehr tiefe spirituelle Erfahrungen und auch Erfahrungen des Aufwachens, der Erleuchtung gemacht hat.

Erich Fromm, der langjährige, jüngere Lebensgefährte Karen Horneys, führte diese Arbeit weiter und suchte intensiv nach der Übereinstimmung einer humanistischen Psychoanalyse und dem Zen-Buddhismus. In den letzten Jahren seines Lebens meditierte er täglich.

Heute, gerade auch wegen der umfangreichen Erfahrungen mit dem Aufwachen, können wir es genauer sagen: Das wahre Selbst, wie es Karen Horney beschrieb, umfasst die wirklichen Bedürfnisse und Gefühle des Menschen und seine Essenz. Aber das SELBST, das entdeckt und realisiert wird durch das Aufwachen, ist tiefer. Die Erfahrung von Unendlichkeit, Zeitlosigkeit, unberührtem und unbegrenztem Frieden und Glück als die wirkliche Natur des Menschen und sein innerer grund-loser Grund, liegen noch einen Schritt tiefer.

Der Trugschluss von damals, auch in der gerade entstehenden Humanistischen Psychologie, dem zum Beispiel Fritz Perls (ein wichtiger Schüler von Karen Horney) unterlag, betraf ebenso das Verständnis des Hier und Jetzt. Es wurde verstanden als eine sinnliche Präsenz des Sehens, Hörens, Spürens und Fühlens, die neu zu entdecken für den verkopften westlichen Menschen von sehr großer Bedeutung sei. Diese sinnlich begründete Präsenz, so glaubte man, sei dieselbe Gegenwärtigkeit, auf welche die spirituellen Traditionen abzielten. Das lag ganz sicher auch daran, dass der Zen-Buddhismus am wenigsten über die Erfahrungen von Leere und Stille sagt.

Für mich und auch für manche, die Karen Horney näher kannten, ist es klar, dass sie dabei war, dieses tiefere SELBST ganz zu entdecken – sowohl durch die Vertiefung der eigenen inneren Erfahrungen als auch in der Entwicklung ihrer Theorie. Wahrscheinlich wäre ihr dann auch aufgefallen, dass das bisher von ihr definierte wahre Selbst und das SELBST zwei verschiedene Stufen sind, die sich beide vom empirischen Selbst unterscheiden:

- Das *authentische Selbst* ist das, was jemand wirklich als sein eigenes fühlt und als sein eigenes wünscht. Er kann sich zeigen, wie er ist, zusammen mit seinen Talenten, seinen Fähigkeiten und seiner Einzigartigkeit, weil er kein Interesse mehr an einer Fassade hat.
- Das SELBST oder das *wahre Selbst* ist die eigentliche Natur des Menschen: Leere, Liebe und Bewusstsein, Unendlichkeit und Frieden.

- Das *empirische Selbst* ist das Selbst, das tatsächlich realisiert wird. So könnte es vollständig vom falschen Selbst bestimmt sein oder zu Teilen vom falschen und vom authentischen Selbst, was meistens der Fall ist. Das authentische Selbst stellt ein Potenzial dar, das als empirisches Selbst mehr oder weniger realisiert werden kann. In einem anderen Fall könnte es auch weitestgehend oder vollständig vom wahren Selbst bestimmt sein und dadurch zugleich vom authentischen Selbst.

In der Grafik hat das WAHRE SELBST keinen Rahmen, weil es auch tatsächlich weder Zeit noch Raum kennt.

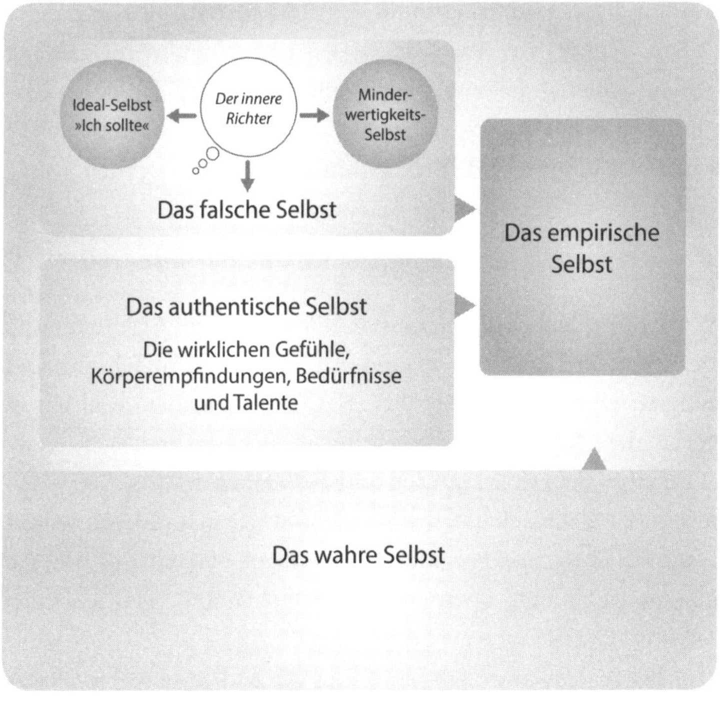

Vier Formen des Selbst

Ansprüche von Wünschen unterscheiden und loslassen

Die inneren Solltes tauchen auf als Gebote, sie sind die verkürzte Form der Strategie. Das Gebot lautet: »Sei stärker!« Von der gesamten Strategie, stärker zu sein, damit man die eigene Schwäche nicht zu fühlen braucht, ist natürlich ein wichtiger Teil unbewusst. Die Schwäche soll verdrängt und unbewusst bleiben, weil sie nicht zum eigenen Selbstbild dazugehören darf.

Die Strategie zielt darauf ab, die Grundangst, die Angst vor Hilflosigkeit und Alleinsein, nicht fühlen zu müssen und auch die Angst vor dem Tod nicht. So soll die Strategie alles verdrängen, was mit dieser Grundangst und dem Tod zusammenhängt.

Die Gebote wie etwa: »Sei stärker!«, »Sei hilfsbereit!«, »Mach keinen Fehler!«, stellen zugleich einen Anspruch dar, einen Anspruch an sich selbst. »So habe ich zu sein!« Nicht: »So möchte ich sein.« Der Unterschied ist gravierend.

Wünsche oder Ansprüche an den anderen

Wir wollen den Unterschied von Wünschen und Ansprüchen in Bezug zu einer anderen Person verdeutlichen: Wenn ich mir vom anderen wünsche, er möge heute zu Hause bleiben, weil ich so gerne die Zeit mit ihm verbringen möchte, und sich dieser Wunsch nicht erfüllt, bin ich wahrscheinlich traurig. Wenn ich mir vorher sehr sicher war, dass der Wunsch sich erfüllen würde, wenn ich also schon in dieser vermeintlichen Gewissheit war, bin ich zusätzlich auch noch enttäuscht, ent-täuscht, weil ich mich selbst ge-täuscht habe.

Falls ich den Anspruch habe, dass der andere heute zu Hause bleiben soll, ist es eine Forderung an den anderen, kein Wunsch.

Wenn dieser Anspruch, diese Forderung nicht erfüllt wird, bin ich nicht nur traurig und enttäuscht, sondern in erster Linie wütend und empört und mache dem anderen Vorwürfe.

Daran kann ich den Wunsch vom Anspruch sehr gut unterscheiden. Ich glaube, jeder kennt diesen Unterschied aus eigener Erfahrung, aber immer wieder vergisst ihn der Mensch.

Man kann als grobe Faustregel festhalten: *Je mehr der Mensch seine Wünsche in Ansprüche verwandelt, desto unglücklicher wird er sein.* Er wird sich dadurch immer wieder im inneren und äußeren Kampf mit sich und der Welt befinden. Ständiger Groll, der möglicherweise zu Verbitterung führt, kann die Folge davon sein. Regelmäßige Streitereien und Kämpfe mit dem anderen sind vorprogrammiert.

Etwas wird bei diesen Streitereien tragischerweise übersehen: Man versteht praktisch nie, worüber man sich eigentlich streitet. In unserem Beispiel wird der Streit in etwa so klingen: »Du warst jetzt so oft weg und hast nie Zeit für mich!« Der andere antwortet: »Ich muss heute weg, das ist dringlich, und im Übrigen warst du neulich auch weg!« In Wirklichkeit müsste der Streit darum gehen, *dass einer den Anspruch hat und die Forderung an den anderen stellt,* die Zeit mit ihm zu verbringen. Es müsste also darum gehen, dass der eine nicht einen Wunsch hat, sondern eine Forderung stellt. Das Neurotische daran ist der Anspruch, dass der andere das zu tun hat, was man fordert oder gar bestimmt.

Wenn in dem Streit dann geklärt würde, dass aus dem Anspruch wieder ein Wunsch wird, dann wäre der Streit auch beendet. Denn über Wünsche an den anderen, egal ob sie erfüllt werden oder nicht, kann man sprechen, kann man sich austauschen, kann man sich annähern oder unterschiedlicher Meinung sein, aber nicht wirklich streiten. Denn zum Streiten gehören der Anspruch, die Forderung und der Vorwurf.

Natürlich kann ein Streit auch dadurch entstehen, dass der andere den geäußerten Wunsch als eine *Forderung erlebt*, obwohl er nur als *Wunsch geäußert war.*

Ein weiteres Beispiel aus dem Alltagsleben: Man rennt zum Bus, der einem aber vor der Nase davonfährt. Jetzt ist man vielleicht beunruhigt, weil man womöglich den Termin nicht mehr schafft. Oder man denkt stattdessen, dass der Busfahrer einen doch hätte sehen *und* deshalb wieder hätte anhalten müssen – dabei wird ganz leger beiseitegewischt, dass man selbst zwar die fünf Minuten bis zum nächsten Bus gespart, dabei aber in Kauf genommen hätte, dass die 30 anderen Fahrgäste ihr Ziel alle etwas später erreichen, vor allem wenn sie wegen der Verspätung die Anschlussbusse nicht erwischen. Egal, man ist jetzt wütend und schimpft auf den Busfahrer, weil es eben eine Forderung und ein Anspruch an ihn war, wieder anhalten zu *müssen.*

Das innere und teils auch äußere Schimpfen auf den Busfahrer bringt natürlich kurzfristig eine emotionale Entlastung und lenkt von der selbstkritischen Frage nach der eigenen Zeiteinteilung ab. Langfristig zahlt man aber einen hohen Preis, weil das Schimpfen auf den anderen inneren Groll erzeugt, unter dem man selbst leidet und der einem die Stimmung versaut, genauso wie man unter der unbewusst wahrgenommenen Unehrlichkeit leidet.

Es ist klar, *dass der Weg zum Glück nicht mit Ansprüchen gepflastert ist. Je weniger Ansprüche, desto weniger Krieg.* Das braucht nicht zu bedeuten, dass man Wünsche nicht sehr deutlich und sehr energisch anmelden und auch vertreten könnte; oft hilft es gerade, nicht nur den Wunsch selbst deutlich zu machen, sondern vor allem auch auszudrücken, warum einem das und was einem daran so wichtig ist. Vielleicht bekommt derjenige, der in seiner Umgebung alles als Forderung und Anspruch durchzusetzen versucht, sogar mehr und häufiger seinen Willen. Aber um welchen Preis?

Die Beziehung wird es mit Sicherheit belasten; er hat nicht wirklich etwas davon, wenn er es nur bekommt, weil der andere Angst vor seinen Vorwürfen hat. Es ist sogar wahrscheinlich, dass der Partner sich in anderen Bereichen zurückziehen wird, seinerseits weniger freiwillig etwas gibt und erfüllt – und vor allem: Der Verlust einer friedlichen, verständnisvollen und offenen Atmosphäre ist kaum durch etwas aufzuwiegen.

ANSPRÜCHE UND WÜNSCHE AN ANDERE

➤ Nimm das Arbeitsbuch und lege zwei Seiten mit der folgenden Gegenüberstellung an. Beginne mit dem, was dir einfällt. Rechne nicht damit, dass dir alles sofort einfällt.
Die Fragen können dich innerlich begleiten, sodass dir während des Tages – und ein wichtiger Indikator ist immer, wenn du wütend wirst – ein Anspruch deutlich wird, den du hast oder zu haben glaubst. Dann ergänze die Tabelle.

Welche Ansprüche habe ich an andere? Immer? Oder in bestimmten Kontexten?	*Welcher Wunsch ist in dem Anspruch enthalten?*	*Was würde sich ändern, wenn es nur ein Wunsch wäre?*

Wünsche und Ansprüche an sich selbst

Das alles gilt natürlich genauso für die Beziehung zu sich selbst. Oft ist es dem Menschen gar nicht klar, dass er zu sich selbst genauso eine Beziehung pflegt wie zu anderen Personen. Die inneren Gebote, die Solltes und die Müsstes, sind immer Ansprüche an sich selbst. Die Folge ist ein Schwanken zwischen Stolz und Selbstvorwürfen. Eine Selbst-Beziehung aus Selbst-Ansprüchen heraus ist immer geprägt von Vorwürfen und Negativität.

An folgendem Beispiel wird deutlich, wie jemand einen Wunsch an sich selbst in einen Anspruch verwandelt und was dadurch geschieht. Nehmen wir an, jemand spürt die Ungelenkigkeit des eigenen Körpers, vielleicht auch den Unterschied zur früheren Beweglichkeit. Er erinnert sich an Zeiten, als er den Körper erfolgreich mit regelmäßigen Yogaübungen auf Trab hielt, und er verspürt den starken Wunsch, wieder regelmäßig Yoga zu praktizieren, um dadurch den Körper wieder lebendiger zu erleben. Vielleicht beginnt er am nächsten Tag sehr frisch, wird durch die Übung natürlich noch deutlicher konfrontiert mit der Ungelenkigkeit, doch alles geht gut. Am übernächsten Tag ist aus dem Wunsch, »ich möchte« gerne Yoga machen, vielleicht schon eine Forderung geworden, ein »du sollst«, »du musst« Yoga machen.

Was hat sich dadurch innerlich verändert? Plötzlich fühlt es sich an wie eine Last; als ob man etwas tun müsste, vielleicht wie früher in der Schule, als man Hausaufgaben machen sollte, auch wenn das sonnige Wetter zum Spielen lockte. Wahrscheinlich ist, dass die Freude, Yoga zu machen, abnimmt, sobald das Projekt den Stempel »ich sollte« aufgedrückt bekommt. Noch schlimmer ist es auf jeden Fall, wenn man es gar nicht schafft, Yoga zu machen. Wenn es ein Wunsch war, bedauert man es; wenn es ein Anspruch war, eine Forderung, dann wirft man es sich vor, dann macht man sich schlecht, weil man etwas (wieder nicht) geschafft hat. Die meisten Menschen wehren sich gegen das, was sie tun »sollen«. Der Widerstand wird größer. Man kann das an sich selbst beobachten, wenn man einen Kinofilm ansehen möchte. Vormittags reserviert man die Karte, und gegen Abend erscheint der Kinobesuch plötzlich als etwas, das man tun *muss*, so als hätte jemand anders über einen bestimmt und es wäre nicht der eigene Wunsch.

Andere Psychoanalytiker redeten davon, dass da jemand zu hohe Ansprüche an sich stelle, sagte Karen Horney. Das jedoch sei gar nicht das Problem; das Problem liege vielmehr bereits darin, *dass es überhaupt Ansprüche geworden sind,* also etwas, das derjenige einzulösen habe, anstatt *Wünsche an sich selbst,* also etwas, was jemand gerne verwirklichen möchte.

ANSPRÜCHE UND WÜNSCHE AN DICH

- Lege im Arbeitsbuch zwei Seiten mit folgender Gegenüberstellung an. Beginne mit dem, was dir einfällt. Rechne nicht damit, dass dir alles sofort einfällt. Die Fragen können dich wiederum innerlich begleiten, sodass du, wenn dir während des Tages ein Anspruch auffällt, die Tabelle ergänzen kannst.

Welche Ansprüche habe ich an mich? Immer? Oder in bestimmten Kontexten?	*Welcher Wunsch ist in dem Anspruch enthalten?*	*Was würde sich ändern, wenn es nur ein Wunsch wäre?*

Statt »Ich soll« wieder: »Ich will« oder »Ich möchte gern«

Topdog und Underdog

Diese Polarität ist als Topdog-Underdog-Polarität aus der Gestalttherapie bekannt. Fritz Pearls, deren Begründer, war ein Schüler von Karen Horney und hat das zentrale Konzept der »Solltes« von ihr übernommen. Der Topdog sagt, was du tun sollst, der Underdog weigert sich mit der Haltung: »Ich möchte ja gerne, aber ich kann nicht.« Tatsächlich ist es so, dass der Underdog praktisch immer gewinnt. Wenn man sich also erst einmal auf den inneren Kampf mit dem »Ich sollte« einlässt, hat man auch schon verloren.

Als Beispiel haben wir hier – und manchem Leser wird das vertraut vorkommen – auf der einen Seite die innere Forderung: »Du solltest jeden Tag Übungen aus diesem Buch machen!« Dabei ist bereits aus dem Blick geraten, ob du die Übung überhaupt machen möchtest und machen willst. Solange du dir bewusst bist, dass du sie machen möchtest, kann es auch noch eine andere innere Stimme geben, die sagt: »Nein, ich lese das Buch zuerst als Ganzes durch und nehme erst einmal wahr, was es so mit mir macht, ohne Übungen zu praktizieren und ohne jede Anstrengung.« Jetzt gibt es zwar zwei innere Stimmen, zwei Seiten, aber keinen Kampf. Man kann abwägen.

Ist das Üben aber erst einmal zu einer Forderung, zu einem Teil des Ideal-Selbst geworden, dann folgt unweigerlich ein Kampf, ein innerer Streit. Der Underdog gewinnt zwar, und irgendwie kommt es nicht zu den Übungen, *aber man fühlt sich schlecht dabei,* weil man den inneren Ansprüchen und Forderungen nicht genügt hat. *Weil man vor sich selbst als Versager dasteht.*

Beobachten und Muster erkennen

Hier hilft wieder die Polaritätsübung, die wir schon aus früheren Kapiteln kennen – als eine wichtige Übung für das genaue Beobachten und nützlich, um den inneren Beobachter und den inneren wahren Freund zu installieren. Gleichzeitig unterstützt die Übung dabei, innere und äußere Muster, die bewusst und unbewusst ablaufen, zu verstehen. Wie funktioniert der Topdog-Underdog bei dir? Bei welchen Themen taucht er auf?

Bei vielen ist das Thema des Zubettgehens beliebt: »«Du solltest um elf ins Bett gehen, damit du genug Schlaf hast!« … aber irgendwie kommt es nie dazu. Der Underdog braucht sich gar nicht groß anzustrengen, oft braucht er sich nicht einmal bewusst zu artikulieren.

In der Polaritätsübung kommt man von dem inneren Konflikt mit der Forderung zu den darunterliegenden Gefühlen und dann zu den Wünschen. Die Energie beider Seiten kann sich dann auf die Verwirklichung dessen richten, was man wirklich wünscht.

POLARITÄTSÜBUNG: TOPDOG – UNDERDOG

- Nimm dein Arbeitsbuch und schreibe auf zwei gegenüberliegenden Seiten sowohl für den Topdog als auch für den Underdog jeweils die Sätze auf, die diesen inneren Dialog des »Du solltest« und »Ich würde ja gerne, aber …« bilden.
  In die obere Spalte kommt nur der jeweils grundlegende Satz, darunter stehen dann die verschiedenen Argumente der jeweiligen Seite. Jede Seite bezieht sich auf die andere und antwortet ihr.
- Nimm dir Zeit, die wichtigen Gefühle zu entdecken, die jeweils mit den Seiten verbunden sind.
- Lass mehrere Seiten frei, um diese Dialoge für die verschiedenen Topdog-Underdog-Themen aufzuschreiben.
- Wenn sich so die Seiten füllen, kannst du sie im Zusammenhang lesen und dabei versuchen, ein wiederkehrendes Muster zu entdecken.

Du solltest die Übungen machen!	*Ich würde ja gerne, aber ich bin zu müde!*

Einengende Grundüberzeugungen loslassen

Wie kommt es überhaupt dazu, dass frühe Ereignisse im Leben oft gravierende Auswirkungen auf das ganze weitere Leben haben können? Wie also hängen unser heutiges Erleben und Verhalten mit den Erfahrungen der Kindheit oder Jugend zusammen?

Eine Antwort gab es schon eben: Der Mensch entwickelt eine Strategie, um mit den Ängsten, der Hilflosigkeit und der Isolation fertigwerden zu können. Verallgemeinert kann man sagen: Die Erfahrungen – und natürlich sind die frühen Erfahrungen besonders prägend, weil man alle späteren Erfahrungen ja bereits im Lichte dieser früheren erlebt und deutet – werden so verarbeitet, dass bestimmte Überzeugungen entstehen. Die verschiedenen Überzeugungen bilden dann ein zusammenhängendes Gebilde und formen dadurch das Skelett des Psychischen.

Alle Strategien, die soeben beschrieben wurden, sind solche Überzeugungen, und aufgrund ihrer Wichtigkeit gehören sie zu den Grundüberzeugungen. Die Grundzüge dieses Konzepts tauchen bereits bei Karen Horney in Form der Strategien als neurotische Strukturen auf. Hermann Beland hat sie jedoch in dieser allgemeinen Form entwickelt und erforscht und damit ein Konzept geschaffen, das auf ungewöhnlich überzeugende Weise ganz verschiedene Sachverhalte sowie ganz verschiedene theoretische Konzepte integriert (siehe Literaturverzeichnis Seite 349).

Nicht alle Überzeugungen sind neurotisch oder einschränkend, sie spielen im Gegenteil zunächst eine ungemein wichtige Rolle für die Orientierung im Leben eines Kindes. Wenn man in einer Atmosphäre aufwächst, in der die Eltern und die anderen Großen Fragen beantworten, selbst Fragen stellen und bei den Antworten helfen, dann bildet sich wahrscheinlich die Überzeugung heraus: »Die Dinge in der Welt können verstanden werden«, wohl auch die Überzeugung: »Ich kann Vertrauen in die Unterstützung durch die Großen haben.« Eine solche Überzeugung gibt eine bestimmte, auf Verstehen gerichtete Orientierung, und diese Orientierung bleibt auch dann erhalten, wenn einmal schlechte Erfahrungen gemacht werden.

Aber es gibt eben auch Überzeugungen anderer Art, etwa: »Es ist nie genug Liebe da, ich muss mich anstrengen und ganz Besonderes leisten, um geliebt zu werden.«

Überzeugungen geben Orientierung und sind sehr stabil. In der Menschheitsgeschichte hat es oft 100 000 Jahre gedauert, bis sich eine bestimmte Überzeugung herausgebildet hat. Als die Kraft des Feuers entdeckt wurde, entwickelte sich langsam die Überzeugung, dass es das Leben sicherer macht, wenn die Horde sich abends in der Höhle um das Feuer versammelt.

Es ist gut, wenn bei jedem einzelnen Mitglied der Horde diese Überzeugung sehr stabil und unveränderbar bestehen bleibt. Wer da vielleicht aus romantischen Gründen abends weit hinaus ins Mondlicht wanderte, wurde leichte Beute für den Säbelzahntiger, sodass wir von solcherart leichtsinnigen Wesen *nicht* abstammen, wie es der Neurowissenschaftler und Hirnforscher Manfred Spitzer immer ausdrückt.

Mit dem Ackerbau entwickelte sich die Überzeugung, dass es wichtig ist, über den Winter eine bestimmte Menge an Getreide zu behalten und nicht alles aufzuessen, selbst wenn man Hunger hatte – weil man vorausplante, sodass es nach der Aussaat im Frühjahr dann im Sommer wieder eine reiche Ernte gab. Wäre diese Überzeugung nicht so stabil gewesen, dann hätte man so manches Mal im Frühjahr mit leeren Händen dagestanden.

Die Stabilität der Überzeugungen kommt natürlich ungelegen, wenn wir destruktive Einstellungen und störendes Verhalten ändern wollen. Aber das ist der Preis dafür, dass wir von der Stabilität der positiven Überzeugungen so sehr profitieren, und auch ein Preis, den wir für die gelungene Evolution zu zahlen haben, weil sie uns geholfen hat, die Eiszeiten genauso zu überleben wie die selbst verschuldeten Kriege.

Viele Überzeugungen werden auch durch die Umwelt vermittelt, manche als Sprichwörter formuliert und weitergegeben. »Man soll den Tag nicht vor dem Abend loben.« – »Müßiggang ist aller Laster Anfang.« – »Jeder ist seines Glückes Schmied.« Auch Lieder, wenn sie häufig gehört oder sogar gesungen wurden, können solche Überzeugungen vermitteln. »Die Gedanken sind frei, wer kann sie erraten …«

Da gibt es genauso positiv orientierende wie destruktive Sätze, und zu manchen wird die Meinung je nach Weltanschauung unterschiedlich ausfallen. Allerdings ist davon auszugehen, dass solche über Sprichwörter und Lieder vermittelten Werte und Überzeugungen nur dann übernommen werden, wenn sie auf eine individuelle Bereitschaft stoßen, wenn also ein individueller Erfahrungshintergrund existiert, der sich in den Sprichwörtern und Liedertexten ausdrücken kann.

Beispiele für grundlegende Überzeugungen

An folgendem Beispiel soll die Bedeutung einer Grundüberzeugung verdeutlicht werden:

»Ich werde dadurch am glücklichsten, dass ich möglichst viele Momente des Vergnügens, der Zufriedenheit und des Glücks suche und vermehre und mir möglichst alle Momente des Schmerzes und der Unbequemlichkeit vom Leibe halte.« So könnte die Grundüberzeugung eines normalen Menschen aus dem säkularisierten Westen lauten.

Eine ganz andere Grundüberzeugung könnte lauten: »Ich werde dadurch am glücklichsten, dass ich alle Situationen so annehme, wie sie sind, am Vergnügen nicht anhafte und den Schmerz nicht ablehne, weil ich nur dadurch die tiefere Wirklichkeit in mir finde, die allein wirkliches Glück ermöglicht.« Das wäre die Grundüberzeugung eines Menschen auf der spirituellen Suche. So ungefähr könnte auch Buddha seine Lehre zusammenfassen.

An diesen Beispielen sieht man, welch große erklärende und integrierende Kraft das Konzept der Grundüberzeugungen hat. Weil diese beiden Alternativen von Grundüberzeugungen eine sehr unterschiedliche Ausrichtung auf das Dasein und eine unterschiedliche Haltung zum Leben beinhalten, stehen sie innerhalb der Hierarchie von Grundüberzeugungen sehr weit oben.

Die Erfahrung prägt die Überzeugung

Neben den wichtigen positiven Überzeugungen gibt es sehr einengende, tendenziell destruktive Überzeugungen. Sie bilden sich aus frühen Erfahrungen, selten aus einer einzigen Erfahrung, meistens aus mehreren gleichartigen.

Wenn Gefühle als bedrohlich erlebt wurden, wenn sie vielleicht sogar in traumatisierender Weise so überforderten, dass der Betroffene in eine innere Schockstarre geriet, dann wird es eine sehr feste Überzeugung geben: »Ich muss mich schützen vor Gefühlen, weil ich sie nicht aushalten kann, weil sie mich umbringen könnten.« Wenn sich die Überzeugung herausbildet: »Nur wenn ich etwas leiste und brav bin, werde ich geliebt«, enthält das auch die Überzeugung: »Ich bin nicht liebenswert, so wie ich bin, ohne dass ich mich anstrenge.«

»Ich muss mich schützen vor Verletzungen, weil sie so weh tun werden, dass ich den Schmerz nicht aushalten kann.« – »Ich darf nichts falsch machen.« – »Ich muss die ganze Zeit die Kontrolle aufrechterhalten, weil sonst eine Katastrophe geschieht.« Diese Überzeugungen wurden in destruktiven, einengenden und tendenziell traumatogenen Situationen entwickelt und sind gerade deshalb besonders stabil.

Solche Überzeugungen sind allesamt auf die Abwendung von Gefahren gerichtet. Die Situation, in der sie eingesetzt wurden, war eine Situation von Angst – Angst, etwas nicht auszuhalten, Angst, bedrohlich verletzt zu werden. Es ist die Angst vor der Unaushaltbarkeit, die uns bereits im zweiten Kapitel, wo es um das Fühlen ging, begegnete.

Diese Grundüberzeugungen beginnen alle mit: »Ich muss, ich soll, ich darf nicht …«

Unterschiedliche Arten von Überzeugungen

- Beschreibende und orientierungsgebende Überzeugungen, etwa: »Die Großen sind vertrauenswürdig, im Notfall sind sie für mich da.«
- Überzeugungen das eigene Selbstbild betreffend, etwa: »Ich kann die Welt verstehen, und wenn ich etwas noch nicht verstehe, brauche ich nur etwas mehr Zeit.«
- Überzeugungen als Strategien, um Liebe, Kontrolle und Sicherheit zu bekommen, etwa: »Nur wenn ich immer stärker bin als die anderen, kann ich genügend Kontrolle ausüben, sodass ich die Hilflosigkeit nicht mehr zu fühlen brauche.«
- Überzeugungen, deren Ursprung Angst war und die vor dem Unaushaltbaren zu schützen versuchen, etwa: »Ich muss mich vor Verletzungen schützen, weil sie so schmerzen werden, dass ich den Schmerz nicht aushalten kann.«

Lösung der destruktiven, auf Angst basierenden Überzeugungen

Auf die letzte Gruppe soll noch etwas genauer eingegangen werden. Das Konzept der Überzeugungen erinnert natürlich an den verbreiteten Begriff der Glaubensätze. Abgesehen davon, dass dieses Konzept der Glaubensätze nirgendwo überzeugende und befriedigende Erklärungen enthält – meistens wird davon ausgegangen, dass diese Glaubenssätze von anderen gehört und dann übernommen wurden, eine Erklärung, die viel zu simpel ist –, sind die gefundenen Glaubenssätze viel zu kurz und wenig aussagekräftig. Genauer: Indem jemand einen solchen eigenen Glaubenssatz entdeckt, versteht er noch nicht wirklich und weiß vor allem nicht, was er damit anfangen soll. Ein Beispiel für einen typischen Glaubenssatz: »Ich muss immer die Kontrolle aufrechterhalten.« Wenn jemand das über sich weiß, weiß er praktisch noch nichts.

Um die Überzeugung zu erfassen, muss der Gesamtzusammenhang verstanden werden. Es muss die Angst verstanden werden, die damals die Ursache für das Einsetzen dieser Überzeugung war. Diese Angst konkretisiert sich in einer Katastrophenfantasie, die zum größten Teil nur vage bewusst ist.

Die erste Frage dazu: »Was würde geschehen, wenn du die Kontrolle nicht aufrechterhalten würdest?«

Mögliche Antwort: *»Dann würden Gefühle hochkommen, und ich würde ausrasten.«*

Frage: »Was würde konkret geschehen, wenn du ausrastetest?«

Jetzt zeigt sich etwas ganz Wesentliches: Es ist geradezu typisch, dass Menschen sich des Bedrohlichen, auch des sehr Bedrohlichen und Lebensbedrohlichen, nur ganz diffus bewusst sind. Im Hintergrund lauert jedoch immer die Furcht vor einer bedrohlichen oder sogar lebensbedrohlichen Katastrophe. Die Angst vor der Unaushaltbarkeit eines Gefühls bedeutet, Angst zu haben, dass das Gefühl mich umbringt.

Die Angst verstehen

Kaum einmal hat jemand von sich aus weitergefragt oder zu verstehen versucht, worin ein solches Ausrasten – oder die jeweilige befürchtete Katastrophe – eigentlich bestehen würde.

Oft lautet die Antwort auf die Frage nach dieser Katastrophe: *»Vom Kopf her weiß ich ja, dass da nichts Schlimmes passieren kann.«*

Das hilft überhaupt nichts, denn diese Antwort ist ein Ausweichen. In diesem Fall weiß der Kopf nämlich gar nichts. Man hat nur eine Chance weiterzukommen, wenn man sich der unbewussten Katastrophenfantasie nähert. Diese Katastrophenfantasie ruft Angst hervor, und die Angst lässt das eigentlich unerwünschte und einengende Verhalten so zwingend erscheinen.

Es könnte zum Beispiel sein, dass mit der Angst vor dem Ausrasten die Angst verbunden ist, man könnte aus der Haut fahren. Natürlich ist die Angst wörtlich irrational, aber sie steht für etwas Tieferes. Vielleicht lautet die Antwort auf die Frage, wie das Ausrasten denn aussehe, auch: *»Wenn ich ausrasten würde, würde ich sicher einen Schreikrampf bekommen, ich würde ohnmächtig werden und womöglich sterben.«*

Jetzt erst ist sowohl die Angst verständlich, als auch die Rigidität und Ausschließlichkeit, mit der die Kontrolle – es handelt sich um eine innere Kontrolle – immer aufrechterhalten werden muss. Die Angst vor dem Kontrollverlust wird verständlich, und es zeigt sich erneut, dass niemals etwas an Gefühlen falsch ist, sondern dass nur an zugrunde liegenden Gedanken etwas falsch sein kann.

Jetzt fehlen noch zwei weitere Teile, um die Überzeugung als Ganzes zu verstehen:

Den Hintergrund verstehen

Wie mögen diese Angst und dieser Teil der Überzeugung entstanden sein? Die Frage könnte lauten: »Wann und wie war es zum ersten Mal so schlimm oder drohte, so schlimm zu werden?«

Natürlich ist dieser Teil oft gerade nicht bewusst, aber die Frage allein leistet bereits etwas Wesentliches: Es beginnt ein Verständnis dafür zu wachsen, dass eine solche Überzeugung in bestimmten Kontexten entstanden ist und deswegen womöglich gar nicht allgemeingültig zu sein braucht und vielleicht sogar ins Positivere geändert werden kann.

Aber vielleicht gibt es auch eine konkrete Antwort: »*Genauso bin ich früher fast oder tatsächlich ausgerastet,* wenn mein großer Bruder mir das Spielzeug wegnahm oder mich hänselte.«

In diesem Fall wären die Ereignisse bewusstseinsfähig; es könnten ihnen aber natürlich noch frühere Ereignisse zugrunde liegen, die ganz unbewusst sind.

Die Lebenseinschränkung erkennen

Schließlich fehlt noch die Antwort auf die Frage: »Was ist so schlimm daran, die Kontrolle immer aufrechtzuerhalten?«

Die mögliche Antwort: »*Das Schlimme ist, dass ich deswegen immer angespannt bin, dass mein Schlaf nicht so erholsam ist, wie er sein könnte, und ich mich nie wirklich lebendig fühle und große Schwierigkeiten habe, wirkliche Freude genauso wie andere Gefühle ganz zu erleben.*«

Wenn die Antwort nicht gefunden und wirklich verstandes- und gefühlsmäßig erfasst wird, kann kaum die nötige Energie entwickelt werden, um solch eine Grundüberzeugung zu lösen.

Wenn auf diese Weise die verschiedenen Bestandteile der destruktiven Überzeugung bewusst geworden sind, dann kann die Grundüberzeugung wirklich verstanden werden. Und wirkliches Verstehen bedeutet wie immer den Beginn der Veränderung.

Struktur und Bestandteile einer Grundüberzeugung

Ich muss mich vor Verletzungen schützen.

Was ist das Schlimme daran?

Ich bin immer angespannt, es fühlt sich wie eine Rüstung an. Und weil ich mich vor dem Schmerz schützen muss, schränke ich auch andere Gefühle ein.

Du musst dich schützen, sonst …

Sonst würde ich immer wieder verletzt werden.

Du würdest immer wieder verletzt werden, und dann …

Und dann würde ich den Schmerz nicht aushalten können.

Wenn du den Schmerz nicht aushalten würdest, was würde geschehen?

Ich würde … vielleicht keine Luft mehr bekommen, das Herz würde versagen, ich würde sterben.

Und diesen unaushaltbaren Schmerz, den kennst du woher?

Es würde wieder so sein wie damals in der Schule, als ich so gehänselt und ausgelacht wurde.

Struktur einer Überzeugung

Wie die Grundüberzeugung als Ganzes lautet, steht oben in der Grafik in der linken Spalte. Sie hat folgende Bestandteile:

1. das, was jemand glaubt, tun zu müssen; das, was zu tun er sich durch die Angst gezwungen sieht;
2. die Lebenseinschränkung, die daraus resultiert;
3. die Konsequenzen, die es hätte, wenn es nicht getan würde;
4. die Konsequenzen davon: die fantasierte Katastrophe;
5. die Angst als Folge der Katastrophenfantasie und als Folge der ungelösten ursprünglichen Situation und/oder wiederkehrenden Situationen, in der/denen die Überzeugung entstand;
6. die frühere biografische Situation als Ursache.

Sobald man die gesamte Grundüberzeugung mit den verschiedenen Bestandteilen verstanden hat, ist man einen gewaltigen Schritt weiter. Man erkennt die irrationalen Bestandteile der Überzeugung, und man versteht, warum die Angst so stark ist. Das Gefühl ist nicht irrational – Gefühle sind immer so, wie sie sind. Das, was irrational ist, sind die Gedanken oder Teile der Gedanken, die den Gefühlen zugrunde liegen.

Wenn ich Angst habe vor Gefühlen wegen der irrationalen Vorstellung, dass ich das Gefühl nicht aushalten würde, sondern dass ich dabei umkommen würde, *dann ist die Angst und die daraus resultierende Kontrolle ganz und gar verständlich.* Noch nie ist in einer Psychotherapie, in deren Rahmen regelmäßig heftigste Gefühle hochkommen, jemand an diesen Gefühlen gestorben. Allerdings sind viele, viele Menschen zu früh daran gestorben, dass sie ihre Gefühle lange unterdrückten und an zum Teil lebensbedrohlichen psychosomatischen Störungen erkrankten.

Man beginnt zu verstehen, dass der damalige Kontext, in dem man dieses Schlimme und Angsterzeugende erlebt hat, sich von der heutigen Lebenssituation unterscheidet, sodass man vielleicht beginnen kann, ein Risiko auf sich zu nehmen und etwas anderes, etwas Neues und Befreienderes zu tun, nämlich endlich die Gefühle zu fühlen.

Da die Grundüberzeugungen auch die Ursache für chronische Anspannungen und körperlichen Fehlhaltungen sind, werden sie uns im 5. Kapitel über das Loslassen der Körperanspannungen wiederbegegnen. So wird etwa die Überzeugung, dass mir die Welt tendenziell feindlich gesinnt ist und ich mich unentwegt vor möglichen Verletzungen schützen muss, unweigerlich zu einer unbewussten Körperanspannung führen: Wahrscheinlich wird der Bauch angespannt sein, weil man sich gar nicht traut, tief durchzuatmen, vielleicht sind die Beine angespannt, wie bereit zum

Sprung, vielleicht sind auch die Arme und Schultern festgehalten, um sie hochreißen und sich verteidigen zu können.

Der Weg hinaus

1. Sich bewusst werden, wie viel Leid entsteht

Der erste Schritt besteht darin, sich wirklich bewusst zu werden, wie groß die Einschränkung ist, welche die Anstrengung, die Anspannung oder das ständige Aufpassen und Kontrollieren mit sich bringen; zu fühlen, wie viel Schmerz und wie viel Sehnsucht mit dieser Einschränkung verbunden sind; zu spüren und zu fühlen, was man sich selbst damit antut, wie viel an Lebendigkeit dadurch verloren geht und aufgegeben wird.

2. Die Überzeugung verstehen

Der zweite Schritt besteht darin, die Überzeugung und die Katastrophenfantasie als Ganzes zu verstehen, den gesamten Zusammenhang. Dann tauchen solche Fragen auf wie: »Gegen welche Verletzungen kann ich mich eigentlich durch diese Körperanspannungen und Körperhaltung, durch das ständige Aufpassen, effektiv schützen? Sind die Gefühle wirklich unaushaltbar, oder kann ich mich ihnen schrittweise nähern?«

Es ist gut, wenn es auch gelingt zu verstehen, wie und wann die Überzeugung entstanden ist. Das geht natürlich nur, wenn es in einer Zeitspanne geschah, an die man sich bewusst erinnern kann; die frühkindliche Zeit ist, außer in einer gründlichen Therapie, schwer oder nicht zugänglich. Auch wenn die Entwicklung der Überzeugung damals unausweichlich und ohne eigenen Willen geschah, ist es heilsamer, sie als eine Entscheidung zu verstehen, die bewusst getroffen wurde. Dadurch ist man offener für Veränderung und hat die Möglichkeit, sich neu zu entscheiden.

GRUNDÜBERZEUGUNGEN IN DER HALTUNG ENTDECKEN

1. Erspüre im Stehen deine generelle Körperhaltung. Spüre, wie deine Füße auf dem Boden stehen, spüre die Beine und das Becken. Ist das Becken nach vorn geschoben oder nach hinten? Und spüre deinen Atem. Einiges ist dir bekannt, etwa, ob du immer die Schultern nach vorn oder nach oben ziehst oder ob du immer wieder auf den Boden schaust.

2. Verstärke nun das, was zu dieser Haltung gehört. Spüre deine Anspannungen, mache sie noch etwas stärker, übertreibe sie ein bisschen.

3. Dann finde einen Satz, der sich in dieser Haltung ausdrückt. Der Satz soll in der Ich-Form formuliert werden und beginnt höchstwahrscheinlich mit: *»Ich muss …«* oder *»Ich muss immer …«* oder *»Ich sollte …«* oder *»Ich darf nicht …«* Bleibe in der Haltung und wiederhole den Satz mehrfach; vielleicht wird die Haltung dadurch noch verstärkt.

4. Dann erlaube dir, alle Gefühle zu diesem Satz zuzulassen.

5. Nun vervollständige den Satz auf diese Weise: *»Ich muss …, sonst geschieht …«* Und vervollständige ihn noch weiter: *»Ich muss …, sonst …, und das würde bedeuten, dass …«*

6. Finde anschließend den zusätzlichen Satz: *»Das Schlimme daran, dass ich glaube, mich immer … (schützen, anstrengen, kontrollieren …) zu müssen, besteht darin, dass …«*

7. Nimm dir Zeit, die Gefühle zu fühlen, und nimmt dabei wahr, was das mit deinem Körper macht und wie es ihn verändert.

8. Jetzt setze dich in Ruhe hin, trinke vielleicht einen Tee und entdecke einen öffnenden, das Leben bejahenden Satz, der für dich ganz stimmig ist und mit dem du im Einklang sein kannst.

Schreibe die gefundenen Sätze, die Haltungen und die Gefühle auf. Wiederhole diese Übung zu einem anderen Zeitpunkt, denn du nimmst je nach Kontext andere typische Körperhaltungen ein, und es gibt unterschiedliche einengende Grundüberzeugungen.

DIE GESCHICHTE DER ÜBERZEUGUNG

Die Anregung zu dieser Übung verdanke ich Hermann Beland.

1. Nimm wieder die Körperhaltung aus der letzten Übung ein. Finde sie zuerst im Stehen wieder, dann kannst du sie vielleicht auch im Sitzen einnehmen und deutlich spüren.
2. Jetzt stell dir ein Kind vor – vielleicht sechs Jahre oder acht Jahre alt – und frage dich: »Was könnte dieses Kind erlebt haben, dass es zu dieser Körperhaltung gekommen ist?« Folge dabei deiner Fantasie. Es ist möglich, dass dir zwei oder drei ähnliche und vielleicht auch verschiedene Geschichten einfallen.
3. Schreibe diesem fiktiven Kind einen Brief; schreibe, was die Geschichte in dir auslöst und was du ihm heute sagen und mitteilen möchtest.

3. Neuentscheidung

Für den dritten Schritt ist es wichtig, die eigenen Prioritäten zu überprüfen: Möchte man nach den Schritten eins und zwei überhaupt eine Veränderung anstreben? Das erleichtert die Möglichkeit, eine neue Entscheidung zu treffen; in unserem Beispiel könnte sie lauten: »Ich möchte lieber verletzbar sein und Schmerz, Freude und sämtliche andere Gefühle fühlen können, als mich weiterhin gegen sie zu verschließen und damit unlebendig am eigentlich Leben und Erfahren vorbeizuschlittern.«

POLARITÄTSÜBUNG MIT EINER GRUNDÜBERZEUGUNG

1. Schreibe in dein Arbeitsbuch auf zwei Seiten – für die Lebenseinschränkung und die Überzeugung – zuerst den zentralen Satz und dann den Dialog, der sich innerlich entfaltet.

Ich fühle den Schmerz über die Anspannung und die Unlebendigkeit.	*Ich muss immer aufpassen, um mich vor Verletzungen zu schützen.*

2. Nimm von der dritten Position aus, die beide Seiten anschauen kann, wahr, ob sich eine Entscheidung zugunsten einer Seite entwickelt. Dann schreib die möglichen Konsequenzen auf.

Ich bin bereit, verletzbar zu sein, weil es mir wichtiger ist, lebendig zu sein und alles zu fühlen.

4. Die alternative und öffnende Grundüberzeugung

Der vierte Schritt ist die Formulierung einer alternativen, nicht destruktiven, öffnenden Grundüberzeugung.

Die ursprüngliche Überzeugung hat verrückte, unrealistische, fälschlich verallgemeinernde und angsterzeugende Bestandteile, die zwangsläufig ein bestimmtes einengendes und meist andauerndes Verhalten zur Folge haben. Wenn jemand seine einengende Überzeugung verstanden hat, ist es hilfreich, eine alternative, nicht destruktive, dafür heilsame neue Überzeugung zu finden, die an die Stelle der alten, einengenden Version treten kann.

Natürlich ist dies nur ein Schritt zur Veränderung. Diese neue Überzeugung ist auch nicht einfach eine positive und ebenfalls unrealistische Formulierung, so wie es oftmals als »positives Denken« praktiziert wird. Um beim Beispiel zu bleiben, wäre es ganz unsinnig zu sagen: »Ich bin stark, und ich werde nicht verletzt werden.« Oder: »Alle Menschen um mich herum wollen nur mein Bestes, niemand beabsichtigt, mich zu verletzen.«

Solche schlicht ins Positive umformulierten Sätze können gar nicht zutreffen, denn es gibt keine Sicherheit, nicht verletzt zu werden. Das Unbewusste weiß das, und es wird diesen Satz vernünftigerweise boykottieren und dagegen ankämpfen. Dadurch wird gerade das Gegenteil wieder verstärkt.

Die folgende Übung hilft, die inneren Einengungen zu überwinden. Der neu gefundene Satz führt zu einer inneren Öffnung. Die Katastrophenerwartungen werden beendet, ebenso die einengenden Konsequenzen, das Schützen, Kontrollieren, Anstrengen. Stattdessen: Offenheit für neue Erfahrungen, Bereitschaft, Risiken einzugehen, vor allem auch die Bereitschaft, die Verletzlichkeit als Teil des Menschseins zu akzeptieren.

DIE NEUE ÖFFNENDE ÜBERZEUGUNG

1. Vergegenwärtige dir deine Überzeugung, mit der du arbeiten willst. Achte darauf, dass sie alle Bestandteile enthält.

2. Vergegenwärtige dir die Einschränkungen, die diese Überzeugung verursacht, und den Verlust an Lebendigkeit und Spontanität. Nimm wahr, welche Gefühle dies auslöst: Schmerz und vielleicht Verzweiflung. Gib diesen Gefühlen Raum, lass sie einen Satz sagen, vielleicht: »Es tut so weh, dass ich mich so lange …« Wiederhole diesen Satz einige Male, während du weiter dem Gefühl Raum gibst und nichts tust.

3. Wenn du das Gefühl ausgefühlt hast und zur Ruhe gekommen bist, beginne, den Satz zu suchen, der authentisch, realistisch und angemessen ist, der Lebendigkeit und Spontanität ermöglicht und fördert, der dich öffnet und der heilsam ist.

➤ Frage dich zuerst: *»Was würde passieren, wenn ich das einengende Verhalten aufgäbe?«*
Antwort in unserem Beispiel: »Ich würde verletzt werden können und – entsprechend der Polarität und Konflikthaftigkeit des Lebens – auch verletzt werden.«

➤ Zweite Frage: *»Bin ich bereit, das anzunehmen?«*

➤ Dritte Frage: *»Worin besteht der Gewinn, wenn das einengende Verhalten nicht mehr stattfindet? Und: Ist mir das wichtig genug, um die Risiken auf mich zu nehmen?«*

4. Jetzt kannst du beginnen, die neue Überzeugung zu formulieren. Achte dabei darauf, dass es ganz und gar dein Satz ist,

dem du vollständig zustimmen kannst und der einen warmen, offenen Widerhall in deinem Herzen findet.

Als Beispiel: »Ich bin offen dafür, verletzbar zu sein und mich verletzbar zu zeigen. Denn statt Schmerzen zu verdrängen, die nicht zu verhindern sind, ist es mir viel wichtiger, lebendig, spontan und menschlich zu sein.«

5. Nimm wahr, welche Gefühle diese neue Überzeugung auslöst. Fühle neben den schönen und positiven Gefühlen auch die Verunsicherung, die der neue Satz auslösen muss. Denn ohne Verunsicherung hätte sich die alte Überzeugung nie halten können.
6. Jetzt schließ deine Augen, bleib in den Gefühlen und lass drei realistische Situationen, die du für die nähere Zukunft erwartest, auftauchen. Gehe sie nacheinander durch – mit der neuen Überzeugung und den dazugehörigen Gefühlen. Lass dich überraschen, wie du diese Situationen erlebst.

5. Risiken eingehen und etwas Neues tun

Der fünfte Schritt besteht darin, Risiken einzugehen. Es geht darum, damit aufzuhören zu glauben, man müsse sich schützen und abgrenzen, vielleicht auch in einer Beziehung zu einem Freund oder einer Freundin. Es geht darum, stattdessen verletzbar zu sein und das auch mitzuteilen und sich so zu zeigen, wie man ist, mit allem, was dazugehört.

Die folgende Übung ist keine Übung. Es ist vielmehr eine Anregung, in einer normalen Beziehung ein Risiko einzugehen und etwas Neues zu tun.

ETWAS NEUES WAGEN IN EINER BEZIEHUNG

- Wenn du dich mit einem guten Freund, einer Freundin oder auch dem Lebensgefährten triffst, nimm dir vorher vor, etwas Bestimmtes von dir zu erzählen und zu zeigen, das du normalerweise gewohnt bist zu verstecken.
- Nimm deine wichtigste einengende Grundüberzeugung – »Ich muss mich schützen … Ich muss mich anstrengen … Ich darf auf gar keinen Fall …« – und frage dich vor der Begegnung: *»Was wäre anders, wenn ich mich dieses Mal nicht nach dieser Überzeugung richtete?«*
- Tue dann in der Begegnung ganz bewusst etwas von dem, was dir deine Überzeugung eigentlich verbieten würde.
- Nimm wahr, welche Gefühle dabei ausgelöst werden und wie sich die Begegnung dadurch verändert, vielleicht bereichert.

Du wirst die Entdeckung machen, dass du dadurch dem anderen näherkommst. Es schafft mehr Intimität und lädt auch den anderen dazu ein, sich mehr zu öffnen und mehr von sich zu zeigen.

Dann kannst du analog andere Situationen finden, in denen du auf eine ähnliche Weise ein Risiko eingehst und etwas Neues tust. Das kann in der Arbeit sein, wenn du Lehrer bist, im Unterricht und im Kontakt mit Kollegen, oder mit den eigenen Kindern.

Wenn du als Therapeutin oder Therapeut mit anderen Menschen arbeitest, könntest du dich fragen: »Wie schütze ich mich, indem ich mich hinter Theorie und ›verstehen‹ verschanze? Wo kontrolliere ich zu viel, weil ich der eigenen Unsicherheit ausweichen möchte? Wo verschweige ich, was konfrontativ sein könnte, obwohl es nötig wäre, das auszusprechen?« Gehe diesen Fragen nach und besprich sie in der Supervisionsgruppe oder in der Ausbildungsgruppe, damit das Neue in der therapeutischen Situation auf eine heilsame Weise geschehen kann.

Das Enneagramm: Die Charakterfixierungen loslassen

Das Enneagramm ist ein besonders wirksames Werkzeug, wenn es darum geht, die Muster des Verhaltens und Erlebens zu erkennen. Die Grundzüge des Enneagramms sind sehr alt. Die sogenannten Wüstenväter, die im 3. und 4. Jahrhundert n. Chr. in die Wüste zogen, um dem Großstadttrubel (!) zu entkommen, die aber alsbald von vielen Ratsuchenden aufgesucht wurden, kannten schon die Grundzüge der Enneagramm-Arbeit. Aber wirkliche Bedeutung hat das Enneagramm erst in den 1970er Jahren bekommen, als Claudio Naranjo es mit Karen Horneys Wissen über die Tiefenpsychologie zusammenbrachte.

Jeder Mensch hat drei verschiedene Körper: den Mentalkörper, den Emotionalkörper und den physischen Körper (Seite 51). In einem dieser drei Körper ist er am meisten zu Hause. So gibt es Körperfixierungen, mentale Fixierungen und emotionale Fixierungen. Das bedeutet keineswegs, dass er sich in diesem Körper wohlfühlt oder dass er sich diesen Körper in besonders guter Weise angeeignet hätte. Auch diejenigen mit einer emotionalen Fixierung haben überhaupt keinen freien Zugang zum Fühlen, vermeiden und unterdrücken bestimmte Gefühle und baden in anderen. Diejenigen mit Körperfixierungen können körperlich nahezu betäubt sein oder eine rigide Haltung zum Körperlichen einnehmen; und die mentale Fixierung kann ganz kopflos sein.

Zu jeder dieser Gruppen gehören wiederum drei Fixierungen, also gibt es insgesamt neun verschiedene Charakterfixierungen.

In diesem Abschnitt können nur einige Grundzüge dargestellt werden; allen, die sich eingehender mit dem Enneagramm und der Enneagramm-Arbeit beschäftigen möchten, seien folgende Bücher empfohlen: »Neun Farben der Stille. Das spirituelle Enneagramm und Selbsterfahrung« von Angelika Winklhofer und Christian Meyer sowie »Das spirituelle Enneagramm« von Eli Jaxon-Bear, der im Übrigen der Erste war, der das Enneagramm Ende der 1980er-Jahre nach Europa gebracht hat (siehe auch Literaturverzeichnis Seite 349).

Jede Fixierung enthält eine bestimmte Strategie, um die Angst vor dem Tod, der Hilflosigkeit und der Isolation und die Angst im Allgemeinen nicht mehr fühlen zu müssen. An der Wurzel jeder Fixierung steht die Angst vor dem Tod, vor dem Vernichtetsein, vor dem Nicht-Sein, die am unmittelbarsten erfahrbar ist als Angst vor der inneren Bodenlosigkeit und als Angst davor, sich in der Leere aufzulösen und zu verschwinden. Für das kleine Kind ist diese Angst nicht zu bewältigen und *muss verdrängt werden.*

Das Problem des Erwachsenen besteht darin, dass er diese Verdrängung meistens sein ganzes Leben lang aufrechterhält, *obwohl er sich inzwischen der Tatsache des Todes und seiner Angst stellen könnte und die Chance hätte, beides bewältigen zu können.* Nur dadurch würde er wirklich erwachsen werden. Die Charakterfixierung bewirkt, dass die Verdrängung aufrechterhalten wird.

In vielen Enneagramm-Darstellungen wird so getan, als würde die Charakterfixierung die Persönlichkeit beschreiben. Das ist grundfalsch. Jede Persönlichkeit ist vollkommen einzigartig und lässt sich niemals in eine Schublade packen. Von den grundlegenden Strukturen des Charakters gibt es aber tatsächlich nur neun verschiedene. Die Charakterstruktur sagt nichts darüber aus, ob der Mensch liebenswürdig ist oder ein Schwerverbrecher. An zwei sehr extremen Beispielen wird das deutlich: Sigmund Freud und Adolf Hitler hatten tatsächlich dieselbe Charakterfixierung, sind aber völlig verschiedene Persönlichkeiten: Der eine stellte sein Leben in den Dienst der Menschlichkeit und des immer tieferen Verstehens, der andere in den Dienst des Verbrechens und des Völkermordes. Auf einer tieferen Ebene jedoch finden wir bei beiden die mentale Fixierung, nach einem geschlossenen System zu suchen, in dem sich alle Fragen beantworten lassen, sowie eine oft rigide Ablehnung und Ausgrenzung von ehemaligen Anhängern, die anfingen, andere Meinungen zu vertreten.

Aus ebendem Grund taugen auch Enneagrammtests nichts, die im Internet angeboten werden. Die Zeit kann man sich sparen. Diese Tests fragen Verhaltensweisen ab und können nichts anderes; die Charakterstruktur bezieht sich aber auf die tiefer liegenden Motive und Intentionen. Es ist immer viel wichtiger herauszufinden, *warum* ich etwas tue und welche Intention wiederum hinter diesem Wunsch steht, als nur zu wissen, *was* ich tue.

Die Überlegenheit des Enneagramms

Es gibt viele Methoden, um menschliche Charaktertypen zu unterscheiden. Die Überlegenheit des Enneagramms zeigt sich an folgenden Punkten:

1. Die Fixierung selbst erkennen können

Obwohl das Enneagramm komplexer ist als fast alle anderen Charaktertypologien, erkennen 50 Prozent der Menschen ihre Charakterfixierung nach dem Lesen eines (!) Buches.

Seit vielen Jahren führe ich zusammen mit Angelika Winklhofer jährlich ein viertägiges Enneagramm-Seminar durch, in dem viele Informationen vermittelt werden; nachdem sich dann alle entsprechend ihrer Fixierung in Kleingruppen aufgeteilt haben, findet ein intensiver, selbsterfahrungsbezogener Austausch statt.

Es kann sowohl erleichternd als auch erschreckend sein, Menschen mit gleicher Fixerung zu begegnen: Einerseits merkt man, dass die eigenen Besonderheiten gar nicht so besonders sind, da sie der Fixierung entspringen; andererseits nimmt man wahr, dass man selbst nicht die Fixerung *ist,* sondern sie nur *hat.*

90 Prozent der Teilnehmer entdecken während dieser vier Tage selbst, welche Fixierung sie haben, dic restlichen zehn Prozent brauchen noch etwas länger. Dabei sagen wir niemals jemandem, welche Fixierung er hat. Damit würden wir ihm die wertvolle Suche nehmen und die wichtige Erfahrung, es selbst zu endecken. *Es gehört zur Enneagramm-Arbeit, dass jeder seine Fixierung selbst entdeckt.* Das ist einer der überzeugendsten Belege dafür, dass das Enneagramm wirklich zutrifft und man sich tatsächlich selbst darin erkennen kann.

2. Toleranz gegenüber anderen

Ähnlich spannend ist es, die Fixierung der anderen zu erkennen. Jack Nicholson wird nie ein Woody Allen werden, er könnte nie dessen Rollen spielen.

Die Fixierung des anderen zu kennen ermöglicht uns, ihn besser zu verstehen und toleranter zu werden. Man weiß plötzlich, dass und inwiefern er oder sie anders ist als man selbst. Man erwartet von einem Kirschbaum im Garten auch nicht, dass man jetzt auf einmal Äpfel von ihm ernten könnte. Man kann den anderen viel leichter so lassen, wie er ist. Lehrer zum Beispiel berichten immer wieder, wie es ihre Arbeit unglaublich erleichtert, wenn sie das Enneagramm kennen und die Fixierungen ihrer Schülerinnen und Schüler verstehen.

3. Die Offenheit des Selbsterforschens

Jeder Mensch hat eine Fixierung. Die Fixierung ist eine Einengung des Verhaltens auf verhältnismäßig stereotype Verhaltensmuster. Weil jeder eine Fixierung hat und weil im Seminar dann alle die jeweiligen Fixierungen erkennen, kann das gegenseitige Versteckspielen aufhören. Der Einzelne kann Dinge an sich *erkennen und zulassen, mit denen er, wenn er das Enneagramm und die Fixierungen nicht kennen würde, unmöglich ohne lange Vorarbeit konfrontiert werden könnte,* vor allem vor so vielen fremden Menschen. In solchen Enneagramm-Seminaren entsteht eine unglaublich offene Atmosphäre des Selbsterforschens, der Selbstentdeckung und der Selbsterfahrung.

4. Verschiedene Seiten des Verhaltens und Erlebens

Jede Fixierung hat zwei zusätzliche Bewegungen: Wenn jemand sich aufgrund seiner aktuellen Lebenssituation sehr entspannt, übernimmt er Verhaltensweisen einer zweiten Fixierung, und wenn er unter Stress gerät, übernimmt er Verhaltensweisen einer weiteren, dritten Fixierung. Das vielleicht bekannteste Beispiel: Die mentale Fixierung des Sechser-Typs tendiert, aus Angst einen Fehler zu machen, zum Zweifeln und zum Aufschieben wichtiger Aufgaben (»Jedem Anfang wohnt ein *Zaudern* inne …«). Wenn dann aber der Abgabetermin oder der Prüfungstermin naht, manchmal auch nur, wenn der Urlaub ansteht, erledigt diese Fixierung innerhalb von ein paar Tagen das, wofür sie sonst Wochen gebraucht hätte. Sie kommt dabei in einen leicht euphorischen Zustand, weil sie eigentlich nicht damit gerechnet hätte, dass die Dinge noch klappen würden. Wenn die Sechs sich dann entspannt, übernimmt sie Verhaltensweise der Neun, wird schläfrig und betäubt sich mehr, macht es sich auf dem Sofa bequem und kehrt Konflikte noch mehr unter den Teppich.

Jedenfalls: Jeder kennt das, dass er sich immer wieder einmal ganz anders fühlt und sich in einem komplett anderen Zustand befindet, der kommt, aber dann auch wieder geht.

5. Niemand hat Schuld an der Fixierung

Die Ursache der Fixierung liegt im Dunkeln. Es gibt keine Kindheitserfahrung, die eine Fixierung verursachen würde. Es gibt bestimmte Erfahrungen in der Kindheit, auf die das Kind in Abhängigkeit von seiner Fixierung unterschiedlich reagiert.

Jedes Kind erlebt Momente erschreckender, schmerzhafter und manchmal auch beschämender Schwäche. Nur ein Kind mit einer Achter-Fixierung bekräftigt sozusagen seine innere Entscheidung: »Ich werde immer stärker sein als die anderen, das will ich nie wieder erleben.« Man sagt, die Fixierung kristallisiert sich in solchen Situationen erst richtig heraus.

Während meines eigenen Psychologiestudiums in den 1970er-Jahren war die Lehrmeinung vorherrschend, dass eigentlich jede Verhaltensweise und jedes Erleben ein Ergebnis der Umwelt und der Sozialisation wäre – der Mensch sei zu Beginn eine *Tabula rasa,* ein weißes Blatt. So konnte ich mich mit der Idee, dass die Fixierung angeboren sein solle, ganz schwer abfinden. In den ersten Enneagramm-Seminaren sah ich jedoch, wie sehr sich die Menschen einer bestimmten Fixierung von Ausdruck, Physiognomie, Körperhaltung, ja sogar vom Körperbau her ähneln – sodass selbst ein Außenstehender wahrnehmen kann, wenn jemand in der Gruppe einer Fixierung nicht dazugehört. Seitdem scheint mir die Idee des Angeborenen nicht mehr abwegig, ohne dass man sagen könnte, wie das genau funktioniert. Es ist auch nicht wirklich nötig, das zu wissen.

Wichtig und befreiend ist die Gewissheit, dass jeder eine bestimmte Fixierung hat und dass niemand daran Schuld trägt.

Natürlich ist die individuelle Persönlichkeit in unterschiedlichem Maße verwundet, und ursächlich dafür sind im Wesentlichen Bedingungen der Kindheit und Handeln und Anwesenheit der Erwachsenen; diesbezüglich ist das Thema von Ursache und Schuld ganz anders zu erörtern. In Abhängigkeit vom Grad der Verwundung werden bei dem einen bestimmte Verhaltensmuster der Charakterfixierung rigider sein als beim anderen, aber das ändert nichts an den grundsätzlichen Strukturen und daran, *dass jeder eine Fixierung hat und dass nichts und niemand Schuld an der Fixierung hat.*

Die verschiedenen Fixierungen

Die Essenz: Neun verschiedene Aspekte des Menschlichen

In jeder Gruppe gibt es drei Fixierungen, also insgesamt neun Fixierungen. Jede Fixierung stellt eine besondere Grundstrategie dar, die zugleich eine Grundüberzeugung ist. Jeder Mensch hat auch etwas von allen anderen Fixierungen, sonst könnten wir uns weder verstehen, noch uns in den anderen einfühlen. Aber jeder ist in einer einzigen Fixierung zu Hause; das bedeutet, dass die Dynamik dieser Fixierung alle Verhaltensweisen mitbestimmt.

Es gibt neun verschiedene Aspekte des Menschseins, die den Fixierungen zugrunde liegen. Und es scheint so zu sein, dass jeder Mensch einen dieser Aspekte in besonderer Weise zum Ausdruck, zur Entfaltung, zur Manifestation zu bringen hätte – das ist seine Essenz. Aber durch die *conditio humana,* die Bedingung des Menschseins – wir alle wollen der Angst vor dem Tod, der Hilflosigkeit, der Isolation und der Angst ausweichen –, verkehrt sich die Essenz in die Fixierung.

Es gibt drei Gruppen von Fixierungen:

1. Körperfixierungen

Wenn du in erster Linie im Körper zu Hause bist, dich als körperliches Wesen wahrnimmst und als solches auf die Welt zugehst, dann ist der Raum wichtig, in dem du dich bewegst. Tendenziell ist der so etwas wie ein Revier, das verteidigt und ausgeweitet werden muss. Der körperliche Raum ist begrenzt: Als Körperfixierter wirst du daher immer bereit sein, deinen Raum zu verteidigen. Die anderen Menschen werden auch hauptsächlich körperlich wahrgenommen.

Da der Raum begrenzt ist, werden Autonomie und Kontrolle für dich wichtig sein, weil du auf Verteidigung und Eroberung aus bist; daher wird das Grundgefühl das Aggressive sein, auch um die Autonomie zu verteidigen und die Kontrolle zu behalten.

Wenn du hauptsächlich deinen Körper wahrnimmst, wird dir *Begrenzung* ständig präsent sein – die Begrenztheit des Körpers durch den Tod sowie durch Krankheit und auch die stete Begrenztheit der körperlichen Kraft und Reichweite. Diese Begrenztheit erzeugt eine grundsätzliche Wut.

Unter den drei Bewegungen ist für dich die Hauptbewegung »gegen an«. Was du vor allem zu vermeiden versuchst, ist Hilflosigkeit – der Gegensatz von Autonomie und Kontrolle.

2. Emotionale Fixierungen

Mit einer emotionalen Fixierung bist du bewegt von Beziehung und Bindung, aber auch von Abhängigkeit. Dein Thema ist die Liebe, und das Gefühl, dass dich am meisten bedrängt, ist der Schmerz des Nichtgeliebtseins. Alles, was du tust, bezieht sich auf andere, entweder auf reale oder fantasierte Personen.

Deswegen wirst du dir auch in der Fantasie immer ein bisschen wie auf einer Bühne vorkommen, immer mit der Frage: »Wie sehen mich die anderen? Bin ich liebenswert, finde ich Anerkennung?« Deswegen wird das Äußere für dich eine große Rolle spielen und der Eindruck, den du dem anderen vermittelst. Das Drama kann für dich eine besondere Rolle spielen – das innere Drama und das zwischenmenschliche.

Deine Grundbewegung ist die Bewegung »hin zu«. Vielleicht wirst du versuchen, viel zu leisten, um dafür geliebt zu werden; oder du bist bestrebt, den anderen so zu beeinflussen, dass er dich lieben muss – vielleicht dadurch, dass du besonders hilfsbereit bist und ihm die Wünsche von den Augen abliest.

3. Mentale Fixierungen

Als mentale Fixierung bist du im Geist, im Verstand zu Hause. »Ich denke, also bin ich« ist dein Leitspruch. Der ursprüngliche Satz von Descartes lautete: »Ich zweifle, also bin ich.«

Der Mentalkörper ist der am wenigsten begrenzte und am wenigsten stabile. Der physische Körper ist an die körperliche Bewegung, körperliche Kraft und Reichweite gebunden, er wird nie größer werden als seine 1,70 oder 1,90 Meter. Der Emotionalkörper ist schon viel durchlässiger und unbestimmter; dennoch sind die Gefühle im Verhältnis zu den Gedanken einigermaßen stabil, denn mit den Gedanken kannst du dich in Sekundenschnelle nach Hawaii an den Strand oder 40 Jahre zurück in die Kindheit fantasieren. Deswegen fühlt sich derjenige, der im Verstand zu Hause ist, am unsichersten; seine Hauptthemen sind daher Angst und Sicherheit.

Weil du in der mentalen Vorstellung im einen Augenblick von einem Gedanken eigener Großartigkeit erfasst sein kannst und dich schon im nächsten Augenblick als Versager wahrnimmst, wird sich die grundlegende Angst auch darauf beziehen, etwas falsch zu machen. Diese Angst kann sich allzu leicht mit einer ganz archaischen, Millionen Jahre präsenten Angst verbinden, nämlich etwas Grundlegendes falsch zu machen, dadurch von der Horde ausgeschlossen zu werden und so dem sicheren Tod überlassen zu sein. Deshalb wirst du den Erwartungen der anderen zu entsprechen versuchen, und wegen der Angst wird die Grundbewegung »davon weg« sein – weg von den anderen Menschen, in den Rückzug; weg von den Gefühlen, weil sie unsicher und immer mit Angst verbunden sind.

DREI GRUPPEN VON FIXIERUNGEN

	Körperliche Fixierungen	*Emotionale Fixierungen*	*Mentale Fixierungen*
Hauptthema des Grundkonfliktes	Autonomie, Kontrolle	Beziehung, Bindung	Sicherheit
Psychologischer Typ	zwanghaft, besessen	Image, histrionisch	paranoid
Vermeidung, Verdrängung	Hilflosigkeit, Schwäche	Isolation, Alleinsein	Angst
Grundgefühl	Wut – wegen der Begrenztheit des Körpers und zur Verteidigung des Reviers	Schmerz des nicht Geliebtseins	Unsicherheit und Angst, etwas falsch zu machen
Grundbewegung	gegen an	hin zu	von weg

Wegen des inneren Gefühls der grundlegenden Unsicherheit wirst du die Bedrohlichkeit nach außen projizieren und andere tendenziell als feindselig wahrnehmen und überlegen, was sie gegen dich haben könnten. Solange du dich gedanklich beschäftigst, findest du Halt gegenüber der grundlegenden Unsicherheit. Entweder du beschäftigst dich als Sechser-Fixierung mit Entscheidungen, Gefahren, Selbstgesprächen und Zweifeln, mit Sorgen und der Planung von Aufgaben; oder als Siebener-Fixierung mit dem Planen von möglichst vielfältigen Aktivitäten; oder als Fünfer-Fixierung mit dem mentalen Beobachten der Welt, mit Theoriegebäuden und einem Fachgebiet.

Die Grundkonflikte und die Grundstrategien

Autonomie, Abhängigkeit (Beziehung) und Sicherheit: Das sind die drei Pole, zwischen denen der Mensch sich bewegt und die die Grundspannung des Lebens ausmachen. Die ersten beiden Pole, Autonomie und Abhängigkeit, stellen auch innerhalb der Tiefenpsychologie den wichtigsten Grundkonflikt dar, der sich je nach Lebensalter unterschiedlich entwickelt und ausformt. Unverständlich, dass der dritte Pol, Sicherheit, in der Tiefenpsychologie wenig explizit zur Sprache kommt; allerdings ist ihre Schattenseite, die Angst, überall thematisiert.

Wenn ich in einer Beziehung bin, habe ich dafür zu sorgen, dass ich genug Autonomie behalte, um ich selbst sein zu können, und mich gleichzeitig auf den anderen beziehe. Dies kann aber nur ausbalanciert werden, wenn beide sich in einem Stadium relativer Sicherheit befinden; bei emotionaler, materieller oder selbstwertbezogener Unsicherheit wird die Balance schwierig.

Alle drei Fixierungsgruppen – die emotionalen, mentalen und körperlichen Fixierungen – bewegen sich natürlich innerhalb der drei Pole und erleben die Konflikte zwischen ihnen; ihre Haupttendenz geht jedoch jeweils zu einem Pol: entweder Autonomie oder Beziehung oder Sicherheit.

Karen Horney entdeckte die Unterscheidung der drei Hauptbewegungen »gegen an«, »hin zu« und »von weg«; für sie war der Ursprung der verschiedenen Strategien, neurotischen Strukturen und Charakterfixierungen der drängende Versuch des kleinen Kindes, die Angst, die Hilflosigkeit und die Isolation nicht mehr erleben zu müssen. Für die Körperfixierten spielt die Angst vor Hilflosigkeit und Schwäche die größte Rolle, für die emotional Fixierten die Angst vor der Isolation, vor dem Alleinsein, und für die mental Fixierten die Angst vor der Angst.

DIE BEWEGUNGEN DER FIXIERUNG

- Nimm dir in verschiedenen Situationen vor, deine innere und auch deine äußere Bewegung zu erfassen:
  - während eines Spaziergangs oder Kaffeehausbesuchs
  - während eines Vormittags in der Arbeit
  - in der Freizeit, vielleicht beim Sport, bei einer Party
  - oder während eines Treffens
- Nimm dabei auch wahr, was es ist:
  - eine körperliche, räumliche Bewegung (zum Beispiel dich wegdrehen, dich hindrehen, Schritte machen)?
  - eine emotionale Bewegung (zum Beispiel dich freuen oder dich ärgern über etwas, Sehnsucht oder Neid)?
  - eine mentale Bewegung (etwa Selbstgespräche, Wunschfantasien oder Befürchtungen über den anderen entwickeln)?

Die Überzeugungen der neun Fixierungen

Die Überzeugungen der drei Körperfixierungen

9 | Indem ich mich mit allem so abfinde, wie es ist, jedem anderen recht gebe und dabei meine eigenen Bedürfnisse und Gefühle möglichst weitgehend betäube, brauche ich die Hilflosigkeit und die Wut nicht zu fühlen, die ganz zerstörerisch und mörderisch wäre.

8 | Indem ich immer stärker bin als alle anderen und nach Möglichkeit selbst immer über alles bestimme, brauche ich nie mehr die Hilflosigkeit und meine Schwäche zu fühlen, die ganz unaushaltbar wäre.

1 | Indem ich alles richtig mache und mich dafür anstrenge, dass alles Unperfekte in der Welt verbessert wird, brauche ich die Wut über die Begrenztheit nicht zu fühlen, weil ich durch die Perfektionierung die Grenze immer ein Stück weiter hinausschiebe, und gleichzeitig brauche ich mich dadurch nie wieder hilflos und zornig zu fühlen.

Die Überzeugungen der drei emotionalen Fixierungen

3 | Indem ich ganz viel leiste, produziere und erwirtschafte, kann ich die anderen dazu bringen, mich zu lieben; und durch das intensive Geschäftigsein brauche ich nie mehr den Schmerz des Ungeliebtseins zu empfinden und andere Gefühle, die mich an das unaushaltbare Nichtgeliebtsein erinnern und dadurch mein Gleichgewicht bedrohlich gefährden würden.

2 | Indem ich die Bedürfnisse des anderen erkenne und erfülle und gleichzeitig meine eigenen Bedürfnisse nahezu vollständig verleugne und verdränge, kann ich den anderen dazu bringen, mich zu lieben, und ich brauche nie wieder den Schmerz des Ungeliebtseins und die Angst vor der Isolation zu fühlen.

4 | Indem ich den Schmerz über die Welt fühle, brauche ich die Angst nicht zu fühlen, nicht liebenswert zu sein, weil ich einen Makel habe; indem ich immer ein Drama erzeuge, kann ich dafür sorgen, von anderen beachtet zu werden, um nicht allein zu sein und um dem unaushaltbaren Nichtgeliebtsein auszuweichen.

Die Überzeugungen der drei mentalen Fixierungen

6 | Indem ich den Erwartungen der anderen entspreche, indem ich keinen Fehler mache, von der Norm nicht abweiche, und indem ich für andere etwas Nützliches tue, kann ich mich sicher fühlen und muss meine Angst nicht fühlen davor, etwas Falsches zu tun, deswegen ausgeschlossen zu werden und zu sterben.
7 | Indem ich die ganze Zeit Aktivitäten plane und auch immer Aktivitäten durchführe, am besten zwei oder drei Optionen dafür zur gleichen Zeit habe, brauche ich den unaushaltbaren Schmerz und die Angst nicht zu fühlen, und ich brauche die anderen Gefühle, die immer Schmerz und Angst mit enthalten würden, nicht wahrzunehmen,
5 | Indem ich möglichst viel Wissen anhäufe und mich von anderen zurückziehe, habe ich einen inneren Halt und brauche die Angst vor der bedrohlich unaushaltbaren inneren Leere und dem inneren schwarzen Loch nicht zu fühlen.

Die Unterfixierungen

Der Mensch wird von drei grundlegenden Trieben bewegt, seit 30 Millionen Jahren, seit es die Hominiden gibt:

1. vom Überlebenstrieb, dem Selbsterhaltungstrieb,
2. vom Trieb, sich zu vermehren, dem sexuellen Trieb,
3. vom sozialen Trieb, dem Trieb, die Horde, Sippe, Familie, Gruppe oder Gemeinschaft zusammenzuhalten und eine be-

stimmte Position, eine Machtposition oder eine sichere Position, einzunehmen.

So hat jede Hauptfixierung jeweils drei Unterfixierungen: die Selbsterhaltungs-, die sexuelle und die soziale Unterfixierung. Die Unterfixierungen entsprechen den drei unteren Chakren: Das erste Chakra enthält die Überlebensenergie, das zweite Chakra die sexuelle Energie, das dritte Chakra die Energie von Macht und Aggression. Mit profaneren Worten: Es handelt sich um das Altbekannte – Geld, Sex, Macht.

Was geschieht, wenn die Fixierung erkannt wird?

Durch die Erkenntnis seiner eigenen Fixierung entstehen typischerweise ganz bestimmte Gefühlszustände.

1. Es stellt sich eine Befreiung ein, weil man plötzlich so viele seiner Verhaltensmuster im Zusammenhang versteht, die einem bisher ganz unverständlich schienen.
   Ein Beispiel: Der Neun ist es unmöglich, Dinge wegzuwerfen. Für irgendetwas könne man es bestimmt noch einmal gebrauchen, sagt sie. Aber die Dinge werden nicht sortiert und eingeordnet, sie sammeln sich einfach an. Jetzt kann die Neun verstehen, dass dem die Unfähigkeit zugrunde liegt, Nein zu sagen und einen Standpunkt einzunehmen. Sie kann verstehen, dass bereits dieser Standpunkt des Neins und der Akt, etwas vernichtend wegzuwerfen, eine aggressive Bewegung ist. Dies aber könnte die als notwendig erachtete Verdrängung und Betäubung der Wut gefährden.
   Die zuvor als beliebig erscheinenden Verhaltensweisen in ihrem Zusammenhang zu verstehen und auf die zentralen Ursachen zurückzuführen, ist befreiend und erleichternd.

2. Es macht sich eine ungeheure Ernüchterung breit. Vieles von dem, womit man sich bisher so besonders, manchmal auch wichtig fühlte, zeigt sich jetzt plötzlich wie ein Drehbuch, das ganz bestimmte Verhaltensweisen und Charakterstrukturen vorgibt, deren Ablauf nahezu etwas Mechanisches zu haben scheint – diese Erkenntnis ist ernüchternd. Man ist nicht so besonders, wie man dachte, nicht so originell und schon gar nicht so kreativ, wie man glaubte.
3. Die Ernüchterung bezieht sich besonders auf Folgendes: Jede Fixierung enthält eine ganz bestimmte Strategie; diese Strategie stellt eine Grundüberzeugung dar und ist verknüpft mit bestimmten weiteren Überzeugungen. Ein Teil dieser Überzeugungen wird innerlich als Gebote und Ansprüche erfahren. Das wichtigste Gebot für die Zweier-Fixierung lautet: »Sei hilfreich, dann bist du ein guter Mensch.« Das Gebot tritt auf als eine Tugend. Das Motiv des Helfens ist verdrängt, weil es nicht zum Selbstbild passt, ja sogar beschämend ist; eigentlich heißt das Gebot: »Sei hilfreich und erfülle die Bedürfnisse des anderen, um ihn von dir abhängig zu machen. Dann muss er dir Liebe zurückgeben.« Ein anderes Gebot wäre: »Sei tolerant und lasse andere Meinungen gelten.« In Wirklichkeit verbirgt sich dahinter die Angst, einen eigenen Standpunkt einzunehmen und dadurch Gefahr zu laufen, von anderen zurückgewiesen oder kritisiert zu werden.
   Eine um die andere angebliche Tugend bröckelt, und die wirklichen, egozentrischen Motive dahinter werden sichtbar. Das ist schwer auszuhalten. Daher ist es ungemein unterstützend und erleichternd, wenn da 100 Menschen zusammen sind und alle sich diesen beschämenden Entdeckungen stellen, *ohne dass irgendjemand dem anderen einen Vorwurf macht, sondern indem sich vielmehr alle bei diesen Entdeckungen unterstützen.*

4. Es ist zugleich schmerzhaft zu entdecken, wie man sich auf die immer gleiche Weise mit bestimmten Verhaltensmustern betäubt, abgelenkt und wie man andere manipuliert hat. Wenn man das wirklich entdeckt, begreift man eben auch, wie mechanisch und entfremdet dieses Leben ablief, nämlich entfremdet von unserer wirklichen Sehnsucht, unserem wirklichen Wollen und unseren wirklichen Gefühlen – ganz so, wie wir es am Anfang dieses Kapitels von Karen Horney erfuhren. Dann erfasst uns über den Schmerz hinaus eine tiefe Verzweiflung. Mit einer sexuellen Unterfixierung hat man sich vielleicht etwas auf seine Eroberungskünste und -erfolge einbilden können, hat sich vielleicht vorgemacht, wie lebendig, spontan und offen man sei, und entdeckt jetzt, dass all das nur dazu da war, um dem Wichtigen und vor allem um sich selbst aus dem Weg zu gehen; dass es nur dazu da war, der existenziellen Angst und dem Alleinsein nicht zu begegnen; dass man mit den sexuellen Abenteuern überdecken wollte, dass das Leben darunter sich sinnlos angefühlt hätte, und man der inneren Leere nicht begegnen wollte; oder dass man sich von der Angst ablenken wollte, dass der andere einen bestimmt nicht liebenswert fände, wenn er wirklich sehen würde, wie man ist. Es ist schmerzhaft zu entdecken, wie sehr man andere manipuliert und wie sehr man eine Fassade aufrechterhält, wie sehr man etwas dargestellt hat, nur um Liebe und Anerkennung, Sicherheit oder Autonomie und Kontrolle zu bekommen, *weil man immer glaubte, dass man all das von allein nicht bekommen würde.* Weil man immer glaubte, dass es einen grundlegenden Mangel an Liebe, Sicherheit und Lebendigkeit gibt. *Weil man noch nie den Überfluss von Liebe, Lebendigkeit und dem Dasein selbst in sich entdecken konnte.*
5. Es ist – zum Glück – auch ungeheuer erheiternd. Tatsächlich, und das mag überraschen, wird im Enneagramm-Seminar viel

mehr gelacht als in meinen anderen Seminaren. Es hat etwas zutiefst Erheiterndes zu entdecken, wie viel man sich und anderen vorgemacht hat und dass das jetzt nicht mehr nötig ist. Das Wichtigste ist, dass man über sich selbst und übereinander lachen kann, *dabei fühlt sich niemand ausgelacht, weil es eben in keiner Weise ein Auslachen ist.*

Der Weg hinaus – das Loslassen der Fixierung

Verstehen

Der erste Schritt ist das Verstehen. Dies ist bei weitem nicht nur ein intellektuelles Verstehen, denn wenn die Gefühle nicht gefühlt werden – Befreiung, Ernüchterung, Schmerz und Verzweiflung über das entfremdete Dasein, auch eine befreiende Erheiterung –, dann war es eben bloß ein akademisches Verstehen, wie bei jemandem, der seine Schmetterlingssammlung sortiert. Ein solches akademisches und distanziertes Verstehen bewirkt keine Veränderung, das ganzheitliche Verstehen sehr wohl.

Wenn ich all die Verhaltensmuster in ihrer Funktion des Ablenkens verstehe, als Betäubung und Manipulation, und wenn ich darüber hinaus verstehe, *dass sie niemals geeignet sind, wirkliche Liebe, wirkliche Lebendigkeit und die wahre Sehnsucht zu erfüllen,* dann werde ich sie nicht mehr in derselben Weise, mechanisch wiederholend, ausüben können, dabei vorgebend, dass quasi alles eine Tugend sei. Hier gilt besonders deutlich die alte Weisheit: »Bewusstheit heilt. Verstehen heilt.« Die Wahrheit ist heilsam.

Wilfred Bion, den manche zu Recht für den größten Psychoanalytiker nach und neben Sigmund Freud halten, fand zu der Erkenntnis, dass es neben den beiden menschlichen Trieben des Eros (des Triebes zum Leben und zum Wachstum) und des Thanatos (des Triebes zur Zerstörung, der Aggression) einen dritten

Trieb des Menschen gibt, nämlich den Trieb zur Wahrheit und zum Verstehen. Verstehen, wirkliches Verstehen, ist befreiend und verändernd.

Das bisher Vermiedene fühlen

An der Wurzel jeder Fixierung steht die Angst vor dem Tod. Darüber hinaus verdrängt jede Fixierung ein bestimmtes, für sie zentrales Gefühl. Dadurch müssen aber gleichzeitig das ganze Fühlen und die eigenen wahren Bedürfnisse eingeschränkt und kontrolliert werden. Jedes Gefühl könnte – weil es als vielleicht unaushaltbar wahrgenommen wird – die Angst, die Kontrolle zu verlieren, und die Angst vor dem Tod hervorrufen; beides soll aber in aller Regel verdrängt bleiben.

Würden die wahren Bedürfnisse wahrgenommen, dann würden die meisten Verhaltensweisen als bloße Ablenkung und Betäubung deutlich werden und könnten nicht weiter diese bisher für notwendig erachtete Funktion behalten.

Wenn also die Fixierung die Funktion hat, die Vermeidung und Verdrängung dieser ganz bestimmten Gefühle und wichtiger eigener Bedürfnisse und Sehnsüchte aufrechtzuerhalten, *wird diese Funktion in dem Maße überflüssig, wie die vorher vermiedenen und verdrängten Gefühle gefühlt werden.* Man kann die bisher vermiedenen Gefühle einladen und bereit werden, ihnen wirklich zu begegnen und sie immer mehr zu fühlen. Dadurch entsteht eine innere Haltung von Offenheit, ja sogar der Wunsch, dass Gefühle auftauchen mögen – dass sie auftauchen mögen, auch wenn man sich bewusst ist, dass sie nach wie vor beängstigend sind. Es entsteht die Bereitschaft, auch diese Angst zuzulassen und zu fühlen.

Zu erkennen und zu verstehen, was man sich selbst damit angetan hat, dass man diesen grundlegenden Gefühlen sein Leben lang ausgewichen ist, bewirkt diese Öffnung.

DIE TONÜBUNG

Wenn du ganz bewusst die bisher vermiedenen Gefühle einlädst, dann ist es gut, regelmäßig die Tonübung zu machen, die im zweiten Kapitel auf Seite 80 beschrieben wurde.
Wenn es die Situation erlaubt, ist es gut, die Tonübung unmittelbar dann zu machen, wenn die früher vermiedenen Gefühle auftauchen. Du wirst entdecken, dass die Tonübung eine unschätzbare Hilfe und Unterstützung für diesen Prozess ist.

Anhalten

Nach der Erkenntnis, an sich selbst vorbeigelebt zu haben, ist der schnelle Satz: »Was muss ich jetzt tun, was soll ich jetzt tun, was kann ich jetzt tun?«, sehr destruktiv; das tauchte bereits mehrmals auf. Der Satz ist destruktiv, weil er die vorhandenen Gefühle und damit auch die Energie, die für die Veränderung notwendig wäre, überspielt und verdrängt. Was muss ein Alkoholiker tun? Nichts. Eben buchstäblich nichts. Er muss das Bier oder den Whisky stehen lassen. Jetzt allerdings hat er eine gewaltige Aufgabe: Er muss all das fühlen, was jetzt auftaucht und was er bisher mit dem Alkohol betäubt und ertränkt hat. Die Angst vor dem Alleinsein, die Unsicherheit, die innere Unruhe, vielleicht auch die Scham über das bisherige Trinken, den Schmerz über finanziellen Ruin, den Schmerz über den Verlust von Freunden oder Partnern, die gegangen sind, weil sie den Alkohol nicht mehr ertragen konnten. In derselben Situation ist jemand, der seine Fixierung erkannt hat.

Es ist ja nichts Falsches an Hilfsbereitschaft, Toleranz oder Sexualität, es kann ja nicht darum gehen, das zu beenden. Aber es geht darum, es anzuhalten, *wenn es die Funktion der Betäubung, der*

Ablenkung und der Manipulation hat. Anhalten heißt, diese durch die Intention destruktiv gewordenen Verhaltensweisen nicht auszuüben und anzuhalten, wenn der Impuls zu dieser Ablenkung und Betäubung wieder auftaucht, *und dann das zu fühlen, was auftaucht, weil man nichts tut, weil man sich nicht betäubt.*

Die Fixierungen beinhalten die drei Grundbewegungen des Menschen: gegen an, hin zu und weg von. Mit diesen Bewegungen reagieren wir auf alles: auf andere Menschen, die Welt, einzelne Geräusche, Körperempfindungen, das Fühlen als Ganzes sowie einzelne Gefühle. Als Beispiel: Wenn jemand einen Druck im Magen spürt, besteht »gegen an« im Ärger über den Magendruck, in der Anspannung als Versuch, den Druck wegzuschieben, und in ablehnenden Gedanken. »Hin zu« wären warme Bauchwickel, das Aufsuchen von Internetforen, die Gründung einer Selbsthilfegruppe … »Weg von« würde bedeuten, den Druck zu ignorieren, und wenn das nicht geht, ihn zu bagatellisieren, und vor allem sich mit anderem zu befassen, um sich dadurch abzulenken.

Im zweiten Kapitel über das Fühlen wurden diese drei Grundbewegungen bereits dargestellt. Jetzt haben wir gesehen, dass je nach Fixierung eine dieser drei Bewegungen die Grundbewegung des jeweiligen Lebens darstellt.

Neben diesen drei Bewegungen gibt es *eine vierte Reaktion und Haltung allem gegenüber: das Stillsein, das Anhalten, das Nichtstun.* Dann entsteht eine Offenheit, eine Offenheit für das, was auftaucht, erscheint und sich zeigt, und eine Offenheit für das, was geschieht, was sich entwickelt und entfalten will. Keine Offenheit nur des Registrierens und Wahrnehmens, sondern eine Offenheit und Bereitschaft, etwas mit sich selbst geschehen zu lassen – als ein Teil des Lebens und als das Leben selbst.

Dieses Anhalten und diese Offenheit verändern. Bisher vermiedene Gefühle tauchen auf, und sie machen einen lebendiger und wahrhaftiger. Das heilt. Jetzt lernt man sich auf neue Weise kennen. Mit einer Achter-Fixierung zum Beispiel wird man offen dafür und bereit, die bisher vermiedene Schwäche und Verletzbarkeit zuzulassen und zu fühlen; plötzlich wird man wieder weicher und liebevoller zu sich selbst. So gibt es viele abenteuerliche, manchmal schmerzhafte Entdeckungen und manchmal solche von großer Freude.

Es ist der lebendige Weg der Veränderung: dem ins Auge sehen, was ist, das annehmen, was ist – was aber wiederum nicht heißt, sich nur abzufinden mit dem, was ist –, *und dann entdecken, was auftaucht.* Es stellen sich von allein plötzlich viele Veränderungen ein. Und man bemerkt auch – manchmal mit einem weinenden Auge, manchmal voller Belustigung –, wann diese jetzt bekannten unverstandenen Verhaltensweisen wieder ablaufen, und es ist gut, wenn man freundlich, liebevoll und geduldig mit sich ist.

Es ist ein grundlegend anderer Weg, als »an sich zu arbeiten«, neue Verhaltensweisen einüben oder sich antrainieren zu wollen.

DIE BEWUSSTHEITSÜBUNG

In einer solchen Situation, in der du dich bisher mit einem bestimmten Verhalten betäubt oder abgelenkt hättest und jetzt stattdessen anhältst und nichts tust, ist es außerordentlich hilfreich, die Bewusstheitsübung zu machen (Seite 144). Entweder zu zweit, wenn das passend ist, oder allein.
Wenn die Ablenkung darin bestanden hätte, mit deiner besten Freundin zu plaudern, und das Anhalten gerade darin bestünde, das Alleinsein auszuhalten, dann ist es besser, die Bewusstheitsübung allein zu machen, anstatt deine Freundin anzurufen.

Wer bin ich wirklich?

Wenn man all das fühlt – die Ernüchterung, den Schmerz und das Erheiternde, weil man über sich lachen kann –, dann verliert man die Lust an vielen Verhaltensweisen. Man ist nicht mehr wirklich daran interessiert, in diese betäubenden Verhaltensmuster so viel Energie zu investieren. Man fühlt die Sehnsucht nach einem lebendigen, authentischen und wahren Leben. Dann beginnt man sich die uralte Menschheitsfrage erneut, dringlicher und viel offener zu stellen: »Wer bin ich wirklich? Wer bin ich jenseits dieses mechanischen Drehbuches? Was ist meine wahre, meine tiefere, meine eigentliche Natur?«

Was losgelassen wird: die Vermeidung

Was ist das Ergebnis dieser inneren Veränderungen? Niemand wird eine andere Fixierung bekommen, denn die Fixierung bleibt das ganze Leben lang. Durch das Verstehen und Fühlen des zuvor Verdrängten und das Anhalten wird die Fixierung jedoch stiller, sie ist weniger intensiv. Die Destruktivität und die Betäubung begegnen uns wesentlich seltener. Das Leid, das durch sie erzeugt wurde, wird geringer – das Leid, das man anderen und in erster Linie sich selbst zufügt.

Wenn die Fixierung durch Bewusstheit und Anhalten schwächer wird, dann tritt die zugrunde liegende Essenz mehr zutage, etwa die Freude, die Intelligenz, die Liebe, das reine Gewahrsein und die Energie.

Aber egal wie weit man entwickelt ist und wie erleuchtet, es besteht immer die Gefahr und Möglichkeit, dass einzelne Phänomene der Fixierung wieder auftauchen. Man beantwortet sie dann mit einem Lächeln, während man still bleibt.

✷ SCHRITT 5 ✷

KÖRPERANSPANNUNGEN LOSLASSEN

Warum der Körper eine Rolle spielt

Warum müssen wir uns, wenn es um das Loslassen geht und um das Fühlen, mit dem Körper befassen, um einen Weg in die Freiheit zu finden? Die alten Griechen und die alten Römer wussten es schon: *Mens sana in corpore sano* – ein gesunder Geist in einem gesunden Körper. Zum Glück wird diese alte Weisheit in den letzten Jahrzehnten wieder neu entdeckt.

Der Körper ist bei allen Gefühlen beteiligt und selbst Quelle vieler Empfindungen des Wohlbefindens, der Lust, aber auch des Unwohlseins und des Schmerzes. Es hängt vom Körper und seiner Verfassung mit ab, ob Gefühle wirklich ganz gefühlt werden können und ob wir uns lebendig fühlen.

Von jemandem, der für seine Auffassung *einsteht* und nicht so leicht *umfällt*, sagt man, er habe *Rückgrat.* Wir sagen auch, wir *ver-stehen* etwas. Das bedeutet wörtlich, dass wir nicht mehr nur auf unserem Platz stehen, sondern dass wir uns an den Platz des anderen oder der Sache oder des Zusammenhangs gestellt, dessen bzw. deren Platz eingenommen haben. Wenn man das zur Gänze tut, dann *versteht* man etwas.

Von der Angst sagen wir, dass sie uns *im Nacken sitzt* und *weiche Knie macht*, und von der Wut, dass wir sie *im Bauch haben.* Manch einen nehmen wir als *halsstarrig* wahr, jemand anderen als *engstirnig.* Wir bekommen *kalte Füße,* wenn uns etwas gar zu unsicher wird. Wir haben einen bestimmten *Blickwinkel* und einen bestimmten *Standpunkt*, es geht uns etwas *an die Nieren*, etwas *läuft uns über die Leber* und etwas anderes *schlägt uns auf den Magen*.

Wenn man sagt, »das habe ich jetzt *begriffen*«, dann drückt sich darin aus, dass das *Greifen* der Ursprung des *Verstandes* ist. Man sagt ja auch: »Etwas ist mit Händen zu greifen«, also offenkundig. Es ist auch kein Zufall, dass wir Menschen und die Primaten die einzigen Wesen sind, bei denen der Daumen den anderen Fingern gegenüberliegt, sodass wir mit unseren Händen viel bewirken und schaffen können, daher das Wort *handeln*. Wir haben wegen des aufrechten Ganges die Hände wirklich zum *Greifen* und damit auch zum *Begreifen* und *Erfassen* frei.

So zeigt die Sprache, wie sehr wir ein körperliches Wesen sind. Wir spüren, wir atmen, also sind wir. Die Sprache zeigt auch, wie sehr der gesunde Menschenverstand immer schon den Zusammenhang des Körpers mit der Seele und der Gesundheit erkannte, lange bevor die Psychosomatik ein etabliertes Gebiet der Medizin wie der Psychologie wurde.

Gefühle und der Körper

Der Körper bestimmt mit, ob wir etwas fühlen können oder nicht. Je weniger er atmet und je angespannter er ist, desto mehr ist die Wahrnehmung der Gefühle blockiert, entweder als Ganzes oder hinsichtlich ihrer Intensität.

Wenn jemand ein Gefühl wahrnimmt, zum Beispiel Traurigkeit, dann bedeutet das noch nicht, dass er es wirklich fühlt. Vielleicht wird es nur wahrgenommen, aber dann führen die gedankliche Aktivität und die darauf gerichtete Aufmerksamkeit dazu, dass es gar nicht wirklich gefühlt wird. Es ist wirklich etwas anderes, ob ich weiß oder glaube zu wissen, dass ich traurig bin, oder ob ich es fühle. Wenn es gefühlt wird, dann verändert sich der

Atem, er wird stärker, die Atemzüge verändern sich, vielleicht wird der Atem tiefer, vielleicht schneller. Es verändert sich der Herzschlag, meistens wird er schneller, und es verändert sich der Muskeltonus, die Muskelspannung. Es verändert sich auch die Mimik in typischer Weise, sodass wir das, was jemand fühlt, an seinem Gesichtsausdruck ablesen können.

Ob jemand also ein Gefühl ganz fühlen kann, hängt entscheidend davon ab, ob er dem Körper diese Veränderungen erlauben kann. Diese Veränderungen machen Angst, und der erhöhte Energiezustand macht Angst. Ganz typisch ist zum Beispiel beim Weinen, dass es schluchzende Atemzüge gibt, dann wird der Atem wieder angehalten, und dann werden wieder zwei oder drei tiefe Atemzüge gemacht, um dann wieder die Luft anzuhalten. Wenn auf diese oder eine andere Weise die Veränderung des Atems blockiert und der Körper angespannt wird, dann ist der Weinende nicht in der Lage, das Gefühl wirklich zu Ende zu fühlen.

Mit anderen Worten: Es wird zwar gefühlt, aber zu einem großen Teil wieder hinuntergeschluckt und festgehalten. Das Gefühl kann sich nicht wirklich lösen. Man trägt es weiter mit sich herum, und die dazugehörige Anspannung hält es weiter fest. Es bindet weiterhin einen Teil der Energie, und man braucht Energie, um es festzuhalten.

Lösen kann sich die Traurigkeit dann, wenn der Atem frei fließt und der Körper den Atem bestimmen kann; wenn das Schluchzen, das immer ein Hin und Her ist, sich weiter löst, vielleicht auch in einen längeren klagenden, traurigen Ton hinein; wenn man sich den Tränen, dem Atem und der inneren Bewegung vollständig überlassen kann.

Die verschiedenen Übungen – die Tonübung (Seite 80), die Bewusstheitsübung (Seite 144) und die Schmelzatemübung (Seite 281) – unterstützen sich in diesem Prozess gegenseitig.

Der Körper und das Ich

Der kleine Säugling nimmt sich zuerst körperlich wahr, bevor er die Gefühle und noch später die Gedanken entdeckt. Die Kälte, der Hunger oder das wohlige Sattsein, die Wärme der Haut und der beruhigende, vertraute Herzton der Mutter – das alles bestimmt zunächst seine Wahrnehmung und seine Welt. Das Baby fragt sich sicher noch nicht: »Wer bin ich? Und was ist mein Körper? Wo hört der auf? Was gehört noch dazu und was nicht mehr?« Wenn es Hunger hat, müssen wir uns das so vorstellen: Für den Säugling fühlt es sich so an, als wäre da im Bauch etwas, das ihn quält, vielleicht etwas, das an ihm »nagt«, weil es ein »nagender« Hunger ist, vielleicht etwas Böses, das beginnt, ihn von innen her aufzuessen …

Wenn wir heute über »Körper« und »Ich« sprechen, bezeichnen wir mit dem Ich ganz Unterschiedliches. Sagen wir beispielsweise: »Ich fahre nach Köln«, dann erscheint es uns als selbstverständlich, dass wir unsere Füße, Arme und all das mitnehmen, dass jetzt das »Ich« also den Körper als Ganzes meint. Wenn wir aber sagen: »Ich wasche meine Füße« oder »Mein Magen macht mir Probleme«, dann ist die Beziehung zwischen dem Ich und dem Körper ganz anders. Bei dem Satz mit den Füßen bin ich das Subjekt, und die Füße sind das Objekt; im zweiten Satz ist der Magen das Subjekt, und ich bin das Objekt, der »Erleidende«.

Wenn diese Überlegungen dazu führen, dass Verwirrung darüber herrscht, was dieses »Ich« eigentlich bedeutet, dann ist es gut. Denn zu glauben, das »Ich« sei eine feste, konstant bleibende Instanz, ist ganz sicher eine abwegige und hinderliche Vorstellung. Im dritten Kapitel, als es um die Frage ging, ob wir der Handelnde in unserem Drama sind oder nicht vielmehr der engagierte Zuschauer, begegnete uns diese Frage bereits.

Wenn wir sagen: »Ich atme«, kann damit entweder gemeint sein, dass der Körper atmet oder dass ich atme. Zum Beispiel könnten wir sagen: »Ich weiß, dass ich auch atme, wenn ich schlafe.« Das Ich, das dieses weiß, ist natürlich ein ganz anderes Ich als das, das atmet – auch deswegen, weil das wissende Ich während des Tages weiß, dass es in der Nacht atmet, doch während der Nacht selbst weiß es das gerade nicht. Es weiß es nicht aus Erfahrung, sondern durch denkende Schlussfolgerung. Wenn wir sagen: »Ich atme so schwer«, könnte gemeint sein, dass der Körper so schwer atmet und wir selbst das gerade ganz anders haben möchten, aber nicht können – in diesem Fall bestimmt der Körper das Atmen gegen unseren Willen. Wenn jemand dagegen sagt: »Ich atme tief und regelmäßig«, vielleicht im Rahmen einer Atemübung, dann bedeutet es, dass er die kontrollierende innere Instanz das Atmen bestimmen lässt und den Körper dazu veranlasst, das zu tun, was er sich willentlich vorgenommen hat.

Chronische Anspannung führt zur Atemblockade

Das Ganze hat eine ungeheuer große Bedeutung. Wenn wir sagen: »Mein Atem geht schwer«, und spüren, dass der Brustkorb sehr eng ist oder der Bauch sehr fest – ist das dann ein körperliches Geschehen? Oder waren wir es selbst, der den Brustkorb eng gemacht hat und den Bauch fest? Es könnte jemand antworten: »Nein, nein, ich würde ja gerne befreit atmen, aber ich kann es nicht. Die Enge in der Brust und die Anspannung des Bauches erlauben es mir nicht.«

Ein Blick auf unsere Verwandten draußen zeigt uns sofort: Die Katze, das Reh oder der Löwe, die können keine Atemblockade haben – es sei denn, es wäre eine organisch bedingte, wenn das Tier sich zum Beispiel die Rippe gebrochen hätte oder natürlich, wenn die Atemmuskulatur oder die Lunge selbst aus Altersgründen zu geschwächt wären.

Wir können also festhalten: Der enge Brustkorb und der verspannte Bauch werden zum gegenwärtigen Zeitpunkt als etwas erlebt, dass nicht beeinflussbar ist, als etwas, das einem geschieht.

Zu einem früheren Zeitpunkt begann diese körperliche Anspannung als Reaktion auf Gefühle, die unaushaltbar zu sein schienen, oder auch als Folge einer Entscheidung, das Fühlen als Ganzes einzuschränken, weil es zu gefährlich, zu bedrohlich erschien. Wir haben gesehen, dass dies keine bewusste Entscheidung gewesen ist, denn Alternativen standen uns damals nicht zur Verfügung. Der Weg »wurde eingeschlagen«, weil es der einzig verfügbare, der einzig mögliche war. Da war niemand, der eine Entscheidung hätte fällen können. Dennoch ist es im Nachhinein heilsamer, es als bewusste Entscheidung wahrzunehmen, weil dann die Möglichkeit einer Neuentscheidung viel einfacher ist.

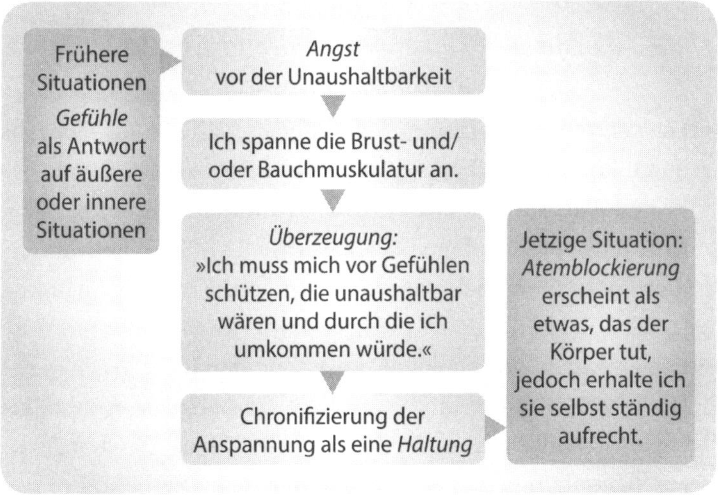

Atemblockierung als eigenes Tun

In früheren Situationen tauchten Gefühle auf, die so heftig und bedrohlich waren, dass die Erwartung der und die Angst vor der Unaushaltbarkeit des Gefühls entstanden. Diese Angst führte zu einer Anspannung der gesamten Atemmuskulatur, weil das Anhalten des Atems bewirkt, dass das Gefühl nicht so nah an einen herankommen, dass also das Gefühl in Schach gehalten werden kann. Das wird selten durch eine einzelne Situation, sondern meistens durch eine ganze Reihe von Situationen ausgelöst, die so bedrohliche Gefühle hervorrufen, dass die Überzeugung entsteht und sich verfestigt: »Ich muss mich vor Gefühlen schützen, die unaushaltbar wären, weil ich sonst umkommen könnte.« Diese Überzeugung führt dazu, dass die Anspannung von Bauch und Brustmuskulatur zu einer ständigen Haltung wird.

Vielleicht wird diese Haltung später noch verstärkt durch den Wunsch, schlanker auszusehen und keinen Bauch zu zeigen. Dies ist jedoch eine Rationalisierung, welche die ursprüngliche Intention der Atemeinschränkung verdeckt.

Die jetzige Situation ist durch verschiedene Schichten bestimmt

- Die chronische Haltung der Atemeinschränkung entsteht durch kontinuierliche Anspannung der Bauch- und Brustmuskulatur. Dies führt auch dazu, dass bestimmte Teile der Muskulatur und vor allem auch das Zwerchfell vollkommen untrainiert bleiben und sich wie jede andere nicht trainierte Muskulatur zurückbilden.
- Es herrscht zusätzlich eine Anspannung durch die gegenwärtige Situation – allein die Aufgabe des Beobachtens kann zu einer Verunsicherung und Ängstlichkeit führen, die den Atem beschleunigt und gleichzeitig die Anspannung erhöht. Es kann sein, dass diese Veränderung ganz unbewusst geschieht.

- Dazu kommen andere Faktoren: Der Wunsch, etwas richtig oder gut zu machen, und der Wunsch, nichts Unangenehmes fühlen zu müssen, führen zu einer weiteren Anspannung. Die beiden Wünsche werden vielleicht teilweise bewusst sein, dennoch ist es oft nicht möglich, sie loszulassen.

Wenn sich der Atem verändert, macht das vielleicht wiederum Angst: Angst vor einem ungewollten Ton oder Geräusch beim Ausatmen, vor allem Angst davor, die Kontrolle zu verlieren. Kann diese Atemveränderung, zusammen mit dem schnelleren Puls und dem heftigeren Herzschlag, zugelassen werden oder nicht? Darf der Atem weiter geschehen, und überlässt man ihn ganz dem Körper? Oder wird der Atem weiter eingeschränkt? Dieser Prozess würde wohl bewusst geschehen, und man würde merken, ob man sich dem Atem hingeben kann oder ob man ihn beeinflusst.

Wir sehen also: Die inneren Faktoren, die den Atem beeinflussen, ihn festhalten oder verstärken, sind zu einem Teil bewusst und zu einem anderen Teil unbewusst. Wenn also jemand – wie in der gleich folgenden Übung – seinen Atem beobachtet, dann möchte er zwar womöglich den Atem ganz einfach geschehen lassen, blockiert und beeinflusst ihn jedoch immer noch unbewusst.

Der Atem kann tief sein oder flach, schnell oder langsam, das ist nicht entscheidend. Entscheidend ist vielmehr, dass man den Organismus so atmen lässt, wie er es gerade braucht und will. Der Körper will nicht immer tief, ruhig und gleichmäßig atmen; er will den Atem beschleunigen können, wenn er mehr Energie braucht, er will ihn manchmal langsamer und manchmal schneller durch den Körper fließen lassen.

Entscheidend ist also, ob du den Körper und den Atem loslassen kannst, dann haben beide die Chance, freier und gelöster zu werden. Dann kannst du zu der befreienden und auch beglückenden Erfahrung kommen, dass *es dich atmet,* statt dass *du atmest.*

DEN ATEM BEOBACHTEN

1. Setze dich ruhig und entspannt hin. Schließe die Augen, halte den Mund geschlossen, und nimm den Atem wahr, wie er von allein kommt und geht. Nimm wahr, wie das Einatmen fließt, das Ausatmen, die kleine Pause dazwischen. Lass den Atem ganz von allein fließen, tue nichts, beobachte nur.

   Spüre gleichzeitig den Atem in seiner Ganzheit. Man kann auch sagen: Sei in diesem Augenblick der atmende Körper. Lass dich durch die beobachtende Haltung nicht vom Spüren und vom Körper wegbringen.

   Nimm wahr, wo im Oberkörper und im Bauch der Atem leicht hinfließt, wo sich der Körper schwertut, wo der Atem vielleicht hinfließen und den Körper weiten möchte, es aber nicht schafft. Nimm alles wahr, ohne es zu verändern. Vielleicht spürst du jetzt schon Impulse, den Atem willkürlich zu verändern, zum Beispiel tiefer Luft zu holen. Folge diesen Impulsen nach Möglichkeit nicht.

2. Öffne nach einiger Zeit den Mund. Tue auch jetzt nichts mit dem Atem und lass den Körper ganz von allein atmen. Oft gibt es jetzt den Impuls, erst einmal tief Luft zu holen; das ist aber kein Körperimpuls, sondern dient dazu, etwas zu überspielen. Lass auch jetzt, mit geöffnetem Mund, den Atem von allein kommen und gehen. Nimm den Unterschied wahr zum vorherigen Atem mit geschlossenem Mund.

3. Schreibe die Wahrnehmungen und Erfahrungen in dein Arbeitsbuch. Wenn du sie niederschreibst, wirst du dir der Wahrnehmungen deutlicher bewusst.

Kampf, Flucht oder Starre

Der Organismus hat in einer bedrohlichen Situation drei Möglichkeiten zu reagieren: Angriff, Flucht oder Starre. Viele Millionen Jahre lang wurden durch Angriff oder Flucht – und die dafür notwendige maximale körperliche Energetisierung – die Überlebenswahrscheinlichkeit erhöht. Dabei wird eine Unmenge an Adrenalin ausgeschüttet, Herzschlag und Puls werden auf ein Maximum erhöht, und der Atem wird beschleunigt.

Auch die dritte Strategie, die Starre, hat ihren biologischen Sinn. Wenn ein Reh vom Fuchs angefallen wird und weder fliegen noch angreifen kann, ist es das Beste, sich totzustellen; dann kann es sein, dass der Fuchs in seiner Aufmerksamkeit nachlässt, und es dem Reh möglich ist, aufzuspringen und doch noch zu fliehen. Man hat bei Rehen und anderen Tieren beobachtet, was mit ihnen geschieht, wenn die Flucht gelungen und die Gefahr vorbei ist: Sie stehen eine Zeit lang auf dem Feld, und der ganze Körper zittert. Danach sind sie wieder ruhig und grasen oder traben weiter, als wenn nichts gewesen wäre.

Entspannung nach dem Stress

Die Tiere – und wir auch – hatten über Millionen von Jahren zwei Möglichkeiten, die ungeheure Energetisierung und Adrenalinüberflutung in einer Stresssituation wieder loszuwerden: erstens durch Angriff oder Flucht – beides verbraucht viel Energie –, oder zweitens, indem wir uns stattdessen oder danach die Zeit nahmen, die ganze restliche, gestaute Energie »auszuzittern«.

Dies bleibt uns heute in hohem Maße versperrt: Die erste Reaktion, die körperliche Flucht oder den körperlichen Angriff, lässt man einfach nicht zu, wenn man wegen einer herabsetzenden

Kritik durch den Chef zugleich die Bedrohung, die Arbeit zu verlieren, wahrnimmt; die zweite Reaktion, das Auszittern, ist dem Menschen in der Regel deswegen versperrt, weil der Körper schon von vornherein blockiert ist und völlig verlernt hat, ein solches Auszittern zuzulassen.

Die Starre nach einem Trauma

Eine besondere Rolle spielt an dieser Stelle das Trauma, weil ein Trauma das Ergebnis einer Situation ist, in welcher der Mensch sich emotional und kognitiv dermaßen überfordert gefühlt hat, dass ihm keine andere Möglichkeit blieb, als innerlich ganz starr zu werden und sich dadurch gewissermaßen aus der Situation herauszunehmen. Die Folge dieses Traumas besteht darin, dass der Mensch die aufgestauten Gefühle, die festgehaltenen und blockierten Körperbewegungen, insbesondere die intensiven Impulse, zu fliehen oder anzugreifen, und andere Handlungsimpulse blockiert und eingefroren hat. Es kommt nur zu Reaktionen der Starre und der Dissoziation (das heißt, dass man sich vom Fühlen und Erleben so sehr abtrennt, dass man ganz neben sich steht).

Wegen der Anspannung, die notwendig ist, um diese Impulse und Gefühle in der Verdrängung zu halten, bleibt ein dauerhaft zu hoher Anspannungslevel im Organismus bestehen. Der Schreck steckt einem noch in den Gliedern, sagt man.

In einem solchen Fall ist es sicherlich ratsam, Traumatherapie zu machen. (Peter Levine hat die körperlichen Auswirkungen des Traumas und ihre Lösung besonders gut erforscht und beschrieben, siehe Literaturverzeichnis Seite 349).

Anspannung als Stressreaktion

Diese Folgen der traumatischen Situation sind aber nur ein besonders extremer Fall dessen, was immerzu geschieht:

- In der betreffenden Situation kommt dem Menschen das Gefühl als zu bedrohlich vor, sodass er es verdrängt.
- Es entsteht eine körperliche Anspannung, mit deren Hilfe das Gefühl weggedrängt wird; der Atem wird eingeschränkt, die Bauchmuskulatur und andere Muskeln werden angespannt.
- Es gibt zwar einen Handlungsimpuls des Weglaufens, des Angriffs, einer Verteidigungsbewegung oder einer Bewegung der Umarmung, doch diese beginnende Bewegung muss eingefroren werden, weil sie nicht erlaubt oder zu gefährlich wäre.
- Jetzt gibt es eine zusätzliche Anspannung, mit welcher der Körper daran gehindert wird, diese Bewegung auszuführen.

Was die Körperanspannung und die Körperhaltung mitbestimmt

Die Anspannungen des Körpers werden dadurch verursacht, dass Gefühle und Bedürfnisse vermieden, verleugnet, weggeschoben und verdrängt werden. Es gibt chronische Körperanspannungen und aktuelle, die von augenblicklichen Konflikten oder Aufgaben verursacht sind. Wir müssen uns das so vorstellen, dass es verschiedene Schichten von Anspannungen gibt, die natürlich ineinandergreifen und gegenseitig aufeinander wirken.

✷ SCHRITT 5 ✷

Frühere Erfahrungen und kontextspezifische Überzeugungen

Im letzten Abschnitt wurden die Auswirkungen früherer Erfahrungen auf den Körper dargestellt, die einem noch in den Knochen stecken, weil Handlung und Gefühl unvollständig geblieben sind. Bedrohliche oder bedrückende Erfahrungen, die häufiger auftraten, schlagen sich auch in der Körperhaltung nieder.

Wenn ein Kind in der Grundschule wegen einer Lernblockade die Fragen des Lehrers nicht beantworten konnte und von diesem immer wieder abgekanzelt wurde, hörte es die Stimme des Lehrers, die ungehalten und vorwurfsvoll klang, sah dessen Gesichtsausdruck und Blicke; daraufhin hielt es vielleicht den Atem an, nahm den Kopf nach unten, wie um sich zu ducken, die Augen zum Boden gerichtet, und machte sich womöglich starr. Diese Körperhaltung ist mit ganz bestimmten komplexen Gefühlen verbunden: vielleicht mit Angst, Schmerz und Scham oder auch weiteren Gefühlen wie Wut und Verzweiflung, die ganz unbewusst bleiben müssen.

Wenn sich diese Situation in anderen Kontexten zu Hause und bei Freunden wiederholt, wäre es wahrscheinlich, dass diese Körperhaltung das ganze Leben hindurch bleibt. Dann hätten diese Erfahrungen auch zu einer *generalisierten Überzeugung* geführt.

Wenn diese Erfahrung nur auf einen Kontext beschränkt ist, kann sie in bestimmten Kontexten wieder auftauchen, etwa dann, wenn Stimme, Bild oder gewisse Formulierungen des Vorgesetzten die Erinnerungen an die frühere Situation unbewusst auslösen. Der Betroffene mag danach sagen: »Ich hab mich abgekanzelt gefühlt wie ein kleiner Schuljunge«, und weiß in dem Augenblick vielleicht gar nicht, wie recht er damit hat, weil ihm der Zusammenhang unbewusst geblieben ist. In diesem Fall hat sich auch eine Überzeugung gebildet, die aber *kontextspezifisch* ist und nicht das ganze Leben bestimmt.

Generalisierte Überzeugungen und Grundüberzeugungen

Wir haben gesehen, wie Erfahrungen so verarbeitet werden, dass orientierende Überzeugungen entstehen – im Guten wie im Schlimmen. Diese Überzeugungen bestimmen die Wahrnehmung von Situationen, die gefühlsmäßigen Reaktionen darauf und die wiederum darauf folgenden Handlungsimpulse. Natürlich beeinflussen die einengenden Überzeugungen die Körperanspannungen und die Körperhaltung.

Wenn jemand die Welt tendenziell als feindselig wahrnimmt und glaubt, immer auf der Hut sein zu müssen; oder wenn ein anderer die Welt als bedrohlich wahrnimmt und deswegen glaubt, sich möglichst klein machen zu müssen, um nicht gesehen zu werden; wenn jemand glaubt, sich und alles um ihn herum nach Möglichkeit kontrollieren zu müssen – all das wird sich in der Körperhaltung und in der Anspannung bestimmter Muskelgruppen ausdrücken.

Die Schichten der Körperverspannungen

Im vierten Kapitel wurden die Grundüberzeugungen dargestellt und auch ihr Zusammenhang mit der Körperhaltung und den körperlichen Anspannungen (Seite 219). Die gesamten Verspannungen und Blockierungen des Körpers setzen sich gewissermaßen aus verschiedenen Schichten zusammen, aus chronischen und aktuellen Verspannungen. Die chronischen Verspannungen der Grundüberzeugungen stellen die tiefste Schicht dar, die anderen bauen dann auf dieser auf.

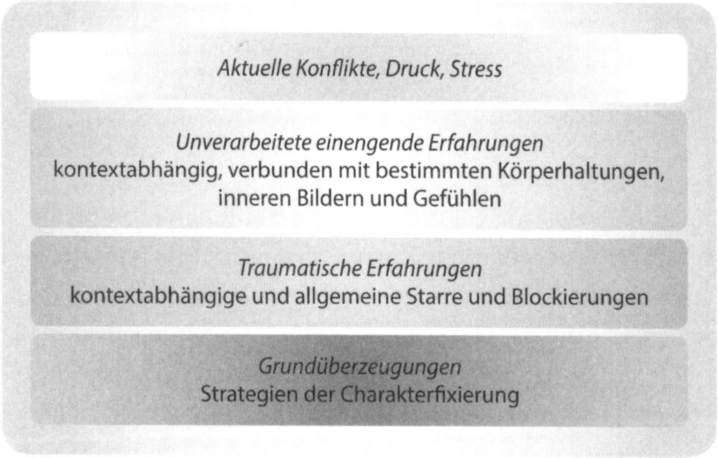

Schichten der Körperverspannungen

In der Körperpsychotherapie wird die Auflösung der Muskelverspannungen und Körperblockaden verbunden mit der Lösung, dem Verstehen und Durcharbeiten der auftauchenden Gefühle. Viele Körpertherapeuten machen jedoch die Erfahrung, dass das Lösen der Verspannungen oftmals zu wenig anhaltend ist. Das Konzept der Grundüberzeugungen kann hier weiterhelfen; es wäre sinnvoll und würde vielen Körpertherapeuten helfen, wenn es auch in der Körperpsychotherapie Berücksichtigung fände. Weil für einen Großteil der Verspannungen Grundüberzeugungen ursächlich sind, gibt es dauerhafte Lösungen nur dann, wenn sich in der Arbeit auch die Grundüberzeugungen ändern.

Burn-out-Prophylaxe

Die Gesamtheit der Anspannungen ist ursächlich für das Ausmaß der Erschöpfung und die Wahrscheinlichkeit eines Burn-outs. Im zweiten Kapitel wurde der Modus des Tuns, des Gestaltens und

Planens unterschieden vom Modus des Geschehenlassens (ab Seite 114). Der erste Modus ist immer eine Bewegung in der Zeit, der zweite das Hineinsinken in die Gegenwärtigkeit.

Jetzt können wir sagen: Alle körperlichen Anspannungen, auch die chronischen, folgen der Bewegung in der Zeit: »Ich muss mich schützen vor zukünftigen Verletzungen, die danach eine schlimme Katastrophe auslösen würden.« – »Ich muss mich mehr anstrengen, um die Arbeit zu schaffen, weil sonst furchtbare Konsequenzen drohen würden.«

Ohne Bewegung in der Zeit gäbe es keine Anspannung. Je vollständiger jemand die Gegenwärtigkeit realisiert, desto gelöster und entspannter können der Körper, der Muskeltonus, der Kreislauf, der Sympathikus und Parasympathikus und das hormonelle System sein.

Jedes Burn-out-Syndrom resultiert aus der Erschöpfung durch das Spannungsfeld von Druck, Versagensangst und Angst vor der imaginierten Katastrophe. Auch in der Freizeit können die Betroffenen innerlich aus dem Modus des Planens und Tuns nicht mehr herauskommen. Die Gedanken über das nächste Tun finden keine Ruhe. Deswegen gibt es keine bessere Burn-out-Prophylaxe als die Entwicklung der Fähigkeit, aus der horizontalen Bewegung in der Zeit immer wieder hineinzufinden in die vertikale Bewegung, in die Gegenwärtigkeit.

Die beste Hilfe dabei bieten die Bewusstheitsübung, die Tonübung und die Schmelzatemübung (Seite 281). Diese Übungen unterstützen sich gegenseitig. Die Tonübung verbessert die Fähigkeit des Fühlens ebenso wie die Fähigkeit, den Atem und den Körper zu lösen. Die Schmelzatemarbeit verringert direkt die Körperanspannungen und Blockaden und ermöglicht einen freieren Atem. Die Bewusstheitsübung entwickelt die Fähigkeit, in der Gegenwärtigkeit zu bleiben. Alle Gründe sprechen dafür, dass die Kombination dieser drei Übungen die beste und wirkungsvollste Burn-out-Prophylaxe darstellt.

Wenn jemand unter den Lesern Forschungsgelder (als absetzungsfähige Spende) oder Forschungskapazitäten zur Verfügung stellen könnte, wäre es von unschätzbarem Wert, diese Burn-out-Prophylaxe empirisch zu erforschen.

Die Strategien gegen Angst, Hilflosigkeit und Isolation – und die Körperhaltung

Die Strategien der Charakterfixierungen, um Hilflosigkeit, Angst und Isolation nicht fühlen zu müssen, sind, so haben wir gesehen, eine bestimmte Gruppe von Überzeugungen. Sie enthalten bestimmte Gebote, wie man zu sein habe, die einem dann als Ansprüche und Forderungen gegenübertreten. Auch diese Strategien drücken sich in der Körperhaltung aus. Die Strategie: »Ich muss immer stärker sein als die anderen, damit ich die unerträgliche Schwäche nicht zu fühlen brauche«, hat eine andere Körperhaltung zur Folge als die Strategie: »Ich muss darauf achten, den Erwartungen zu entsprechen und keinen Fehler zu machen. Nur dadurch kann ich sicherer sein, meinen Platz zu behalten und nicht ausgeschlossen zu werden.«

Die folgende Übung hilft dir, verschiedene Aspekte deiner eigenen Person und Haltung zu erfahren und dabei vielleicht zu entdecken, welche Strategien bei dir stärker verankert sind. Sie dient gleichzeitig dazu, dich in andere mehr einfühlen zu können. Die neun Strategien der Charakterfixierungen, die du in der Übung durchgehen sollst, kannst du im Enneagrammkapitel auf Seite 249 und 250 nachschlagen.

Und wenn du dann noch einen Schritt weitergehen willst, kannst du die nächste Übung anschließen.

FIXIERUNG UND KÖRPERHALTUNG

➤ Gehe jede einzelne Strategie der neun Fixierungen (Seite 249) durch, und zwar mit folgenden Schritten:

1. Fühle dich in die jeweilige Strategie ein und finde die Körperhaltung, die dazugehört. Das kann im Sitzen, Stehen, Knien, Liegen sein, wie es am besten dazu passt.
2. Nimm wahr, welche Gefühle damit verbunden sind.
3. Frage dich, wo in deinem Leben du diese Strategie kennst, in welchen Kontexten und gegenüber welchen Menschen – oder wo du diese Strategien an anderen erkennst.
4. Schreibe die Ergebnisse auf.

POLARITÄT DER STRATEGIE

➤ Finde zu jeder Körperhaltung und deren Strategie eine gegenteilige Strategie und Körperhaltung – als Polarität. Dabei wird die ursprüngliche Strategie nicht einfach verneint, sondern es wird eine lebensbejahende Version davon gefunden.

Eine Strategie beispielsweise, die zuerst beginnt mit: »Indem ich immer stärker bin als die anderen …« könnte jetzt beginnen mit: »Ich darf meine Schwäche annehmen und fühlen und in bestimmten Kontexten auch zeigen; dann …«

Der Weg hinaus: Wie können die Körperblockierungen gelöst werden?

Die Muskulatur, das Grounding und der Schmelzatem

Körperanspannungen und Körperhaltung werden bestimmt von ungefühlten Gefühlen, von den Grundüberzeugungen und den Strategien, um Hilflosigkeit, Isolation und Angst nicht fühlen zu müssen. Der folgende Zusammenhang ist sehr einfach und klar und wird doch immer wieder übersehen: Wenn ein Gefühl nicht gefühlt wird, legt sich darüber oder drumherum eine Anspannung, um das Gefühl von sich wegzuhalten.

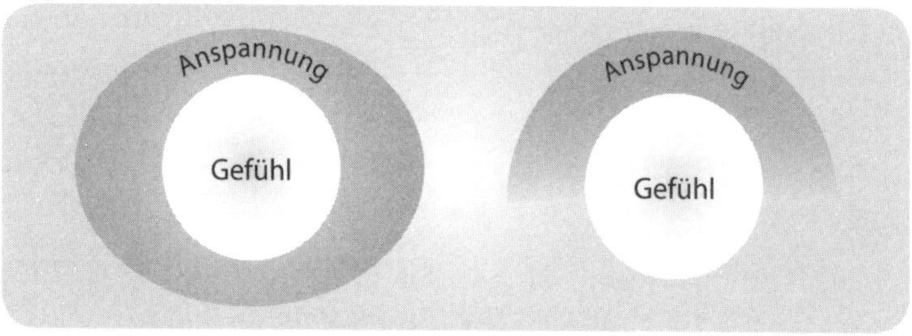

Gefühl und Anspannung

Die Ursache der körperlichen Anspannung ist das Nichtfühlen des Gefühls. Die Anspannung kann sich nur lösen, wenn das Gefühl da sein darf und wirklich gefühlt werden kann, so lange, bis es ausgefühlt wurde. Deswegen können diese tieferen und von Gefühlen und Grundüberzeugungen bestimmten Anspannungen nur durch körpertherapeutische Arbeit gelöst werden, also durch emotionale Körperarbeit. Dabei lösen sich zusammen mit den Körperverspannungen auch die zugrunde liegenden Gefühle.

Andere Körpermethoden wie Yoga, Tai-Chi oder Feldenkrais sind dazu geeignet, einen gelösten Körper gelöst zu halten. Aber weil sie sich in der Arbeit nicht auf die Gefühle konzentrieren, eignen sie sich nicht dazu, diese emotional verursachten Blockaden und Verspannungen zu lösen.

Daraus folgt auch ein etwas anderes Verständnis von Entspannung. Normalerweise wird Entspannung verbunden mit einer Vorstellung innerer Ruhe. Tatsächlich aber ist es so, dass, wenn wir die Anspannung lösen, die ein Gefühl festhält, zuerst dem Gefühl Raum gegeben werden muss – mit all seiner Bewegung und vielleicht sogar seinem Aufruhr, den es innerlich verursacht.

Es gibt ein sehr gutes Werkzeug, um von innen her Anspannungen zu lösen: den Schmelzatem. Diese Arbeit wie auch die später dargestellte Strömungsarbeit und einen großen Teil des Verständnisses des Körpers und seines Zusammenhanges mit der Seele und dem Geist verdanke ich – ebenso wie die ungeheuer wichtige Polaritätsarbeit, die in früheren Kapiteln mehrfach dargestellt wurde – Leland Johnson (siehe Seite 349 und 350).

Den Reflex des Gegenhaltens auflösen

Der Mensch hat einen quasi automatischen Reflex, innere Unruhe, Druck von innen oder von außen und Gefühle, die auftauchen, automatisch mit einer dagegen haltenden Anspannung zu beantworten. Dieser Reflex kann aufgeweicht werden durch bewusstes lösendes und entspannendes, also schmelzendes Hineinatmen an die Stelle, wo vorher der Druck oder die Anspannung spürbar waren. Dieses Werkzeug ist viel mehr als nur eine Möglichkeit, den Körper auf eine einfache und heilsame Weise zu entspannen. Wenn dieser Schmelzatem öfter angewandt wird, dann beginnt dieser automatische Reflex des Gegenhaltens, sich langsam zu lösen.

Im zweiten Kapitel, das vom Fühlen und Annehmen handelt, wurde es als eine der größten Tragödien des Menschen beschrieben, dass er, indem er versucht, den Schmerz von sich wegzuhalten, immer mehr Schmerzen und Leid erzeugt, bei sich selbst, aber auch bei anderen. Es lässt sich erahnen, wie viel gewonnen wird, wenn diesem Reflex zunächst eine andere Reaktion an die Seite gestellt wird, nämlich sich in den Druck und die Anspannung hinein zu entspannen und dadurch das Gefühl da sein zu lassen, das vorher von der Anspannung festgehalten wurde.

Was in der Muskulatur passiert

Um zu verstehen, wie Anspannung aufgelöst werden kann, ist es hilfreich zu verstehen, was die Anspannung mit dem Muskel macht. Anspannung *macht den Muskel fest* und *verkürzt ihn*. Es ist gut, dass er das tut, weil man durch die Anspannung und Verkürzung der Oberarmmuskeln den Unterarm bewegen, also den Arm beugen und strecken kann. Wenn jetzt aber, um sich zusammenzureißen und Gefühle nicht an die Oberfläche kommen zu lassen, die Rückenmuskulatur angespannt wird, verkürzt und verhärtet sich der lange Rückenmuskel, der rechts und links von der Wirbelsäule verläuft. Dies führt dazu, dass die Wirbel zu sehr aufeinandergedrückt werden und die Bandscheiben sich – selbst in der Nacht – nicht entspannen, wieder ausdehnen und Nahrung aufnehmen können. Vor allem aber können sie nicht mehr weich, gelöst und flexibel, zugleich nachgebend und auffangend, auf zusätzlichen Druck und Bewegungen reagieren.

So denkt dann mancher, sein Hexenschuss rühre daher, dass er sich verhoben habe. Das stimmt natürlich nicht; die Ursache war die schon vorhandene chronische Anspannung und Verkürzung des langen Rückenmuskels, die dann nur noch den berühmten Tropfen brauchte, der das Fass zum Überlaufen brachte.

GROUNDING UND DER SCHMELZATEM 1

Dies ist eine komplexe, intensive Übung – beginne sie deswegen ganz sanft und langsam.

1. Lege dich hin: aufs Bett, auf eine Liege oder eine weichere Decke auf dem Boden. Schließe die Augen.
2. Nimm zwei oder drei tiefe Atemzüge und atme dabei zwei- oder dreimal mit einem tiefen, lösenden Seufzer aus.
3. Dann nimm wahr, wo im Körper eine Anspannung oder ein Druck spürbar ist.
4. Atme mit geschlossenem Mund durch die Nase ein und stelle dir vor, dass der Atem an diese Körperstelle fließt. Tatsächlich verbreitet sich ja der Sauerstoff des Atems über das Blut weiter in den ganzen Körper.
   Stelle dir bei jedem Einatmen vor, dass der Atem den Druck und die Anspannung schmilzt. Manchen hilft es, sich dabei vielleicht auch bildhaft vorzustellen, dass die Muskulatur an der Stelle weicher, röter und besser durchblutet wird und dass die Blutgefäße weiter und die Muskelfasern gelöster werden. Der Atem schmilzt die Anspannung, wie morgens der sanfte Wind den Nebel auflöst oder die Frühlingssonne Schnee und Eis zum Schmelzen bringt.
5. Nach dem Einatmen öffne den Mund, atme durch den geöffneten Mund aus und lass dabei die gelöste und geschmolzene Anspannung wegfließen. Mit jedem Atemzug.

   Einatmen – schmelzen … Ausatmen – wegfließen lassen …

Achte dabei darauf, dass du dich nicht an einer anderen Stelle des Körpers verspannst, sonst wird es nicht funktionieren. Achte darauf, dass Stirn und Kiefer entspannt bleiben.

6. Versuche, beim Ausatmen einen Ton zuzulassen. Das hilft oft sehr gut, die gelöste Anspannung leichter und vollständiger wegfließen zu lassen.

7. Achte darauf, dass du zwischendurch immer wieder gewahr bist, welches Gefühl auftaucht und wie deine Stimmung sich verändert; gib dem Raum. Manchmal, wenn du einen Ton beim Ausatmen zulässt, ändert der sich von allein, und du kannst ihm zuhören und das Gefühl entdecken, dass im Ton mitschwingt.

8. Wenn du nach ein paar Minuten zum Ende gekommen bist, kannst du mit deiner Aufmerksamkeit an eine andere Stelle des Körpers wandern und den Schmelzatem dahin fließen lassen. Beschränke die Übung anfangs auf fünf bis acht Minuten.

9. Dann bleibe liegen und tue für ein paar Minuten gar nichts. Lass den Mund geöffnet, damit der Körper leichter so atmen kann, wie er atmen möchte. Spüre all die inneren Körperbewegungen, ob angenehm oder auch unangenehm oder vielleicht auch ein bisschen verunsichernd. Das sind genau die inneren Bewegungen, die der Körper braucht, um die Anspannungen lösen und wirklich ausklingen lassen zu können.

Du tust dir etwas sehr Gutes, wenn du dem Körper erlaubst, so zu sein, wie er gerade ist. Geschehen lassen, statt etwas zu tun. Geschehen lassen, statt festzuhalten.

Üben mit einem Begleiter

Die Schmelzatemübung ist noch wirkungsvoller, wenn man von einem Begleiter unterstützt wird, der schon mehr Erfahrung mit dieser Übung hat. Wie gesagt gibt es in immer mehr Städten Schülerinnen und Schüler von mir, die diese Arbeit qualifiziert gelernt haben und die man um Rat und Anleitung bitten kann, wenn man Unterstützung braucht. Genauso gibt es in immer mehr Städten Bewusstheitsgruppen, die sich nach meiner Arbeit ausrichten, in denen man ebenfalls Unterstützung bekommt (siehe auch Seite 348).

Dieser Begleiter kann die einzelnen verspannten Stellen massieren und dann mit seinem Finger, dem Daumen oder der ganzen Hand in die Stelle im Muskel drücken und dadurch die vorhandene Anspannung des Muskels spürbar werden lassen. Denn ein angespannter Muskel ist härter, sodass schon ein sanfter Druck deutlich spürbar ist und stärkerer Druck Schmerzen macht. Weil sich durch den Schmelzatem die Muskulatur löst, die Muskeln sich wieder dehnen können und dadurch der Körper Stück für Stück in die natürliche, gesunde Haltung kommt, wird diese Arbeit auch *Grounding* genannt.

Es ist im Übrigen leichter, die auftauchenden Gefühle zuzulassen, wenn jemand da ist, der oder die einen unterstützen kann. Allein wird man viele Anspannungen gar nicht spüren, denn gerade an die chronischen Anspannungen hat man sich so gewöhnt, dass sie nur selten wahrnehmbar sind. Da hilft natürlich ein Begleiter, der mit seinen Händen selbst spürt, wo der Körper verspannt ist, und durch leichten Druck die Anspannung bewusst werden lässt.

Man kann die Übung aber auch gut allein machen und wird sich Stück für Stück sicherer fühlen.

SCHMELZATEM 2

- Variiere dieselbe Schmelzatemübung nun so, dass du durch den Mund sowohl einatmest als auch ausatmest. Die Ausatmung erfolgt beim Schmelzatem *immer* durch den Mund. Nimm den Unterschied zur ersten Variante wahr, bei der du durch die Nase eingeatmet hast (Seite 281).
- Experimentiere auch mit der Länge der Atemzüge: Probiere es mit langen, ruhigen Atemzügen und auch mit kurzen, aber lösenden, keinesfalls heftigen Atemzügen.
- Achte auf das Verhältnis vom Einatmen zum Ausatmen. Hole nicht zu viel Luft, denn darauf kommt es nicht an, vielmehr würde das nur eine unnötige Anstrengung hineinbringen.
- Variiere den Ton. Es kommt nicht darauf an, möglichst laut zu sein, vielmehr kommt es darauf an, dass der Ton ganz von allein geschieht.
- Bleibe zum Schluss wieder einige Minuten liegen, ohne etwas zu tun, indem du aber innerlich aller Bewegung und allem, was geschieht, Raum gibst.

Um Verspannungen im Rücken zu lösen, ist die folgende Übung ein gutes Hilfsmittel. Du brauchst dafür zwei Tennisbälle und eine nicht zu weiche Unterlage, auf der du liegst. Die Matratze im Bett wird in der Regel zu weich sein.

SCHMELZATEMVARIATION FÜR DEN RÜCKEN

1. Stecke zwei Tennisbälle in einen Socken und knote diesen zu. Dann lege dich auf diese beiden Tennisbälle, sodass sie rechts und links der Wirbelsäule liegen. Wenn sie zu hart sind, nimm Bälle, mit denen schon länger gespielt wurde, und vor allem nimm eine etwas weichere Unterlage.

   Du kannst dasselbe auch mit zwei Golfbällen probieren, dann sollte die Unterlage noch weicher sein.

2. Lege dich also auf die beiden Bälle, sodass diese Druck auf zwei Stellen neben der Wirbelsäule ausüben; vielleicht beginnst du zwischen den Schulterblättern.
   Dann beginne mit dem Schmelzatem: Einatmen … schmelzen … Ausatmen – wegfließen lassen …

   Du kannst die Bälle unter dieser einen Stelle für eine Weile, vielleicht fünf bis acht Minuten, liegen lassen und die Übung dann beenden.

3. Oder du veränderst die Lage, sodass die Bälle an zwei anderen Stellen zu liegen kommen, ebenfalls rechts und links der Wirbelsäule.

   Du kannst den ganzen Prozess noch zwei- oder dreimal wiederholen.

4. Wenn du die Übung beenden möchtest, nimm die Bälle weg und bleibe noch einige Minuten liegen. Dabei lass den Atem so kommen und gehen, wie der Körper atmet, sodass du das Gefühl hast, dass es dich atmet, anstatt dass du atmest.

Die Bewegungsübung – der Modus des Geschehenlassens: Teil 1

Der Modus des Geschehenlassens, der entscheidende Weg des Loslassens, ist uns ja nun schon öfter begegnet. Allein mit dem Modus des Planens und Gestaltens wird man viele Veränderungen in der Welt bewirken können, viel produzieren und auch eine ganze Reihe Probleme zu lösen vermögen, die mit der materiellen Welt zusammenhängen. Aber man wird in diesem Modus niemals zur inneren Freiheit finden.

Aus dem Osten sind uns zahlreiche Übungen und Methoden heilsamer Bewegungen bekannt, zum Beispiel Yoga, Qigong und Tai-Chi. Auch der Westen hat einige Methoden entwickelt wie die Feldenkrais-Methode, die Alexandertechnik oder die Eurythmie der Anthroposophen. Die meisten dieser Methoden geben bestimmte Bewegungen oder/und Haltungen vor, die der Übende einnehmen soll, während er sich auf Bewegung und Haltung konzentriert. Zwar hat innerhalb der Haltung und der Bewegung das Geschehenlassen einigen Raum. Am stärksten ist dies in der Feldenkrais-Arbeit, in der das Geschehenlassen einen großen Raum einnimmt. Um Freiheit zu finden, sind jedoch jene Übungen viel wirksamer, die nur aus Wahrnehmen, Spüren, Fühlen und Geschehenlassen bestehen.

Es gibt eine Methode, die ich in den letzten zehn Jahren mit Hunderten von Schülerinnen und Schülern in meinen Seminaren und Retreats durchführe. Die Bewegungsübung oder die Tonübung, manchmal auch beide in Kombination, werden jeden Morgen für 20 oder 30 Minuten durchgeführt. Die Erfahrungen mit diesen Übungen und die Rückmeldungen sind eindeutig und überwältigend. Die Bewegungsübung kommt aus der jahrtausendealten Tradition einer daoistische Schule. Ich hatte die

Gelegenheit, sie bei dem chinesischen Meister Professor Li, dem Repräsentanten dieser daoistischen Richtung, zu erlernen. Die Methode basiert darauf, dass man es dem Körper überlässt, Bewegungen zu finden, die von allein entstehen.

Jeder kennt gelegentliche Zuckungen vor dem Einschlafen, die durch den Körper gehen. Da entladen sich Spannungen des Tages. Das ist eine vollständig autonome Bewegung, mit der man gerade nicht gerechnet hat. In der Bewegungsübung soll man sich nun vollkommen den spontanen Bewegungen des Körpers überlassen. Spontane Bewegungen sind autonome Bewegungen – mit dem Unterschied, dass man sich für sie öffnet. Es sind nicht Bewegungen, von denen du *denkst*, dass der Körper sie machen will, und schon gar nicht solche, von denen du denkst, dass sie dem Körper guttun, und die du deshalb absichtlich herbeiführst.

Es ist völlig normal, dass man zu Anfang nicht genau unterscheiden kann, ob die Bewegung von allein geschieht oder ob man sie doch macht. Manchmal gibt es Rückmeldungen wie diese: »Ich mache die Übung jetzt seit drei Jahren. Heute habe ich zum ersten Mal erfahren, was es bedeutet und wie es sich anfühlt, wenn die Bewegung wirklich ganz von allein geschieht. Bisher habe ich oft geglaubt, sie geschehe von allein, und muss jetzt rückblickend feststellen, dass immer noch viel Machen dabei war.« Es lohnt sich daher, die Übung immer wieder auszuführen.

Die Bewegungen sind nicht anmutig und harmonisch, ganz im Gegenteil; es sind Zuckungen und Wellen, sie sind unerwartet und überraschend; manchmal bleiben sie für eine längere Zeit gleich, dann wieder ändern sie sich schnell und plötzlich.

Es ist wichtig, darauf zu achten, dass der Atem weiter fließt, auch deswegen, weil viele Menschen, wenn sie Bewegungen durchführen, den Atem anhalten – obwohl sie wegen der Bewegung eigentlich mehr Sauerstoff bräuchten als vorher.

DIE BEWEGUNGSÜBUNG

Sehr unterstützend beim Üben kann die gleichnamige CD bzw. der MP3-Download mit einer Live-Anleitung dieser Übung sein (siehe CD-Tipp Seite 349).

1. Stelle dich in einem Raum hin, wo du ein wenig Platz hast. Du kannst zu Beginn ein paar Mal tief in den Bauch atmen und den Kiefer lockern. Öffne den Mund und lass den Atem durch den Mund fließen. Die Bewegung des Atems ist bereits die erste und kontinuierliche spontane Bewegung: Wie eine Welle fließt er durch den Oberkörper und den Bauch.

2. Jetzt warte ab, bis sich Bewegungen einstellen. Achte dabei darauf, dass du weiteratmest. Überlass dich den Bewegungen, die geschehen.

➤ Wenn es den Körper zu Boden zieht, folge dem und mach die Übung dann im Liegen weiter. Achte darauf, dass es nur Bewegungen sind, die der Körper von allein macht. Achte ebenso darauf, dass du gelöst und weich bleibst.

➤ Zu Anfang kannst du mal eine Bewegung ausprobieren, wie das »Anschieben« bei der Tonübung, aber mach nicht zu viel. Im Gegenteil, wenn du dir unsicher bist, ob du eine Bewegung machst oder ob sie wirklich von allein geschieht, dann tritt lieber noch weiter zurück und halte inne. Nimm wahr, ob der Körper die Bewegung von allein weitermachen will.

➤ Spüre sehr genau hin – manchmal entstehen rhythmische Bewegungen, von denen man beim Nachspüren wahrnimmt, dass da sehr viel Machen beteiligt ist.

- Öffne dich für die Erfahrung, dass mehr geschieht, wenn du weniger tust. Öffne dich für die Erfahrung, bewegt zu werden, statt zu bewegen. Sei der Körper und seine Bewegung.

3. Wenn es ausklingt, nimm dir im Stehen, Liegen oder Sitzen fünf bis zehn Minuten Zeit, in denen du nichts tust, in denen der Körper ganz still wird. Aber du kannst jetzt die ganze innere Bewegtheit und Bewegung, das Strömen und Vibrieren der Energie, genauso wie noch vorhandene innere Zuckungen, spüren und geschehen lassen. Diese Phase nennt der chinesische Lehrer »die Früchte ernten«.

Energiearbeit – der Modus des Geschehenlassens: Teil 2

Das ganze Leben lang fließt und durchströmt uns Energie, die Lebensenergie. Im Osten wird sie Chi genannt, und ein zentrales Anliegen von Tai-Chi und Qigong ist es, sie in einen harmonischen Fluss zu bringen. Im Westen hat vor allem Wilhelm Reich die Arbeit mit der Lebensenergie betont.

Du spürst diese Energie, wenn du die Augen schließt und den Körper loslässt; sie ist spürbar als ein Vibrieren und ein Strömen. Zwar wird sie überdeckt von Erregungen als Folge von beispielsweise Kaffee- oder Zuckerkonsum, sie ist aber dennoch spürbar, wenn man sich ein wenig Zeit für sie nimmt. Anspannungen blockieren diesen Energiefluss, auch deswegen sind letztere die Ursache von Erschöpfung und Müdigkeit.

Mit folgender Übung kann man diesen Energiefluss nicht nur deutlicher wahrnehmen, sondern ihm auch mehr Raum geben, sodass er spürbar besser durch den Körper fließen kann. Wegen der deutlichen Empfindung des Strömens wird diese Übung auch Strömungsübung genannt.

Sie ist die Loslassübung par excellence; du kannst nämlich gar nichts tun, um das Vibrieren und Strömen zu verstärken, aber es wird stärker, wenn du loslässt und die innere Angespanntheit zurückgeht, wenn du nichts mehr in der Hand haben willst und dich auf diese Weise dem Geschehenlassen öffnest.

DIE STRÖMUNGSÜBUNG

Auf der DVD »Yoga zum Aufwachen« wird sie unter dem Namen »Strömungs-Yoga« angeleitet und vorgeführt (siehe Seite 349).

1. Beginne mit einigen Dehnungsübungen im Stehen oder Liegen, vielleicht aus dem Yoga.
2. Dann lege dich hin und stelle die Beine angewinkelt auf, sodass der ganze Rücken flach auf dem Boden liegt, auch dort, wo sonst wegen der Wölbung des unteren Rückens ein Abstand wäre. Rolle das Becken ein paar Mal sanft vor und zurück und schüttle es, um es zu lockern. Dann komm zur Ruhe.
3. Beginne mit langsamen, tiefen Atemzügen: einatmen – ausatmen. Einatmen und Ausatmen gehen ineinander über.
4. Bewege nun deine Beine langsam im Rhythmus deiner Atemzüge: Öffne die Knie beim Ausatmen seitlich und bewege sie so weit, wie es geht, auseinander, während die Füße weitgehend auf dem Boden bleiben. Lege die Knie nicht am Boden ab, sondern schließe sie wieder in einer fließenden Bewegung

Körperübungen als Weg des Loslassens

Der freie Atemfluss ist allein schon ein Indikator für unser Befinden. Wenn der Körper verspannt ist, fließt der Atem nicht frei, und die destruktive Wirkung des Festhaltens wird besonders deutlich. Wir schleppen Ballast in Form von ungelösten Gefühlen und ungelösten Situationen aus der Vergangenheit mit uns herum. Wir halten an destruktiven, lebensfeindlichen Grundüber-

während des Einatmens. Die Knie kommen nur so weit zusammen, dass sie sich fast, aber nicht ganz berühren.
Viele machen in der Übung den Fehler, dass sie versuchen, den Atem der Bewegung anzupassen; richtig ist es, die Bewegung dem Atem anzupassen. Weil die Bewegung der Beine weder nach dem Öffnen noch nach dem Schließen stoppt, sondern jeweils mit dem Atem fließend in die entgegengesetzte Bewegung übergeht, wirkt sie wie der Flügelschlag eines Schmetterlings; deshalb wird dies Schmetterlingsatmung genannt.

5. Nach einer Viertelstunde kommt die Bewegung zur Ruhe. Die Beine bleiben aufgestellt, die Knie etwa ein bis zwei Zentimeter auseinander. Dabei wird das Vibrieren und Strömen stärker und stärker spürbar. Man kann merken, dass das Strömen in einer bestimmten Position der Knie am stärksten ist; wenn man die Beine weiter öffnet, nimmt das Strömen wieder ab. Wenn man die Beine noch weiter öffnen würde, fände man einen Punkt, an dem großwelligere Bewegungen entstehen. Aber interessanter und wichtiger sind die feinen Wellen, das feine Vibrieren und Strömen.

zeugungen fest, was den Körper weiterhin anspannt. Angespannte Muskulatur verkürzt sich und belastet dadurch die Gelenke. Das macht den ganzen Körper unlebendiger.

Fühlen ist nur im gelösten Körper möglich

Viele Menschen glauben, dass sie den Körper ignorieren könnten. Viele Menschen sind auf einem spirituellen Weg, auf dem sie Meditation im Sitzen ausüben oder sitzend den Ausführungen des Lehrer zuhören und versuchen, still zu werden. Sie wollen alles annehmen, auch alles fühlen, wie es ist, wissen sich aber nicht zu helfen, wenn es nicht geht. Der gute Vorsatz zu fühlen, reicht allein nicht aus. Solange der Körper verspannt ist und der Atem nicht frei fließen kann, können Gefühle, die auftauchen, nicht wirklich bis zu Ende gefühlt und nicht wirklich gelöst werden. Schlimmer noch: Ohne dass der Körper offen und gelöst sein kann, wird man eine ganze Reihe von Gefühlen gar nicht erst wahrnehmen, vor allem nicht die Gefühle, die sich wegen ihrer eigentlichen Heftigkeit nicht in den Vordergrund drängen.

Es ist so wichtig, in seinen Gefühlen wieder ganz lebendig zu werden, weil dies Auswirkungen auf die Beweglichkeit, die innere Ruhe, den Energiezustand, die Gesundheit und generell darauf hat, ob man die Geschenke des Lebens auch er-leben kann oder ob sie nur an einem vorbeiziehen wie die Teller im Running-Sushi-Restaurant und man sich keinen davon nehmen kann.

Der Reichtum des Lebens zeigt sich zuerst im Reichtum der Gefühle, die durch die Gelöstheit des Körpers ermöglicht werden. In Form von Lebendigkeit und dem Erleben von Energie und Lust trägt der Körper seinen eigenen Teil zum Reichtum des Lebens bei und kann gleichzeitig die Tür zur Seele und zum Fühlen öffnen – und das Fühlen ist das Tor zum noch Tieferen, und in der Tiefe, da öffnet sich das Tor zur Freiheit.

✳ SCHRITT 6 ✳

DIE VERGANGENHEIT LOSLASSEN

Das Bild im Kopf

Zum Thema »Vergangenheit loslassen« fiel mir einmal folgende Geschichte ein:

Ein Soldat lebt auf einer kleinen Insel. Es ist Krieg, und er versteht es als seine Aufgabe, die Insel zu bewachen und die Stellung zu halten. Eines Tages – der Krieg ist schon seit Jahren, vielleicht Jahrzehnten vorbei – kommt zufällig ein Segler an dieser kleinen Insel vorbei, legt an und traut seinen Augen nicht, als er da einen Soldaten in voller Montur sieht, bewaffnet bis an die Zähne, der das Maschinengewehr auf ihn anlegt.
»Was machen Sie denn in dieser Kriegsausrüstung? Der Krieg ist ja schon seit 20 oder 30 Jahren vorbei!«
Was wird er denken, der Soldat? Er denkt: Das ist eine besonders ausgekochte Finte. Er will mich nur in Sicherheit wiegen, um mich dann überwältigen zu können. Nur gut, dass ich darauf nicht reinfalle … Er fesselt den armen Segler und gibt ihm von seinen Beeren und Wurzeln zu essen. Wenn es schlimm kommt, hält der Soldat weiter seine Stellung und sammelt von jetzt ab Beeren und Wurzeln für zwei. Vielleicht zwingt er seinen Kriegsgefangenen von Zeit zu Zeit, für ihn zu arbeiten. Er wartet weiter darauf, dass er Order vom Heer bekommt, was er als Nächstes tun soll.
Vielleicht aber, wenn er Glück hat, der Soldat, fängt er an zu grübeln. Vielleicht, denkt er, hat der Segler ja doch recht, vielleicht ist er

wirklich kein getarnter Spion, sondern ein freundlicher Globetrotter. Und so viele Jahre schon gab es keinen Kriegslärm mehr zu hören, keine Kampfflugzeuge zogen dröhnend über die Insel, vielleicht hat sein Funkgerät ja nicht deswegen keine Nachrichten empfangen, weil es, wie er bisher glaubte, gestört ist, sondern einfach deswegen, weil es gar keine Nachrichten gab? Vielleicht könnte er es riskieren, die Waffen, die so schwer zu tragen sind, abzulegen, den Stahlhelm auch und die schwere Montur. Was hätte er schon zu verlieren? Schön war es nicht, sondern meistens anstrengend, die Kriegsausrüstung zu tragen – und die ganze Zeit diese Wachsamkeit! Auch nachts war der Schlaf nie tief und erholsam, denn gerade nachts galt es, auf der Hut zu sein, weil der Feind oft in den frühen Morgenstunden kommt, wenn die Müdigkeit einen übermannt …

»Ja«, sagt er, »ich riskiere es, als Erstes binde ich den Gefangenen los« … und mich selbst dabei auch, geht es ihm durch den Kopf.

Vergangenheit ist formbar

Der Mensch macht sich ein Bild von der Vergangenheit, *seine* Vergangenheit nennt er sie. Jeder kennt die Erfahrung, dass er die Vergangenheit, jedenfalls Teile davon, in Windeseile umschreibt, unbewusst, wenn es die Situation erfordert, und dass er nunmehr von der neuen Version genauso überzeugt ist, wie er es von der vorherigen war. Vor allem wenn er in der Situation ist, eine Beziehung zu beenden. So viele Gründe fallen ihm dazu ein, so schrecklich war die Beziehung, ein Wunder, dass er so lange durchgehalten hat. Jetzt kann es aber so kommen, dass sie, seines ständigen Nörgelns und Rückzugs müde, ihm zuvorkommt und ihrerseits kategorisch erklärt, sie mache Schluss, es sei ihr zu viel geworden. Klar kann es sein, dass er nunmehr froh ist, dass sie der Trennung zustimmt und ihm auch noch das schlechte Gewissen nimmt. Genauso kann es aber auch sein, dass er jetzt plötzlich gar nicht mehr von ihr lassen will. Was Beziehungen angeht, ist es oft tragisch, dass der andere einem wichtiger wird, wenn er, potenziell oder real, geht und sich plötzlich weiter weg befindet.

Ich glaube, dem liegen ganz alte, archaische Bindungskräfte der Horde zugrunde, wo jeder mit dafür sorgt, dass alle zusammen bleiben und keiner verloren geht. Das ist hier nebensächlich. Sobald derjenige jedenfalls glaubt, dass er sie doch behalten möchte, erscheint sie ihm plötzlich viel wichtiger, als er dachte – und da schreibt er seine Beziehungsgeschichte ganz schnell wieder um: Plötzlich treten all die guten Erinnerungen in den Vordergrund, außerdem, wie gut es hätte sein können, wenn …

Die Vergangenheit ist, so könnte man einen bekannten Spruch abwandeln, wie eine Hure, die diesem Bild und jenem dient, so wie es sein Schöpfer gerade wünscht. Wer Depressionen kennt, weiß, wie rosarot die Vergangenheit plötzlich wird, wenn man glaubt, keine Zukunft mehr zu haben.

Man hat einen spannenden Versuch gemacht, der ebenfalls beleuchtet, auf welch wackeligen Füßen das steht, was wir unsere Vergangenheit nennen. Man hat Versuchspersonen ihren Lebenslauf schreiben lassen, mit Daten und Fakten und allem Drum und Dran. Der Versuchsleiter hat die Lebensläufe eingesammelt und bei jedem drei zusätzliche erfundene und wichtige Ereignisse hinzugefügt. Dann wurden die Lebensgeschichten zurückgegeben mit der Erklärung, man habe so viel Kenntnis über das Leben der Teilnehmer, dass man entdeckt hätte, dass an drei Stellen die Fakten nicht zutreffen würden; sie möchten den Lebenslauf doch bitte korrigieren. Alle Versuchspersonen haben die hinzugefügten, völlig willkürlichen Veränderungen als richtig akzeptiert und von ihren eigenen richtigen Angaben drei Punkte gestrichen oder verändert, weil sie nunmehr glaubten, dass sie nicht zuträfen.

Das Vergangenheitsbild dient der Identität

Die Vergangenheit ist ein gedankliches Konstrukt, das mit dem, was »wirklich war«, immer nur zum Teil etwas zu tun hat. Es ist kein zufälliges Gedankengebäude, sondern dient dazu, das Bild zu konstruieren und aufrechtzuerhalten, das jemand von sich selbst hat und dringend zu brauchen glaubt: das Bild, das Identität genannt wird. Hier tritt eine weitere Tragödie des Menschen zutage, auch wenn sie sich für den einen schlimmer darstellt als für den anderen. Im ersten Kapitel wurden als besondere Bedürfnisse die Ich-Bedürfnisse genannt: recht zu behalten, gerade weil dieses Ich nur eine Konstruktion und deswegen so unsicher ist; Erwartungssicherheit zu haben bezüglich dessen, was auf einen zukommt, gerade weil man glaubt, die Tatsache aus dem Blickfeld drängen zu müssen, dass zum Schluss der Tod auf uns wartet und dann alles Planen und Wissen ein Ende hat. Dazu kommt das Bedürfnis, etwas Besonderes, etwas Originelles und etwas Besseres zu sein, weil man ahnt, aber nicht wahrhaben will, dass man mit allem verbunden ist und in Wirklichkeit alles eins ist. Wie Albert Einstein einmal sagte: dass wir uns als getrennte Individuen wahrnehmen, sei nichts als eine optische Täuschung.

Das Fiasko des Menschen besteht nunmehr darin, dass er ein einmal gefundenes, zum Teil zugeschriebenes, zum Teil selbst entwickeltes Bild von Identität wegen dieser Ich-Bedürfnisse *ständig zu bestätigen sucht.* Daraus resultiert zunächst die Anstrengung, so sein zu müssen, wie man es sich vorher ausgedacht hat. Noch schlimmer: Wenn die eigene Identität eine Opferidentität ist, versucht man, das ständig erneut zu beweisen und zu erfahren.

Allen gemeinsam ist der Fakt, dass das Bild der Identität Erwartungen produziert: wie man sein wird, was man kann und was man erleben und erfahren wird. Das Tragische besteht darin, *dass jetzt das tatsächliche Erleben und die tatsächlichen Erfahrungen so zurechtgestutzt werden, dass sie zu dem Bild und den Erwartungen passen.*

Deswegen leiden die Menschen so viel unter Langeweile; nicht weil das Leben nicht bunt und vollkommen überraschend wäre und ständig Neues böte, sondern deswegen, weil der Mensch das Leben immer gemäß den produzierten Erwartungen zurechtstutzt, und die sind wieder abhängig von dem vorhergehenden Bild, das ebenso ausgedacht ist wie die Erwartungen selbst.

Wie Erfahrungen und Leben eingeschränkt werden

1. Bestimmte Lebensmöglichkeiten, Erfahrungen, Lebensräume und Lebensträume *werden gar nicht erst aufgesucht, ersehnt und angestrebt*, weil sie nicht zum eigenen Selbstbild passen, weil man glaubt, bestimmte Dinge nicht tun zu können, und weil es immer schon so gewesen ist.
2. Die bereits reduzierten Erfahrungen, die man dann macht, werden *nur zum Teil wahrgenommen und in der Wahrnehmung verzerrt*, sodass man sie als zu sich selbst zugehörig erklären kann. So wird ein Erfolg generell geleugnet, und wenn das nicht geht, wird alles dem Zufall zugeschrieben.
3. Die Erfahrungen und das Erleben einzuschränken und alle konträren Erfahrungen zu leugnen, damit sie schließlich zu den Erwartungen und zum eigenen Selbstbild passen, wird auch dadurch leichter möglich, dass man *sowieso nicht das, was geschieht und erfahren werden könnte, wirklich erfährt und erlebt.* Vielmehr ist man währenddessen mehr damit beschäftigt, das Erlebte zu *kommentieren* und mit den Erwartungen und der eigenen Identität zu vergleichen und einzuordnen.

Es gibt ein schönes Sprichwort: »Wenn ein Taschendieb den Buddha auf der Straße trifft, sieht er nur dessen Taschen.« So gilt eben auch: Wenn jemand glaubt, ein Opfer zu sein und auf seine Vergangenheit schaut, dann wird er sich selbst auch dort nur als Opfer wahrnehmen.

Es gibt eine schöne Geschichte von Jorge Bucay, einem argentinischen Gestalttherapeuten, die ich hier leicht gekürzt habe (Quelle siehe Seite 349):

Als Kind war ich im Zirkus so fasziniert von den riesigen Elefanten. Welch beeindruckende Kunststücke diese Kolosse auf Geheiß des Dompteurs vollführten! Sie balancierten auf den Hinterbeinen oder drehten sich im Rhythmus eines Schlagers. Mit Leichtigkeit hoben sie riesige Gewichte. Welche Kraft!
Äußerst verwundert war ich, als ich sah, dass diese Riesen oft mit einfachen Stricken an geradezu winzigen Pflöcken angebunden hinter dem Zirkuszelt abgestellt wurden. Warum verharrten diese gewaltigen Wesen an kleinen Pflöcken, statt frei durch die Gegend zu spazieren? Man erklärte es mir so: »Der Elefant ist dressiert darauf, an dem Seil und an dem Pflock zu bleiben.« Irgendwie leuchtete mir das aber nicht ein. Wenn man einen Elefanten darauf dressieren konnte, an einen kleinen Pflock gekettet zu sein, der seiner geballten Kraft nie und nimmer würde widerstehen können, hätte man ihn doch gleich aufs Stehen neben dem Zelt dressieren können. Wozu nur der Pflock? Es machte einfach keinen Sinn.
Ich dachte lange darüber nach, und endlich begegnete ich jemandem, der die Lösung kannte. »Der Elefant bleibt an den kleinen Pflock gefesselt, weil er es schon immer war.«
In mir entstand das Bild des kleinen Elefanten, den man an den Pflock fesselt. Noch besitzt er nicht die Kraft, sich loszureißen. Er zerrt an dem Seil, Tag für Tag, doch es hilft alles nichts. Der Pflock steckt nicht tief in der Erde, und das Seil ist nicht besonders dick, aber für den kleinen Elefanten reicht es. Er hat, so klein, wie er ist,

keine Chance, sich loszureißen. Irgendwann, nach Tagen der verzweifelten Versuche auszubrechen, gibt er auf. Er hat seine Ohnmacht akzeptiert und sich in sein Schicksal gefügt.
Selbst nach Jahren – er ist längst ein großer und mächtiger Elefant – wagt er es nicht, einen neuen Versuch zu starten. Seine Erinnerung, sein Wissen um das einstige Scheitern, ja seine Gewissheit sitzen so tief, dass er die Umstände nicht mehr hinterfragt. Er glaubt immer noch, dass er es nicht kann. *So sieht er nicht die Möglichkeiten der Veränderung.*

DEINE GESCHICHTE IST NUR EINE GESCHICHTE

In der folgenden Übung geht es um deine Vergangenheit und deine Geschichte. Du kannst die Übung entweder allein machen, indem du das Thema in deinem Arbeitsbuch beschreibst, oder zu zweit mit einem guten Freund oder einer guten Freundin. Du kannst deine Geschichte auch auf einen Tonträger sprechen – dann ist es besser in der Du-Form, weil du sie anschließend anhörst, und dann sprichst du tatsächlich zu dir.

1. Beschreibe deine Vergangenheit – vom Anfang bis heute – als eine Geschichte des Unglücks mit all dem Schlimmen, das dir zustieß, und allen Fehlern und allem Scheitern, das du erlebtest. Aber bleibe bei deinen realen Erinnerungen, denn du solltest nichts erfinden.

2. Dann erzähle die Geschichte entweder jemand anderem oder lies sie noch einmal durch oder höre sie dir auf dem Tonträger an. Lass dir danach Zeit wahrzunehmen, was du fühlst und auch, was du während des Schreibens gefühlt hast. …

3. Jetzt erzähle deine Vergangenheit noch einmal, wieder dieselbe Geschichte, aber als eine Geschichte des Glücks: wie gut sich alles gefügt hat, wie gut die Menschen zu dir waren, wo du überall Glück und Erfolg hattest.
4. Mache es genauso wie mit der ersten Geschichte: Nachdem sie geschrieben, gesprochen oder erzählt und noch einmal angehört oder durchgelesen wurde, lass dir genug Zeit, um wahrzunehmen, welche Gefühle das auslöst und welche Gefühle während des Schreibens ausgelöst wurden. Achte auch darauf, wie wahr oder unwahr sich die beiden Geschichten im Vergleich angehört und angefühlt haben.

Lass dich wirklich überraschen von dieser Übung. Es wird deutlich, dass sehr viel in deinem Leben davon abhängt, wie du dir deine Geschichte erzählst.

Natürlich gibt es wichtige Ereignisse in deinem Leben, die dich geprägt haben und die bestimmend für alles Weitere waren. Und es ist wichtig – das werden wir im Folgenden sehen –, sich seine Vergangenheit wieder anzueignen, gerade die Teile, die man nicht wahrnehmen und wahr-haben wollte, weil sie angeblich peinlich, unangenehm oder dumm gewesen sind oder ganz einfach deswegen, weil sie nicht zu dem Identitätsbild passten, das man sich so hart erarbeitet hatte.

Die Vergangenheit und die Tendenz zur Ganzheit

Das Thema der Vergangenheit ist schon in den früheren Kapiteln aufgetaucht. Ereignisse und Erfahrungen aus der Vergangenheit führten zu Überzeugungen, die dem gegenwärtigen Verhalten und Erleben Orientierung geben und es einschränken. Wir sahen, wie das Kind schon früh ein Idealbild seiner selbst entwickelt und dann oftmals mehr diesem Idealbild hinterherjagt, als das wirkliche Leben zu leben, und sich so von sich selbst entfremdet.

Der Mensch hat zwei Tendenzen, die umso mehr zum Tragen kommen, je mehr die Hindernisse aus dem Weg geräumt sind: die Tendenzen zur Liebe und zur Ganzheit. Die Tendenz zur Ganzheit spielt eine große Rolle in der *Gestaltpsychologie und Gestalttherapie.* Deren Grundgedanke ist sehr hilfreich und nützlich, um viele Dinge zu verstehen und Zusammenhänge zu erkennen.

Das Konzept der »Gestalt«

Ein einzelnes Ereignis oder eine einzelne Erfahrung wird *Gestalt* genannt. Eine Gestalt ist etwas relativ Ganzes – relativ, weil aufgehoben in größeren Gestalten. Jede Gestalt hat einen Hintergrund, vor diesem ist sie der Vordergrund. Ein Bedürfnis zu essen, der Plan, ein bestimmtes Restaurant aufzusuchen, das Bestellen und das Essen selbst, all das zusammen ist eine abgeschlossene Gestalt. Aber auch eine ganze Beziehung, die vielleicht fünf Jahre dauerte, ist eine Gestalt, bestehend aus vielen einzelnen Gestalten. Eine bestimmte Auseinandersetzung könnte eine einzelne Gestalt sein, ihr Hintergrund wäre die Beziehung. Dieser Hintergrund, die Beziehung als Ganzes, würde in den Vordergrund kommen zu dem Zeitpunkt, an dem die ganze Beziehung infrage stünde.

Jede Gestalt strebt nach Geschlossenheit

Der wichtige Gedanke nun ist der: Eine Gestalt hat die inhärente Eigenschaft und den Drang, sich schließen zu wollen. Eine Gestalt taucht auf, beginnt sich zu entfalten und bleibt eine Zeit lang eine offene Gestalt, bis sie sich schließt. Viele Gestalten finden jedoch zu keiner Geschlossenheit, sie bleiben offen und binden dann Energie.

Manchmal sucht man zum Beispiel etwas eine Zeit lang ergebnislos und gibt schließlich auf. Stunden später oder vielleicht sogar Tage später fällt einem plötzlich wieder ein, wo das Gewünschte zu finden ist. Natürlich wurde die Suche im Unbewussten die ganze Zeit fortgesetzt. Laut neuesten Forschungen sollen uns von den rund zwei Milliarden »Bits«, also den Verarbeitungseinheiten des Gehirns, gerade einmal 30 bewusst sein!

Wenn man das mit dem Suchen und Finden kennt, dann kennt man auch das wirklich erlösende, befreiende Gefühl, etwas endlich wiedergefunden zu haben. Viele Spiele, etwa Kreuzworträtsel oder Sudoku, beziehen ihren Reiz von dem erlösenden und befriedigenden Gefühl, dass sich eine Gestalt schließt.

Das Leben besteht aus vielen Gestalten in Form von Begegnungen mit und Beziehungen zu uns wichtigen Personen, den Eltern, den Geschwistern, den Lehrern, den Freunden und vielen anderen. Gestalten sind auch die verschiedenen Ausbildungen, beendete, begonnene und abgebrochene. Ob die Gestalt geschlossen ist, entscheidet die psychische, die innere Situation.

Eine Ausbildung, mit deren Abbruch man ganz einverstanden ist, bei der der innere Abschied gelungen und zu Ende gekommen, alles Nötige betrauert und zur Ruhe gekommen ist – das ist eine abgeschlossene Gestalt. Wenn man das vorzeitige Ende einer abgebrochenen Ausbildung immer noch bedauert und sich vielleicht vorwirft, wäre das eine offene Gestalt.

So gibt es in jedem Leben viele mehr oder weniger offene Gestalten, die danach drängen, geschlossen zu werden. Da gab es Menschen im Leben, deren Verlust man immer noch bedauert, die Begegnung mit ihm oder ihr fühlt sich noch nicht abgeschlossen an und wäre allzu gerne fortgesetzt worden. Auf andere dagegen ist man vielleicht nach Jahren noch wütend, möchte sich an ihnen rächen oder es ihnen heimzahlen, oder man glaubt, von ihnen eine Entschuldigung zu brauchen, um innere Ruhe zu finden. Dann gibt es Menschen, denen gegenüber man selbst eine Schuld empfindet; man hätte da etwas wiedergutzumachen und würde sich vielleicht besser fühlen, wenn man das täte. Das alles sind offene Gestalten, manche wiegen leicht, andere um vieles schwerer. Diese binden und verbrauchen manchmal sehr viel Energie, weil man sich mit ihnen noch weitaus mehr unbewusst als bewusst beschäftigt – wie mit dem Schlüssel, den man verloren hat. Aber es ist nicht nur das Thema, mit dem man sich beschäftigt, sondern es sind mehr noch die Gefühle, die zu Ende gefühlt werden wollen.

Eine weitere wichtige Gruppe offener Gestalten bezieht sich auf einen selbst. Wenn man ein wichtiges Bedürfnis, ein Talent nie zur Entfaltung brachte und das eigentlich immer noch möchte – gerade wenn es ein Bedürfnis oder Talent wäre, das einen selbst und seine Persönlichkeit ausmacht und ausmachen würde –, wäre das vom Gefühl begleitet, sich selbst verraten zu haben. Die Folge kann eine tiefe Unzufriedenheit sein, vielleicht auch ein ständiger unterschwelliger Groll, den man gegen sich, gegen andere und das Schicksal richtet. Das wäre eine wichtige offene Gestalt.

Wir haben gesehen, dass die meisten Menschen die innere Sehnsucht nach Ganzheit und Einssein, nach dem »zu Hause ankommen«, verdrängen und die Sehnsuchtsspannung dann auf andere sich anbietende Objekte verschieben; als Ersatzbefriedigung, die aber niemals wirkliche Befriedigung, niemals Frieden geben kann. So bleibt sie meistens eine offene Gestalt. Wenn diese Sehnsucht wahrgenommen und nicht mehr verdrängt wird, wird bereits eine große Menge Energie und Lebendigkeit wieder frei, auch wenn der Mensch die Reise selbst noch nicht begonnen hat. Das ist nicht nur theoretisch richtig, sondern auch praktisch immer wieder zu beobachten.

Offene Gestalten binden Energie. Tatsächlich ist es das Gleiche wie bei den Gefühlen. Der Drang zur Erfüllung der Gestalt muss unterdrückt werden, bleibt unbewusst aber immer bestehen und meldet sich des Öfteren aus dem Untergrund. Zudem enthält jede offene Gestalt von Bedeutung auch wenigstens ein wichtiges Gefühl, oft sind es mehrere. *Ein Gefühl ist selbst eine Gestalt,* die danach drängt, ausgefühlt zu werden, dadurch gelöst wird und zur Ruhe kommen kann.

Das jüngere Selbst in den verschiedenen Lebensaltern

Der Mensch mit seiner Geschichte besteht selbst aus mehreren Gestalten. Das jüngere Selbst in verschiedenen Lebensphasen ist jeweils eine Gestalt, und wir haben eine bestimmte Beziehung zu ihm, die ganz unterschiedlich ausfallen kann.

Vielleicht ist einer Erwachsenen das kleine Kind, das sie einmal war, ganz fremd, aber die gute, erfolgreiche und beliebte Schülerin, die sie später war, ist ganz nah und vertraut, während sie sich wiederum als Studentin, vielleicht orientierungslos und unglücklich verliebt, gar nicht leiden mag … Der Mensch besteht aus vielen Anteilen, und es besteht ein Drang zur Ganzheit: Jeder Anteil will wahrgenommen und integriert werden. Jeder Anteil besteht darauf, seinen Platz haben zu dürfen.

Hier wird es wieder einmal ganz deutlich: Gebunden, und das mit einer großen Menge an Energie, ist man dort, wo man sich ablehnt und sich selbst nicht haben will, gerade dort, wo man am liebsten alles vergessen würde. Wenn das bloß ginge! Auch hier meinen viele Menschen wieder, loszulassen würde einfach bedeuten, nicht mehr daran zu denken und es zu vergessen. Aber gerade das Vergessenwollen ist oft das Problem. Vielleicht kann man zum Beispiel das kleine Kind nicht leiden, das man einmal war, mit all seiner Bedürftigkeit, Wildheit und dem Chaos, das es immer wieder fühlte und vielleicht auch anrichtete. Also will man es vergessen, man verdrängt und verleugnet es und schiebt dieses kleine Kind und die ungeliebten Verhaltensweisen und Gefühle beiseite. Dann kann es sein, dass einen dies so sehr erschöpft, dass man ausgelaugt in eine Depression hineinschlittert. Denn das kleine Kind mit seiner Energie pocht darauf, gehört zu werden, und es kostete zu viel Kraft, es von sich fernzuhalten.

Loslassen heißt annehmen, nicht vergessen

Loslassen können und frei werden bedeutet hier genau wie sonst so oft, sich diese verlorenen und ungeliebten Anteile *wieder anzueignen, sie der Vergessenheit zu entziehen.*

Erst dann, wenn man diese Anteile seiner Person wirklich wieder ganz zu sich zurückgenommen, ganz angenommen hat, *wird man frei von dem Kampf, der Anspannung und Verkrampfung der Ablehnung, frei von dem Wegschieben, das ja nicht nur einmal geschieht, sondern ständig aufrechterhalten werden muss; erst dann steht einem die Energie dieser Teile wieder zur Verfügung, und genauso wird die Energie frei, die man bisher aufwandte, um diese Teile von sich wegzuhalten.*

Wenn man das Loslassen so versteht, dass man den ungeliebten Teil einfach vergisst, wird es nicht funktionieren. Solange man diesen Teil innerlich bekämpft, kann er nicht vergessen werden. Es ist ein bisschen so wie in der Pubertät: Der Jugendliche kämpft gegen die Eltern und lehnt sie ab und ist gerade deswegen ständig mit ihnen beschäftigt. Hat er diesen Kampf beendet und sich mit den Eltern ausgesöhnt, dann gibt das Thema Ruhe, dann kann er sie zum großen Teil vergessen, denn er ist mit ihnen nicht mehr in dieser verstrickten Weise beschäftigt. Man kann auch an Laotse denken: »Alles, was du bekämpfst, wird stärker.«

DIE BEZIEHUNG ZU DEINEM JÜNGEREN SELBST

➤ Setze dich an einen ruhigen, entspannenden Platz zu Hause oder vielleicht im Park oder an einem Fluss, wo du wirklich ungestört bist. Das Kaffeehaus ist in diesem Falle nicht geeignet. Atme ein paarmal durch und schließe die Augen.

1. Nimm wahr, was du vor deinem inneren Auge siehst, nimm wahr, was du hörst, und auch, was du spürst. Komme in einen inneren Zustand, in dem es gar nicht darauf ankommt, etwas zu tun, sondern darauf, offen zu sein für das, was auftaucht.
2. Jetzt stell dir eine freie Fläche vor, wie eine Bühne. Dort kannst du dein Leben sehen: vom Zeitpunkt der Geburt über die verschiedenen Altersstufen bis heute. Bei manchen Szenen hörst du vielleicht auch etwas mit deinem inneren Ohr.
   In der jeweiligen Phase wird manches deutlicher auftauchen, anderes weniger deutlich. Es ist gut, wenn du eine interessierte und offene, auch ein bisschen neugierige Haltung findest. Jetzt kommt es darauf an, dass du in dir fühlend wahrnimmst,

Man muss sich mit dem ungeliebten Teil befassen, ihn wieder an sich heranlassen und anerkennen, dass er zu einem gehört. Doch da ist die Angst, man würde dann so wie er und seine Verhaltensweisen übernehmen, auch die destruktiven. Das Gegenteil ist der Fall: »Ich werde dem, was ich bekämpfe, ähnlich.« Wenn die Kämpfe mit den Eltern zur Ruhe gekommen sind, kann man seinen eigenen Wege gehen, vorher nicht. Wenn man das innere ungeliebte Kind endlich wieder als einen Teil von sich selbst

wie du auf das jüngere Selbst in den verschiedenen Altersstufen, in den verschiedenen Phasen reagierst. Wo ist das jüngere Selbst, das innere Kind, der innere Jugendliche, dir fremd? Wo erlebst du dich ihm oder ihr gegenüber ablehnend, vielleicht sogar feindselig? Wo schämst du dich für ihn oder sie? Und in welchem Alter kannst du sie oder ihn vielleicht ganz annehmen, wohlwollend oder sogar liebend?
Achte dabei auch darauf, wo zwei oder drei vielleicht ambivalente, gegensätzliche Gefühle auftauchen. Und achte auch darauf, dass es hier nicht um die Gefühle geht, die man als kleines Kind oder Jugendlicher hatte, sondern um das Gefühl, das du dem Kind, dem Jugendlichen oder dem Erwachsenen gegenüber hast, wenn du heute auf ihn oder sie schaust.

3. Schaue zum Schluss auf das ganze Leben dieses Menschen dort, der du selbst bist, und werde dir bewusst, dass es der wichtigste Mensch für dich ist. Er oder sie mit diesem einen Leben ist deine Aufgabe, das, was dir aufgegeben ist.
4. Schreibe die Entdeckungen auf, vor allem deine Gefühle, mit denen du auf dein jüngeres Selbst reagiert hast.

wahrnimmt, befreit das von ungewünschten Verhaltensweisen. *Was also loszulassen ist, ist der Kampf und die Ablehnung.* Das ist das Loslassen, das die Tür zur Freiheit weiter aufstößt.

Nach der Übung auf den Seiten 306–307 kannst du die folgende machen, die dir hilft, die Beziehung zu dir selbst zu verbessern und zu vertiefen sowie verschiedene Seiten deiner Person wieder kennenzulernen und zu integrieren.

BRIEFE ANS JÜNGERE SELBST

➤ Schreibe jeweils einen Brief an das jüngere Selbst in den verschiedenen Lebensphasen.

1. Beginne mit einer Phase, in der du eine gute Beziehung zu dir hast, in der du das jüngere Selbst liebevoll und wohlwollend annehmen kannst oder es dir am ehesten möglich ist. Dies wird relativ leicht sein, und du verstärkst so die positive Bindung zu dir selbst. Dann fällt der nächste Schritt auch leichter:
2. Schreibe einen Brief an das jüngere Selbst in einer Phase, in der du dir ablehnend oder fremd gegenüberstehst. Gib den Gefühlen Raum, die der Brief auslöst. Dann lege ihn beiseite.
3. Zu einem späteren Zeitpunkt, an einem anderen Tag, schreibe eine Antwort: einen Brief, den das Kind oder die/der Jugendliche dieser Phase an dich als Erwachsene/r richtet.
4. Nimm wahr, welche Gefühle das in dir auslöst und wie du auf diesen Brief reagierst.
5. Probiere es aus, diesen Brief auf einen Tonträger zu sprechen und ihn zu einem späteren Zeitpunkt anzuhören.

Die eigenen Vorbilder in der Vergangenheit

Jeder Mensch hat im Laufe seines Lebens eine Reihe von Vorbildern. Manche bleiben die ganze Zeit, andere nur in einer bestimmten Phase; manche verschwinden auch wieder, weil man sich von deren Vorstellungen löst. Aber natürlich haben sie jeweils eine große Wirkung, bewusst und auch unbewusst.

EINE INNERE BEGEGNUNG MIT VORBILDERN

1. Schreibe alle Vorbilder auf, die in deinem Leben eine Rolle gespielt haben oder auch noch spielen.
2. Dann suche dir die fünf oder sechs wichtigsten heraus. Das sind nicht unbedingt nur die, denen du heute am stärksten zustimmst. Vielleicht bestand bei dem einen oder anderen die Zustimmung nur für eine gewisse Zeit, dann hast du dich von diesem Vorbild gelöst, vielleicht hast du es sogar verworfen.
3. Schreibe über einen längeren Zeitraum – vielleicht den ganzen Herbst, in dem man sowieso mehr Zeit mit sich verbringt – jedem Vorbild einen Brief; vielleicht jede Woche einen. Du kannst ihm schreiben, was du willst; schreibe aber auch, was du heute von ihm hältst, was du übernommen und was du inzwischen verworfen hast.

So kommst du zu einer ganzen Reihe von Gefühlen und dazu, was dir dieses Vorbild heute noch bedeutet, welche Rolle in der Vergangenheit es gespielt hat und was du ihm verdankst.

Den Kampf gegen die Vergangenheit beenden und loslassen

Wir haben uns buchstäblich verloren, weil wir einst Anteile der eigenen Person nicht haben wollten und weiterhin nicht haben wollen. Das stellt uns vor die Aufgabe, uns wieder kennenzulernen und diese verlorenen Seiten zu integrieren.

Das Gilgamesch-Epos aus dem alten Babylonien handelt davon, dass sich zwei ungleiche Brüder bekämpfen. Der eine ist ein Herrscher in der Stadt, der andere hat eine Tiernatur und lebt im Wald. Schließlich entdecken sie, dass sie gleich an Stärke sind und einander eigentlich brauchen – der Kampf gegen den anderen war von vornherein schon immer ein Kampf gegen sich selbst. So finden sie schließlich Frieden und verbinden sich miteinander.

Vor ebendieser Aufgabe steht der Mensch: sich mit den abgespaltenen und verdrängten Teilen seiner Person wieder zu vereinen. Die Anteile der eigenen Person – das ist das eine, das wieder zu integrieren ist.

Das andere: Der Mensch kämpft immer noch gegen Ereignisse und Widerfahrnisse an, die schon lange vorbei sind. Er ist immer noch wütend, dass der Vater die Familie und ihn selbst verlassen hat, als er noch so klein war. Sie ist immer noch wütend darüber, dass die Mutter nicht für sie da war, vielleicht weil es ein krankes Geschwisterchen gab, vielleicht weil die Mutter nicht in der Lage war, ihr emotionalen Halt zu geben. »Das hätte nicht sein dürfen!«, lautet immer noch, vielleicht noch 30 oder 40 Jahren später, die Anklage. »Der Vater hätte bei mir bleiben müssen, die Mutter hätte mehr für mich da sein müssen.« Um dann innerlich anzuschließen: *Dann würde es mir heute viel besser gehen.*

Was geschieht dadurch innerlich? Es ist gut, die einzelnen Schritte wirklich auseinanderzuhalten, denn nur dann kann man erkennen, was gerade in einem geschieht und an welcher Stelle man die Möglichkeit hätte, etwas zu ändern. Um deutlich zu machen, was damit gemeint ist, hier ein Vergleich: Wenn du vom Auto nur weißt, wo das Benzin eingefüllt und wo Gas gegeben wird, kannst du nichts tun, wenn es nicht anspringt. Kennst du die einzelnen Schritte dazwischen, dann kannst du die Zündkerzen reinigen oder auswechseln, und dann fährt es vielleicht.

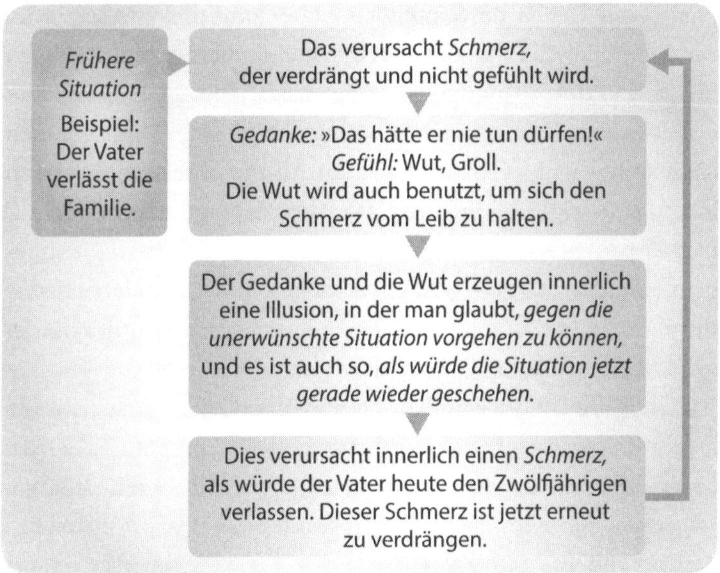

Kontinuierliche Wiederbelebung des Schmerzes

Der Gedanke, dass etwas nicht hätte sein dürfen, erzeugt innerlich tatsächlich die Situation, als ob es genau jetzt – erneut – geschehen würde. Dies hängt damit zusammen, dass das Unbewusste keine Zeit kennt. Hier ist auch ein früheres Ereignis, wenn es durch die Gedankentätigkeit reproduziert wird, so präsent, *als würde es jetzt erneut geschehen.*

Widerstand, Wut und Schmerz

Wichtig ist in dem Prozess und dargestellten Beispiel, dass die ursprüngliche Wut sich gegen das Ereignis richtet, aber eben gleichzeitig eine Abwehr des Schmerzes darstellt. Denn der Grund für den Kampf gegen das Ereignis ist ja gerade, dass man den Schmerz nicht fühlen will. Dadurch kommt man in einen Teufelskreis, erlebt das Verlassenwerden ein ums andere Mal aufs Neue, und wegen der wütenden Ablehnung und Anklage wird der Schmerz jedes Mal neu erzeugt, der wiederum eine Abwehrreaktion und Anspannung zur Folge hat.

Die meisten Menschen wollen, dass vieles in der Vergangenheit hätte anders sein sollen, und sind der Ansicht, dass sie selbst vieles hätten anders machen müssen. Der Verstand sagt ihnen zwar, dass man etwas, das vergangen ist, nicht nachträglich ändern kann, aus dem einfachen Grund, weil es vergangen ist. Das hindert sie aber nicht daran, die Wut ständig lebendig zu erhalten mithilfe des Gedankens: »Ach, hätte mein Vater mich doch nicht verlassen …« – »Ach, hätte ich doch andere Eltern gehabt …« – »Ach, hätte ich genommen den König Drosselbart.« Im Märchen kommt es – das ist das Vorrecht der Kinder, für die Märchen in erster Linie geschrieben sind – immer zu einem guten Ende. Das wirkliche Leben ist anders. Im wirklichen Leben wird die ständige innere Anklage – meistens ja gegen viele Ereignisse und Personen – zu einem zähen inneren Groll, dessen Verdrängung wiederum einen großen Energieaufwand erfordert.

Ein schlimmes, verletzendes Ereignis, ein Verlust oder die Zurückweisung eines existenziellen Bedürfnisses ruft zunächst Wut und dann vor allem Schmerz und Trauer hervor. Eine gesunde, heilsame Verarbeitung bestünde darin, die Wut zu fühlen und zuzulassen. Danach wäre es heilsam, wenn die Trauerarbeit begänne.

Trauerarbeit ist nichts anderes, als den Schmerz und die Trauer so lange auszuhalten und zu fühlen, bis sie ausgeklungen sind. Gelungene Trauerarbeit setzt voraus, dass man das Ereignis, so wie es war, inzwischen als etwas Unvermeidliches akzeptiert hat und als etwas, das unumkehrbar geschehen und vorbei ist. Dann erst kann wirkliche Trauer beginnen, dann kann die Wunde heilen und wird nicht mehr durch die Wut jeden Tag wieder neu aufgerissen.

Es ist sehr wichtig, die aussöhnende und heilende Trauer zu von der anklagenden Wut unterscheiden. Wenn man das jeweilige Gefühl ganz fühlt und es dann einen Satz sagen lässt – einen Satz, der mehr von allein auftaucht, als dass man sich etwas ausdenken müsste –, dann kann man diese Unterschiedlichkeit der Gefühle oft leicht entdecken. Es ist nämlich ein Unterschied, ob der Satz lautet: »Der Verlust tut mir immer noch weh.« Oder: »Wenn er mich doch bloß nicht allein gelassen hätte!« Der zweite Satz ist eine Anklage und die dahinterliegende Wut offensichtlich, auch wenn es sich zuerst ausschließlich wie Schmerz angefühlt hat.

Zuerst die Wut fühlen und dann die Anklage loslassen

Die Trauerarbeit ist ein sehr wichtiges Thema. Von ihrem Gelingen hängt ab, ob wir wirklich frei für die Gegenwart und die Zukunft sind und ob wir Frieden finden können. Aber die Trauerarbeit kann erst wirklich beginnen, wenn die Wut gefühlt wurde und zur Ruhe kommen konnte.

Ein Kind ist meistens viel zu schnell bereit, die Wut herunterzuschlucken und nicht zu fühlen – zu bedrohlich wirkt sie. Man kann sogar ein Leben lang mit einer Anklage gegen frühere Ereignisse sein Dasein fristen, *ohne die Wut, die von der Anklage ständig erzeugt wird, jemals zu fühlen.* Das Gefühl wird vom Inhalt und die Wut von der Anklage abgespalten und verdrängt. Für das Kind, das vom Vater verlassen wurde, wäre die Wut als Enttäuschungswut und als Verletzung eines existenziellen Bedürfnisses nach Geliebt- und Gehaltenwerden eine adäquate und sogar notwendige Reaktion. Diese Wut muss gefühlt werden, und wenn sie verdrängt wurde, ist es heilsam, sie nachträglich zu fühlen.

Es kann außerordentlich destruktiv sein, mit der eigentlich richtigen Aufforderung, alles so anzunehmen, wie es ist, die Wut zu verdrängen. Dann würde man, wenn Wut auftaucht, sich Folgendes sagen: »Da taucht Wut auf. Das zeigt: Ich bin mit dem, was geschieht, nicht einverstanden. Ich weiß aber, dass es richtig ist, dass ich alles annehmen sollte. *Deswegen ist die Wut nicht in Ordnung*. Deswegen ist es richtig, sie nicht zu fühlen.« Das wäre nur ein anderer Weg, die Wut zu verdrängen, und *hat die gleichen destruktiven Wirkungen wie jede Verdrängung* eines Gefühls. Stattdessen sollte die Wut gefühlt werden als eine natürliche Reaktion des Organismus, ohne an der Anklage festzuhalten. So kann die Wut ausgefühlt werden, und sie kann zur Ruhe kommen. Dann erst können Schmerz und Trauer gefühlt und verarbeitet werden.

Einer Wut liegt immer ein erlebter oder erwarteter Schmerz zugrunde, der von einer Verletzung verursacht wird, die bereits erfolgt ist oder in der Zukunft erwartet wird. Für den Schmerz und die Wut – tatsächlich gefühlt oder verdrängt – ist es dabei unerheblich, ob diese Erwartung der Realität entspricht oder nicht. Befürchtete und erwartete Verletzungen, vor allem mit konkreten Vorstellungen verbunden, *sind auch hier für das Unbewusste so, als wenn dies schon geschehen würde.* Schmerz und Wut sind ähnlich, als wenn sie schon geschehen wären.

In der Abbildung oben stellen die dunklen Linien die Abwehr dar; es können entweder der Schmerz und die Wut verdrängt sein, oder die Wut wird gefühlt und der Schmerz verdrängt. Dabei kann die Wut dazu benutzt werden, die Abwehr und Verdrängung des Schmerzes zu verstärken.

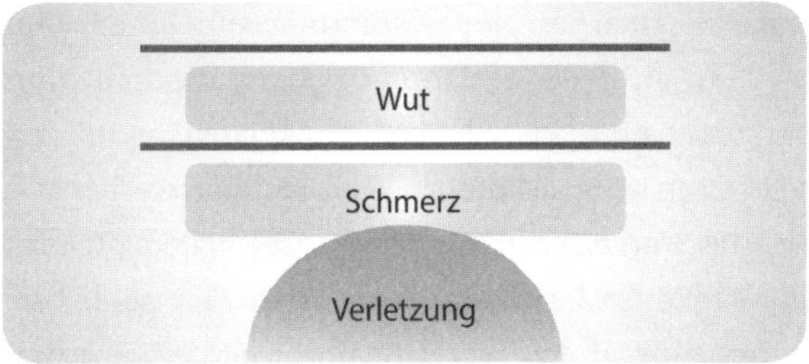

Die Abwehr (dunkle Linien) von Wut und Schmerz

Woher weiß ich, dass es besser gewesen wäre, wenn es anders gewesen wäre?

Um die Wut zu lösen, hilft die zunächst ernüchternde Frage: »Woher weiß ich, dass es besser gewesen wäre, wenn es anders gewesen wäre?« Wenn der Vater die Familie nicht verlassen hätte, wenn ich den Unfall nicht gehabt oder die Krankheit nicht bekommen hätte … Wenn wir ehrlich mit uns selbst sind, müssen wir uns eingestehen, *dass wir es nicht und niemals wissen können.* Wir glauben nur, dass wir es wüssten, weil es so einfach ist, sich eine alternative Vergangenheit und alternative Zukunft auszudenken, von der wir dann behaupten, dass alles so schön gekommen wäre, wenn nur … Man muss hier sehr genau unterscheiden: Ich rede nicht davon, dass alles so, wie es war, das Beste war, das hätte passieren können. Manch einer tut das ja, als eine Variante des »positiven Denkens«. Manche finden es auch spirituell zu sagen: »Das, was geschehen ist, war das Beste und genau richtig für mich, das Universum hat mir das als eine Prüfung geschickt …« Das ist kindisch und Schönrederei und zugleich bestimmt von dem Wunsch nach Kontrolle und Wissen. Das hat mit Erwachsensein nichts zu tun. Erwachsensein bedeutet auch, sich der Tatsache zu stellen, dass wir es nicht wissen. Natürlich können wir jedes Ereignis unseres Schicksals als ein Geschenk, eine Herausforderung und manchmal auch als eine Zumutung annehmen, und natürlich können wir aus jeder Situation das Beste machen. Nur: Wir wissen eben nicht, ob irgendeine andere Möglichkeit unseres Lebens besser gewesen wäre als die, die sich realisierte. Aber wir wissen, dass das, was war, das Einzige ist, was geschehen ist. Und wir wissen, dass wir es im Grunde weder verurteilen noch vergleichen noch uns eine andere Vergangenheit herbeiwünschen können. Jedes Ereignis unseres Lebens ist geschehen, wie es geschehen ist, und alles durfte so sein, wie es war.

WAS WÄRE, WENN ...?

➤ Setze dich – vielleicht mehrmals – an dein Arbeitsbuch und plane für diese Übung drei Spalten ein.

1. Schreibe in die erste Spalte eine Liste von allem, worauf du wütend bist und von dem du eigentlich willst, dass es hätte anders sein sollen. Fühle die Wut, ohne etwas mit ihr zu tun. Fühle auch den Schmerz, ohne dagegen anzugehen.
2. Wenn die Liste vollständig ist, trage in der zweiten Spalte jeweils ein, was du glaubst, was ansonsten geschehen wäre: *»Wenn es nicht geschehen wäre, dann …«*
3. Wenn du das ausgefüllt hast, beantworte für jedes Ereignis in der dritten Spalte die Frage: *»Bin ich sicher, dass es so gekommen wäre? Und bin ich sicher, dass es besser gewesen wäre, wenn das ursprüngliche Ereignis nicht stattgefunden hätte?«*
4. Wenn du diese letzte Spalte ausfüllst, nimm dir genug Zeit, die Gefühle zu entdecken, die auftauchen. Sei offen dafür, Gefühle zu entdecken, mit denen du nicht gerechnet hast.

Den Kampf gegen sich selbst beenden

Anklagen werden nicht nur gegen die anderen, gegen die Welt und gegen das Schicksal gerichtet, sondern genauso und meistens noch destruktiver gegen sich selbst. Es sind Vorwürfe, dass man etwas falsch gemacht oder sich falsch entschieden hätte. »Hätte ich doch bloß …, dann …« Man wirft sich vor, dass man etwas hätte wissen und berücksichtigen müssen. Oft tut man so, als wenn man das, was man jetzt weiß, schon damals wusste – oder wenigstens hätte wissen müssen.

Nachmittags, wenn man klatschnass geworden ist, weiß man, dass es an dem Tag geregnet hat und man einen Regenschirm gut hätte brauchen können. Morgens, als die Sonne schien, *wusste man das eben noch nicht.* Was für einen Sinn ergibt es da, sich vorzuwerfen, dass man morgens keinen Regenschirm mitgenommen hat? Allgemeiner: Jeder tut in einer bestimmten Situation das, was – begrenzt durch das verfügbare Wissen und das, was er unter den jeweiligen Umständen tun kann – das Beste ist, was ihm möglich ist. Denn das Begrenzende ist nicht nur das Wissen, sondern auch das, was er in der Situation tun kann.

Wenn jemand – ein sehr einfaches Beispiel – am Abend zu viel getrunken hat, ist es für ihn natürlich leicht, sich das am nächsten Morgen, verkatert und müde, vorzuwerfen. Am nächsten Morgen ist es leicht, keinen Alkohol zu trinken, aber am Abend zuvor *stand ihm dies eben nicht zur Verfügung.*

Im Nachhinein mag es Gründe geben für das Urteil, man hätte besser ein anderes Studium gewählt – wobei man sich bewusst sein sollte, dass man auch das nie sicher wissen kann –, aber sich einen Vorwurf deswegen zu machen, dass man das falsche Studium gewählt hat? Das, was man jetzt weiß, was einem jetzt zur Verfügung steht, stand eben damals *so nicht zur Verfügung.*

Oft verdecken die Vorwürfe gegen sich selbst die Wut und den Zorn auf andere. Als kleines Kind war es sehr schwer, Wut auf die Großen zu haben, weil das Kind wusste, dass es auf die Erwachsenen angewiesen ist. Wenn sich das Kind hätte eingestehen müssen, dass die Erwachsenen womöglich etwas falsch machten, dann wäre die ganze Welt unsicher geworden, denn worauf hätte es sich dann noch verlassen können? Daher gibt es für das Kind oft keine andere Möglichkeit, als den Fehler sich selbst zuzuschreiben und damit die Wut gegen sich zu richten.

Das ganze Thema der Selbstvorwürfe bezüglich der Vergangenheit ist eine Variation des Terrorregimes der Solltes, die im vierten Kapitel über das Verstehen der Lebensmuster erörtert wurden. Da waren es die Gebote: »Ich sollte … keinen Fehler machen, hilfsbereit sein, stärker sein als die anderen.« Bezogen auf die Vergangenheit ändert sich die Forderung in: *»Ich hätte …* keinen Fehler *machen sollen.«* Oder: *»Ich hätte stärker sein müssen.«* Insofern können wir uns hier kurz fassen. Das Schlimme ist, dass Vorwürfe, Wut und Groll, wenn man all das gegen sich selbst richtet, einen ständigen inneren Krieg gegen sich selbst bedeuten und ständig Schmerz und Leid erzeugen.

Das Loslassen und die Lösung: annehmen, wie es war

Zuerst fühlt man also die Wut und dann auch den Schmerz und die Trauer über die verschiedenen Erfahrungen; durch das Fühlen dürfen sich die Gestalten, die zuvor noch offen waren, schließen. Erst dann kommt man langsam an den Punkt, wo man bereit ist, die Vergangenheit als Ganzes anzunehmen.

Dieses Akzeptieren und Annehmen, wie es war, ist etwas, das nicht so leicht mit Worten ausgedrückt werden kann. Es ist ganz sicher viel mehr als der Gedanke: »Ich muss die Vergangenheit wohl hinnehmen, es ist ja nicht mehr zu ändern.« Das wäre ein notgedrungenes Sichabfinden. Es ist jedoch eher ein zustimmendes Akzeptieren mit offenem Herzen.

Schlimmes in Vergangenheit und Gegenwart

Das hat wiederum gar nichts damit zu tun, dass man alles gut finden sollte, was gewesen ist. Das Schlimme bleibt etwas Schlimmes, ein Verbrechen bleibt ein Verbrechen. *Nein, gut finden musst du es nicht, aber fälle gar kein Urteil.* Sollte dir das noch nicht gelingen, dann sei dir zumindest liebevoll dessen bewusst, dass du gerade ein Urteil fällst. Jeder kann das ausprobieren: Wenn du glaubst, du könntest dir ein Urteil erlauben und wüsstest, was richtig und was falsch ist, dann schaust du mehr von oben herab; gleichzeitig ist dein Blick schmal und dein Herz eng. Wenn du dir dagegen bewusst bist, kein Urteil fällen zu können und Wichtiges gar nicht zu wissen – nicht, weil du dumm bist, und auch nicht, weil du zu wenig wüsstest, sondern weil du weißt, wie viele wichtige Fragen der Mensch niemals beantworten kann –, dann wirst du still, dein Blick wird weit und das Herz noch weiter.

Auf die Vergangenheit blickend kann man sagen: Alles, was war, durfte so sein. Wenn es nicht hätte sein dürfen, dann wäre es nicht so gewesen. Das bedeutet natürlich nicht, dass man in dem Augenblick, wo das Schlimme geschieht *und verhindert werden könnte,* sagen würde: »Oh, ich brauche nicht einzugreifen, brauche nichts zu tun, *obwohl ich es könnte,* denn *es darf so sein, wie es geschieht.«* Nein, wenn Unrecht geschieht, dann fühlt man Empörung und den Impuls, es zu verhindern. *Diese Empörung und dieser Impuls sind auch etwas, das geschieht, und auch etwas, das da sein darf.* Und wir begegnen auch der Grenze unseres Handelns und Einflusses, da beginnt die Ohnmacht. Und auch die darf so sein, wie sie ist.

DEM ZUSTIMMEN, WAS WAR

1. Setze dich ruhig und entspannt hin, schließe die Augen und atme ein paar Mal tief in den Bauch.
   Nimm wahr, welche Geräusche um dich herum zu hören sind, was du vor deinem inneren Auge siehst und was du im Körper spürst: wie du atmest, wie du sitzt, wie der Stuhl oder der Boden dich trägt … und du kannst spüren, ob dein Körper schwerer wird oder leichter.

2. Du kannst vor dir eine freie Fläche wie eine Bühne sehen, und auf dieser Bühne siehst du dein ganzes Leben ablaufen, vom Anfang bis zum heutigen Tag. Vielleicht blitzen manche Ereignisse und Situationen stärker auf, andere weniger, vielleicht siehst du auch einige Menschen, die in deinem Leben eine wichtige Rolle gespielt haben, im Guten wie im Schlimmen.

3. Wenn das ganze Leben sich dort auf der Bühne zeigt, kannst du den Blick etwas weiter werden lassen und die Macht miteinschließen, die das Schicksal in der Hand hat, dein Schicksal. Dann sage den Satz:

   »Es durfte alles so sein, wie es war, genau so, wie es war.«

   Nimm wahr, welche Gefühle dieser Satz auslöst, und gib diesen Gefühlen Raum.

Wenn man so auf die Vergangenheit schaut, dann weiß man, dass man es nicht wissen kann. Sokrates würde an dieser Stelle sagen: »Ich weiß, dass ich nichts weiß.« Diesen Satz interpretieren ja nur Kleingeister in der Weise, dass das, was man nicht weiß, viel größer sei als das, was man schon weiß. Nein, das Warum der Vergangenheit ist eine von den wesentlichen Fragen, deren Antwort wir nicht wissen *und niemals wissen können*. Wir können wahrnehmen, wie es sich anfühlte, ob es uns Schmerzen machte oder Freude. Man weiß nie, ob etwas anderes je hätte besser sein können.

Man kennt auch nicht die Zukunft, man weiß nie – wie Bert Hellinger es sehr präzise ausdrückt –, ob aus dem Schlimmen weniger oder mehr Gutes entsteht als aus dem Guten. Dazu gibt es eine schöne chinesische Geschichte über einen Bauern, sein Pferd und seinen Sohn:

Dem Bauern ist sein Pferd entlaufen. Am Abend beim Zusammensitzen bedauern die anderen Bauern ihn: »Gerade jetzt, wo die Ernte beginnt, ist dein einziges Pferd weggelaufen! Welch ein Unglück!« Der Bauer hört zu und sagt: »Wer weiß?«
Am nächsten Tag geht der Sohn des Bauern los, um das Pferd zu suchen, findet es und bringt das wilde Pferd, das bei ihm stand, mit auf den Hof. Am Abend freuen sich die Leute vom Dorf für den Bauern: »Du Glücklicher, erst hattest du nur ein Pferd, jetzt hast du zwei!« Der Bauer sagte nur: »Wer weiß?«
Am nächsten Tag beginnt der Sohn, das wilde Pferd zuzureiten. Er stürzt und bricht sich das Bein. Am Abend bedauern die Leute den Bauern: »Du Armer, jetzt fehlt dir der Sohn als Hilfe bei der Ernte!« Der Bauer sagt wieder: »Wer weiß?«
Am nächsten Tag ziehen Offiziere durch die Dörfer und rekrutieren alle jungen Männer für den Krieg. Als sie den Sohn des Bauern mit gebrochenem Bein sehen, ziehen sie weiter und nehmen alle anderen jungen Männer mit. Am Abend sind die Bauern, deren Söhne in den Krieg ziehen, bedrückt und sagen zu dem anderen Bauern: »Du Glücklicher, alle unsere Söhne ziehen in den Krieg, und deinen darfst du bei dir behalten.« Der Bauer hört zu und sagt langsam und bedächtig: »Wer weiß?«

✳ SCHRITT 6 ✳

Der Schritt in die innere Stille

Wenn man auf die Vergangenheit zurückschaut und möglichst alles sehen darf, weil man nichts mehr leugnen und verdrängen muss, und wenn einem bewusst ist, dass jedes Urteil fehl am Platze ist; wenn man dann wahrnimmt, dass das eine und das andere einen immer noch berührt und auch bewegt, wenn man bei diesem und jenem Wehmut fühlt, einen Stich im Herzen wegen eines längst vergangenen Schmerzes, aber auch Dankbarkeit für vieles und für das Ganze empfindet – dann wird man immer stiller. Dann weitet sich der innere Raum, weil niemand mehr da ist, der etwas ändern will, niemand, der irgendetwas halten möchte, festhalten oder behalten; vielmehr ist man einverstanden mit dem, was war, und einverstanden damit, dass es vergangen ist. Dann spürt man, wie alles zurücksinkt in die Leere. Und es wird immer weiter, ohne Grenze und ohne Zeit.

Man spürt, man fühlt, und noch tiefer erfährt man es, dass nichts wirklich ist von all dem, woran man sich eben noch erinnerte und was man sich als Vergangenheit vorstellte. Stattdessen ist da jetzt nur dieser Augenblick, der bleibt. Und dieser Augenblick ist kein Gedanke, keine Vorstellung und kann deshalb auch nicht vergehen. Er vergeht nicht, weil er ohne Zeit ist – einfach da.

Das Recht, da zu sein

Bei der Verarbeitung und der Bewältigung der Vergangenheit spielen die Eltern natürlich eine besondere Rolle. Unsere ersten Erfahrungen sind mit ihnen verbunden, und sie waren es, die uns das Leben geschenkt haben. Die innere Auseinandersetzung mit den Elternfiguren dauert eine lange Zeit und hört wohl nie ganz auf: eine innere Auseinandersetzung mit der Trauer über das, was einem fehlte, und Wut über das, was einen verletzte; Auseinandersetzung mit Dankbarkeit und Auseinandersetzung mit Schuld.

Dabei wird oft eines übersehen: Unsere Eltern haben uns gezeugt und geboren, weil sie genau so waren, wie sie waren. Der Vater fühlte sich hingezogen zur Mutter, wahrscheinlich nicht trotz ihrer verrückten Art, die sie gehabt haben mag, sondern gerade deswegen. Die Nähe, die sie hatten, die Art der Beziehung, die sie führten, ihre Eigenschaften und Eigenarten, all das hat eine Rolle gespielt; vielleicht sogar noch ein ganz bestimmter Streit, nach dem sie zur Versöhnung an diesem einen Abend zusammenkamen, an dem sie uns zeugten. Wenn auch nur irgendetwas anders gewesen wäre, *dann wären wir nicht da*. Vielleicht wäre es für die Welt besser, wenn unser Vater und unsere Mutter zwei Heilige gewesen wären, wer weiß? Vielleicht hätten sie dann sogar mehr Kinder gehabt, *aber nicht uns, nicht dich und mich*. Dafür, dass wir gezeugt, geboren und auf der Erde sind, mussten der Vater und die Mutter *exakt so sein, wie sie waren*. Daraus folgt eine wichtige Konsequenz: Wenn wir fordern, dass unsere Eltern anders hätten sein sollen, dann nehmen wir dabei in Kauf, dass wir nicht auf der Welt sein würden. *Wir negieren damit unsere Existenz*.

Sich rauszureden damit, dass man das ja wohl verstünde, aber *nach unserer Geburt, da hätten sie sich doch ändern und Heilige werden können* … ist keine Option. Da merkt man schnell, dass das nicht geht. Was ist die Folge der Forderung, die Eltern hätten anders und andere sein sollen? Die Folge ist ein lebenslanger Kampf darum, da sein zu dürfen. Man hat dann regelrecht kein sicheres Gefühl der Existenzberechtigung und immer den Eindruck, sich dafür rechtfertigen zu müssen, da sein zu dürfen – vielleicht mit besonderen Leistungen, vielleicht durch anderes. Frieden findet man so allerdings nicht. Deswegen auch folgende kleine Übung, die von Bert Hellinger stammt, der die systemische Arbeit und das Familienstellen weiterentwickelte und dessen Arbeit mich auch zu diesen Gedanken inspiriert hat und zu manchem, was ich zum Thema »Alles so annehmen, wie es ist« dargestellt habe.

Daraus, dass beide Eltern genauso sein mussten, wie sie waren, damit du auf die Erde kommen konntest, folgt – was sich für manchen zuerst vielleicht merkwürdig anhört –, dass sie genau richtig für dich waren. Wieder: Das heißt überhaupt nicht, dass du alles, was du erleben und erfahren musstest, schön finden musst. Vielleicht war es wirklich tragisch, vielleicht eine regelrechte Katastrophe. Und dennoch: Offensichtlich mussten deine Eltern so sein, wie sie waren, damit es dich gibt.

Es ist verständlich, wenn du dich sträubst, das an dich heranzulassen. Lass dir Zeit. Sprich mit anderen darüber, gehe den Gedanken öfter durch. Es lohnt sich. Der Lohn ist ein tieferer innerer Frieden und endlich die Selbstverständlichkeit, dass du da bist und da sein darfst. Endlich musst du dich nicht mehr rechtfertigen, musst nicht mehr kämpfen um deinen Platz auf dieser Welt. Du musst auch nicht mehr gut sein, damit du da sein darfst.

»Ihr wart genau die Richtigen für mich«

Bei der folgenden Übung geht es – wie immer, wenn es um einen lösenden Satz geht – um viel mehr, als nur diesen Satz auszusprechen. Zunächst geht es darum, die Gefühle wahrzunehmen, die der Satz auslöst. Wenn er für dich so noch nicht stimmt, hast du ein ablehnendes Gefühl von Ungehaltensein oder sogar Ärger; vielleicht taucht auch ein Schmerz auf, der zuerst zu fühlen ist. So merkst du also durch die Übung, wo du innerlich stehst, was noch zu lösen ist und womit du dich auseinanderzusetzen hast. Glaube nicht zu schnell, dass es daran liegt, dass der Satz nicht richtig wäre. Setze dich länger mit diesem Thema auseinander, denn, wie ich schon sagte, es lohnt sich – und selten so sehr wie hier.

Es ist gut, die Übung einige Male zu wiederholen. Selbst wenn man den Satz bereits zu Anfang zustimmend sagt, so vertieft sich die innere Erfahrung. Wenn man den Satz zustimmend sagt, dann ist es mehr als nur ein Satz. Dann verändert er, weil er die innere Haltung ändert und weil von allein ein Loslassen dessen geschieht, was dem Satz noch im Wege stand.

AUSSÖHNUNG MIT DEN ELTERN

- Setze dich entspannt hin und schließe die Augen. Stell dir vor, deine Mutter und dein Vater stehen vor dir, du schaust zu ihnen hin, und sie hören dich. Dann sage zu ihnen diesen Satz:

  »Ihr wart genau die Richtigen für mich.«

  Lass dir Zeit zu fühlen, was dieser Satz in dir auslöst, und gib diesen Gefühlen Raum.

Das Leben annehmen als ein Geschenk

Dazu gibt es noch einen zweiten Schritt. Mutter und Vater schenkten uns das Leben, die Mutter in erster Linie, weil sie uns neun Monate in ihrem Körper ausgetragen und dann geboren hat. Das ist nicht ihr Verdienst, das Leben kommt von Größerem.

Mit diesem Leben als Geschenk ist es wie mit jedem anderen Geschenk: Man muss es wirklich nehmen, damit man etwas davon hat. Wenn man sich bei einem Geschenk nicht die Mühe macht, es auszupacken, bleibt es achtlos in der Ecke. Wenn man es nicht benutzt oder herausfindet, wie es zu gebrauchen ist, nimmt man es nicht wirklich an. Dann ist es wie mit einer Wohnung, die man zwar erworben hat, aber gar nicht richtig bewohnt. Vielleicht wohnt man nur in der kleinen Kammer gleich neben der Tür; die anderen Zimmer heizt man gar nicht erst und richtet sie nicht schön ein. Man ist nur mit halbem Herzen dabei.

Ein anderes Bild: Jemandem wird ein Palast geschenkt mit vielen weiten hellen Räumen und einem großen Park. Aber wegen eines Missverständnisses zieht derjenige nur in das Gärtnerhäuschen ein, das weit vorn am Rand des Grundstücks steht. Dort ist es vielleicht zugig und kaum mal richtig hell. Er klagt des Öfteren und beschwert sich auch, das Leben meine es nicht gut mit ihm. Er träumt von einer größeren Wohnung, mit zwei Zimmern und Balkon vielleicht, das wäre schon etwas! Was geschähe mit ihm, wenn jetzt plötzlich einer käme, der von den wirklichen Verhältnissen weiß, und ihn darüber aufklären würde: Würde er ihm glauben? Dass das ganze Schloss, der ganze Park ihm allein gehören? Wir hoffen es für ihn.

Frei von Schuld

Es ist nicht Schuld des Kindes, denn das Kind tut nur, was ihm möglich ist, und das heißt immer auch, was ihm möglich gemacht wird. Aber das Kind fühlt sich vielleicht nicht frei, das Leben anzunehmen von der Mutter, weil es vielleicht Angst hat, dass dann der Druck, für die Mutter da zu sein, noch größer würde. Oder das Kind hat Angst, dass es, wenn es das Leben von der Mutter als Geschenk annähme, all die Verrücktheiten und das, worunter das Kind so sehr leidet, auch mit annehmen müsste. Und das ist vielleicht mit der Angst verbunden, niemals ein so großes Geschenk zurückgeben zu können, weil das Kind nicht in einer Atmosphäre aufwächst, in der es selbstverständlich ist zu geben und selbstverständlich, dass ein solches Geschenk nie zurückgegeben werden muss. Wenn man erst einmal das Leben ganz angenommen hat und so Fülle und inneren Reichtum fühlt und lebt, dann gibt man mit Freuden an andere, an jüngere oft, an eigene Kinder oder andere Menschen, im Beruf oder auf sonstige Art.

Bei dem vorhergehenden Thema ging es um die Selbstverständlichkeit des Platzes, den man auf dieser Welt hat, um die Selbstverständlichkeit, da zu sein. Hier jetzt geht es darum, ob man sich bei allem Wichtigen im Mangel fühlt – zu wenig Liebe, zu wenig Freude, zu wenig Nähe und zu wenig Weite – oder ob man ein Gefühl von Fülle hat.

DAS LEBEN ALS GESCHENK

- Setze dich entspannt hin und schließe die Augen. Stell dir vor, deine Mutter steht vor dir, du schaust zu ihr, und sie hört dich. Dann sage zu ihr diese Sätze:

»Ich nehme das Leben ganz von dir an – als ein Geschenk, mit allem Drum und Dran. Zum vollen Preis, den es dich gekostet hat, und zum vollen Preis, den es mich kostet und kosten wird.
Und dann gebe ich selbst, dort, wo es angemessen ist, in Liebe.«

Lass dir Zeit zu fühlen, was diese Sätze in dir auslösen.

Wenn die Vergangenheit zu Ende ist, wer bin ich dann?

Der Mensch glaubt, dass er, wenn er seine Geschichte kennt, weiß, wer er ist; das Gleiche denken wir von unserem Gegenüber. Aber was wir erfahren, ist nur eine Geschichte, von der du glaubst und von der auch der andere glaubt, dass man sie ist. Wenn man auf obige Weise die Vergangenheit geklärt, manche Teile auch neu erforscht und sich vielleicht zum ersten Mal wirklich angeeignet hat, und wenn man zugleich den Kampf und Krieg beendet, dann ist man offen und voller Energie, die Gegenwart zu entdecken.

Die Gegenwart besteht nicht aus Gedanken, sondern ist die unmittelbare Erfahrung. Sokrates ebenso wie Buddha oder Ramana Maharshi oder jeder andere der großen Weisen unserer Geschichte war sich darüber im Klaren, dass »Erkenne dich selbst« nicht die Aufforderung dazu ist, gründlich über sich selbst nachzudenken; vielmehr ist es die Aufforderung, den Schritt zur vollständigen Erfahrung der Gegenwart zu tun, um so gewahr zu werden, *als was du dich erfährst.* Erst in der Erfahrung »weißt« du wirklich; das ist ein Wissen, das weitaus tiefer ist, als der Verstand zu reichen vermag.

Es ist die Erfahrung dessen, was bleibt, wenn man nicht mehr in der Vergangenheit verstrickt ist, sondern sich ganz auf die Gegenwart einlassen kann, ganz auf das, was wirklich ist. Dann kann man erkennen, dass diese Gegenwart, dieser Augenblick jetzt, eine Tiefe hat und eine Weite, die man sich nie hätte vorstellen können, einen Reichtum und eine Lebendigkeit, die alles übertreffen, was vorher war.

✷ *SCHRITT 7* ✷

WAHRES LOSLASSEN: DER ANGST UND DEM TOD BEGEGNEN

Der Tod als Herausforderung des Lebens

Manchmal kommt jeder mit dem Tod in Berührung; sei es, dass ein Freund, eine Freundin oder ein naher Verwandter stirbt oder dass eine Krankheit auftritt, bei der es nach der ärztlichen Untersuchung vielleicht eine Zeit dauert, bis die Diagnose klar ist, und man muss eventuell mit allem rechnen. Oder man erlebt einen Unfall und merkt danach erst, wie knapp es war und wie dankbar man sein kann, dass es noch mal gut gegangen ist. In solchen Momenten steht uns der Tod vor Augen. Dann sehen wir plötzlich, wie wertvoll das Leben ist, und fragen uns, was uns wirklich wichtig ist.

Der Tod stand am Anfang der Kultur, genauer die Bewusstheit des Todes. Als wir vom Baum der Erkenntnis aßen, so heißt es, wurden wir sterblich, und das war das Ende des Paradieses. Natürlich starben unsere Körper auch zuvor; was sich veränderte, war, dass wir uns unserer Sterblichkeit bewusst wurden. Wir fielen aus dem Paradies. Im Paradies waren wir, weil uns der Augenblick genügte; wir waren im glücklichen Hier und Jetzt und verdarben uns die Freude nicht mit Sorgen und Gedanken.

Natürlich war die Fähigkeit, unsere Umwelt zu gestalten, mehr als bescheiden; was das körperliche Überleben anging, war es so paradiesisch nicht. Und dennoch: Ganz im Augenblick zu sein – und wenn es nur die sinnliche Präsenz ist und nicht die tiefere

Dimension – beinhaltet Lebendigkeit und eine Abwesenheit von Sorgen und Leid. Nicht, dass es keine Schmerzen gab! Die gab es sicher zuhauf, zum guten Teil auch mehr als heute. Aber der Mensch war gar nicht in der Lage, die Schmerzen durch Erwartungen und Befürchtungen zu vergrößern und zu vervielfachen, durch die Teufelskreise, die im zweiten und dritten Kapitel beschrieben wurden. Es war ein Einverstandensein mit dem, was ist, weil man gar nichts anderes wählen konnte.

So geht es auch dem kleinen Kind, das genauso wenig erleuchtet ist, aber im Paradies des Augenblicks der sinnlichen Präsenz verweilt. Dass es nicht erleuchtet, nicht aufgewacht ist, sehen wir daran, dass es, wenn es Hunger hat, schreit, als wenn es um Leben und Tod ginge, genauso, wenn die Mutter länger weg ist, als das Baby es verträgt. Wir müssen annehmen, dass es für das kleine Kind in gewisser Hinsicht um Leben und Tod geht, auch wenn es noch keinen Begriff davon hat. Es ist bestimmt und auch begrenzt von der sinnlichen Erfahrung.

Dann wurde sich der Mensch des Todes bewusst, und nichts war mehr wie zuvor. Wahrscheinlich begann es damit, dass der Mensch wegen der größeren Kapazität des Gehirns von den Toten lebendiger zu träumen begann und die Träume vom realen Tageserleben weniger klar zu unterscheiden wusste. Das machte dem Menschen Angst, und er fragte sich, wo die Toten seien, ob sie doch noch irgendwo lebendig seien. So hat man sich die Tatsache erklärt, dass man Skelette fand, die in Höhlen an dem Felsen angekettet waren.

Der Mensch stand plötzlich vor der Aufgabe, den Tod zu bewältigen, und das war der Anfang der Kultur. Es begann mit Bestattungsritualen und mit Beschwörungsformeln, auf dass man von der Jagd gesund in die Höhle zurückkomme. Es ging weiter mit der Entwicklung von Vorstellungen, was nach dem Tod sein werde, denn die Angst vor dem Nichts war zu schwer auszuhalten; die kulturellen Formen halfen, diese Angst zu ertragen. Dieselbe Aufgabe hat das kleine Kind, das die Angst nur vage kennenlernt als Furcht vor Dunkelheit, Gespenstern und anderen undeutlichen Wesen.

Der Mensch weiß vom Tod und dass er sicher eintritt. Und doch weiß er nicht wirklich. Er lässt es nicht so nah an sich herankommen, dass es ihn wirklich betreffen, bewegen und berühren würde. Er weiß es so, wie er weiß, dass die Sonne irgendwann erkaltet – das hat auch nichts mit ihm zu tun. Woody Allen sagte: »Ich hab keine Angst vor dem Tod. Ich möchte nur nicht dabei sein.« Wer den nächsten Urlaub plant, vielleicht sogar bereits für das nächste Jahr: Ist er sich der Möglichkeit bewusst, dass er bis dahin vielleicht schon gestorben sein könnte?

Die Angst vor Tod und Leere

Der Mensch schiebt nicht nur die Tatsache des Todes beiseite, sondern mehr noch und vollständiger die Gefühle, die mit der Erwartung des Todes zusammenhängen, vor allem die Angst davor und alles, was daran erinnert, vor allem das Gefühl der inneren Leere, wie die Leere überhaupt – die Leere, wenn da plötzlich nichts geschieht, wenn niemand etwas tut und auch nichts zu sagen ist. Wenn jemand zu Hause sitzt und plötzlich jedes Programm fehlt, macht ihn die Leere unruhig und nervös, wenn er nicht ohnehin schon längst wieder etwas gefunden hat, um sich zu beschäftigen, etwas Äußeres oder eine Gedankentätigkeit.

Die moderne Welt mit ihren Kommunikationsmitteln und der Möglichkeit, unablässig beschäftigt zu sein, schafft endlos Gelegenheiten, gar nicht erst in die Nähe der Leere zu kommen. Es gab dazu soziologische Interviews mit New Yorker Jugendlichen.

Eine Teilnehmerin meinte, die schlimmste Zeit wären für sie die zehn Minuten, welche die U-Bahn durch den Brooklyn-Tunnel fahre, weil es dort keinen Internetempfang auf ihrem Handy gäbe; da würde sie sich ängstigen. Das ist auch der wichtigste Grund, weswegen normalerweise die Gedanken nie ein Ende finden. Selbst in jahrelangen Meditationsübungen gelingt es nur wenigen, dass der Verstand ganz still wird, und dies auch nur für kurze Zeit. Der Mensch scheint sich zu sagen: »Ich denke, also beweise ich, dass ich noch nicht tot bin.«

Dem Tod und der Angst vor dem Tod zu begegnen und die Auseinandersetzung mit dem eigenen Tod sind die Herausforderungen des Lebens. Die meisten Menschen schieben dies auf, bis sie tatsächlich sterben. Sie zahlen dafür einen hohen Preis – im zweiten Kapitel über das Fühlen kam das schon zur Sprache: Wenn man die Angst vor dem Tod wegschiebt, kann man auch alle anderen Gefühle nur partiell und kontrolliert zulassen. Die innere Kontrolle aufzugeben wird regelrecht unmöglich. Jedes Gefühl könnte Angst und jedes Angstgefühl die Angst vor dem Sterben an die Oberfläche bringen. Der Preis dafür ist fehlende Lebendigkeit und innere Weite. Nicht nur die Angst vor dem Tod wird abgewehrt, sondern diese Abwehr selbst wird verdrängt. So sagen viele, sie wären sich sicher, keine Angst mehr vor dem Tod zu haben. Andere meinen, sie würden sich gern mit der Todesangst auseinanderzusetzen, hätten aber keinen Zugang zu ihr.

Sich auf den Himmel freuen?

Viele Menschen suchen Trost und Hoffnung in der Vorstellung, dass es ein Jenseits nach dem Tode gibt und das Leben weitergeht, egal ob das christliche Vorstellungen sind oder andere. Das Bild von der Reinkarnation gehört auch hierher. Wir wissen nicht, was nach dem Tode sein wird. Auch alle Entdeckungen über frühere Leben, die durch Rückführung im Trancezustand auftauchen können, geben uns da keine Auskunft. Dass das Unbewusste nicht nur individuell ist, sondern dass es auch ein kollektives Unbewusstes gibt, in dem die verschiedenen Archetypen und vieles von der kollektiven Geschichte gespeichert sind, das wissen wir spätestens seit C. G. Jung. So können in diesen Trancezuständen Bilder auftauchen, von denen niemand sagen kann, ob das Unbewusste sie um einer bestimmten Botschaft willen zu einem Traum zusammenfügt, ob es ein Teil des kollektiven Unbewussten ist oder etwas ganz anderes.

Wirklich wichtig ist allein Folgendes: Die Vorstellungen über das Weiterleben entsprechen so sehr den Wünschen und Bedürfnissen des Ichs, dass die Funktion dieser Vorstellungen eben darin liegt, der Auseinandersetzung mit der Leere und dem Nichts auszuweichen. Damit wird dem Menschen diese so unendlich wichtige Chance genommen, durch die Begegnung, Auseinandersetzung und Überwindung der Todesangst als dem vielleicht wichtigsten Gefühl überhaupt, zur Freiheit zu finden.

Was jemand glaubt und hofft für diese Zeit nach dem Tod und für das Ende dieses irdischen Daseins, sollte und kann jeder für sich selbst entdecken und entstehen lassen. Solange ihn dies – egal zu welcher Auffassung und Vorstellung er findet – nicht davon abhält oder ihn darin behindert, sich mit dem absoluten Nichts zu konfrontieren. Das wäre allzu schade, denn dann hätte er sich falschen Trost besorgt und die wichtigste Chance vertan, sich selbst und ganz zu finden. Denn in der Tiefe des gegenwärtigen Augenblicks findet man sich selbst, und das gelingt nur, wenn man jedes Gebundensein an Vorstellungen von Zukunft loslässt und beendet, das vollständige und absolute Nichts akzeptiert und durch dieses Nichts hindurch zum Einssein findet.

Den existenziellen Ängsten begegnen

Bei dieser Reise, diesem Weg nach innen in die eigene Tiefe, begegnet einem unweigerlich die Todesangst. Tatsächlich ist es so: Wenn jemand die Augen schließt und die oberflächliche Anspannung abfallen lässt, vielleicht mit zwei oder drei Seufzern, dann wahrnimmt, was er fühlt, und dann beginnt, sich innerlich tiefer sinken zu lassen, dann wird ihm kurz darauf sehr mulmig zumute werden. Es ist unheimlich, es fühlt sich buchstäblich so an, als wäre da eine Bodenlosigkeit, als könnte man in dieser Bodenlosigkeit vernichtet werden und sterben. Dort begegnet man wirklich der Angst vor dem Tod – nicht durch die Vorstellung seiner eigenen Begräbnisfeier, mit Streuselkuchen und schönen Reden.

Struktur der Angst und der Tiefe

Die Existenzialisten des letzten Jahrhunderts haben diese Bodenlosigkeit, diesen Abgrund wahrgenommen und die Menschen aufgefordert, die Augen vor diesem Abgrund nicht zu verschließen. Wenn man ihn nicht länger verdränge, könne man der Freiheit wirklich ins Auge sehen und Verantwortung für das eigene Leben übernehmen.

Irvin Yalom hat diesen wichtigen Grundgedanken auch in die Psychologie und Psychotherapie eingebracht. Zu Recht sagt er: Psychotherapeuten schauen nur in die Vergangenheit, wenn es um Ängste geht, und finden dort eine Menge Ängste aus Situationen, die damals nicht bewältigt werden konnten: die Situation des Verlassenseins, des Alleingelassenseins, die Situation des fehlenden emotionalen Halts oder eines schlimmen Unfalls; diese biografischen Ängste spielen eine wichtige Rolle. Aber mindestens genauso schreckliche, wahrscheinlich noch viel stärkere Ängste existieren vor der Zukunft, vor dem, was noch vor einem liegt. Da ist zuallererst die Angst vor dem Tod und dann auch die Angst vor der inneren Bodenlosigkeit, in der man vernichtet zu werden droht, und der Leere, in der man sich aufzulösen und zu verschwinden droht. Dazu kommt die Angst vor dem existenziellen Alleinsein, eine Angst, die viel tiefer geht als die Angst, alleingelassen zu werden; sie fühlt sich an wie die Angst, allein im ganzen Universum zu sein und niemanden zu haben. Es ist viel mehr, als mutterseelenallein zu sein, und noch mehr, als gottverlassen zu sein. Yalom sagt zu Recht, der Mensch müsse sich dieser Ängste, die sich auf Zukünftiges beziehen, bewusst werden und ihnen begegnen, sie fühlen und aushalten – dadurch erst werde er freier.

Die Mystiker des späten Mittelalters kannten diesen Abgrund; vor allem Meister Eckhart und Johannes Tauler lehrten die Menschen damals schon, dass man durch den Abgrund hindurch inneren Frieden und Freiheit finden würde. Diese Lösung überschreitet das, was die Existenzialisten entdeckten, um ein Vielfaches. Allerdings wussten die Mystiker auch, dass man auf dem Weg dahin der Angst zu begegnen hat, von der Johannes Tauler sagte, dass sie auftauche, »wenn es denn recht zugehe«.

Annäherung an den Tod

Du bist jetzt eingeladen, dich mithilfe zweier Übungen dem Tod zu nähern und zu entdecken, was dabei auftaucht. Bei beiden Übungen lohnt es sich, sie häufiger zu machen, um zu entdecken, was sich jeweils ändert.

AM ENDE DES LEBENS …

- Stell dir vor, du bist sehr alt, vielleicht 96 Jahre, und du triffst dich mit einer Jugendfreundin oder einem Jugendfreund. Das kann ein/e tatsächliche/r Freund/Freundin gewesen sein oder jemand, den du dir vorstellst, den du dir vielleicht in der Jugend als Freund/Freundin gewünscht hättest.

  Stell dir vor, du sitzt auf einer Bank in einem Park und schaust zurück auf dein Leben, wie es geworden ist. Sieh sowohl die Zeit, die du tatsächlich schon verbracht hast, als auch die Zeit, die nur in der Vorstellung existiert.

- Alternative: Schreibe einen Brief an einen Freund/eine Freundin, den/die du seit 80 Jahren nicht mehr gesehen hast.
- Nimm dir genügend Zeit, alle Gefühle zu fühlen, die dabei auftauchen.

Natürlich kannst du auch beide Varianten machen.

Die folgende Übung ist eine der wichtigsten Übungen oder Meditationen überhaupt. Wenn es dir gelingt, dich ganz lebendig in diese Situation des bevorstehenden Todes hineinzubegeben und dich wirklich einzufühlen, dann kannst du dabei nicht nur Wichtiges über dich selbst entdecken, sondern diese Meditation wird dich auch verändern.

Es geht in der Übung darum wahrzunehmen, wie verschiedene Gefühle sich abwechseln. Es geht meist zunächst um Gefühle von Empörung und Wut, Aufbegehren und Schmerz – und dann, wenn man sich genug Zeit lässt, tauchen andere Gefühle auf. Lass dich überraschen.

KURZ VOR DEM TOD …

1. Stell dir vor, du bist ganz allein auf einer Wanderung in den Bergen und dir ist niemand auf deinem Weg begegnet. Nun hat dich gerade eine Schlange gebissen. Du weißt, dass ihr Gift innerhalb einer halben Stunde zum Tode führt. Du weißt auch, dass es kein Gegenmittel gegen dieses besonders gefährliche Schlangengift gibt.
2. Jetzt nimm genau wahr, welche Gefühle auftauchen. Achte sehr genau darauf, was geschieht, wenn ein Gefühl weniger wird und ausklingt; wahrscheinlich taucht dann ein neues, anderes Gefühl auf. Lass dir genug Zeit dafür.
3. Es ist gut, die wichtigsten Entdeckungen in deinem Arbeitsbuch aufzuschreiben, gerade dann, wenn du diese Übung öfter machst. Denn es lohnt sich, die Übung von Zeit zu Zeit zu wiederholen.

Das Unwichtige loslassen, dem Wichtigen Raum geben

Wenn man auf den Tod schaut, dann taucht die Frage auf: »Wozu will ich noch leben, was ist mir noch wirklich wichtig?«

Solange der Tod verdrängt wird, lebt man in dem Gefühl, unendlich viel Zeit zu haben. Nur dann kann man überhaupt auf die Idee kommen, Zeit *totschlagen* zu müssen. Mit Blick auf den Tod schaut man anders auf das Leben zurück, das hinter einem liegt. Man kann dann leichter erkennen, ob man das gelebt hat, was einem wirklich wichtig war. Was ist aus der Sehnsucht geworden? Was hat man aus seinen Talenten, Begabungen und Interessen machen können?

Entdecken, wozu man noch leben will

Wenn man so zurückschaut, dann weiß man deutlicher, wofür man jetzt noch leben will, was man aus der vor einem liegenden Zeit, die einem noch geschenkt ist, ohne zu wissen, wie lange sie dauert, machen will und machen möchte. Es fällt dann leichter loszulassen – das loszulassen, was sowieso nicht wichtig war, und vor allem das, was von dem Eigentlichen ablenkte, was das Eigentliche zudecken sollte. Was das für dich ist, kannst du mithilfe der nebenstehenden Grabrede-Übung herausfinden.

Anschließend ist es gut, das Aufgeschriebene von Zeit zu Zeit wieder nachzulesen: die Grabrede selbst und vor allem das, wofür man weiterleben wollte. Dann kann man sich fragen: »War mein Leben in der Zwischenzeit darauf ausgerichtet? Ist das, wofür ich weiterleben wollte, immer noch das Wichtigste für mich? Oder hat es sich vielleicht geändert, ist etwas anderes in den Mittelpunkt gerückt?« Auch das ist ein Prozess.

DIE GRABREDE

1. Stell dir vor, du bist gerade gestorben.

2. Nun stell dir vor, dass du ein sehr guter Freund oder eine sehr gute Freundin der/des Verstorbenen bist und eine Grabrede für sie oder ihn (also für dich als die oder den Gestorbenen) schreibst. Lass dir Zeit dafür. Es soll keine übliche Grabrede sein, in der man nur Gutes schreibt und den Toten lobt. Schreibe eine realistische Grabrede über das, was über dich als den oder die Verstorbene/n wirklich zu sagen ist.

3. Jetzt – oder vielleicht erst am nächsten Tag – kannst du dir diese Grabrede von einem Freund oder einer Freundin vorlesen lassen. Lege dich dafür hin und lass dich mit einem Tuch zudecken, am besten mit einem dunklen oder schwarzen; eine Decke tut es auch.

   Du kannst natürlich auch, wenn du die Übung für dich ganz allein machen möchtest, die Grabrede auf einen Tonträger sprechen, dich dann hinlegen und die Rede anhören. Aber sie muss wirklich gehört werden! Es ergibt nicht so viel Sinn, sie nur zu lesen.

4. Dann bleibe liegen, lass die Rede auf dich wirken und lass genug Zeit für alle Gefühle.

5. Frage dich: »Wofür will ich jetzt weiterleben? Was ist mir das Wichtigste?« Wenn dir das ganz deutlich ist, nimm dir genug Zeit, zu fühlen und zu erfahren, was dabei auftaucht.

6. Erst dann steh wieder auf. Es ist hilfreich, die wichtigsten Entdeckungen aufzuschreiben.

DIE INSCHRIFT AUF DEM GRABSTEIN

➤ Stelle dir einen Grabstein vor, der auf deinem Grab steht.

✦ Was steht auf diesem Grabstein, wenn es in aller Kürze dein Leben ausdrücken soll?

✦ Was wünschst du dir als Inschrift?

Ist der Abgrund das Ende?

Die Existenzialisten glaubten, den Abgrund zu sehen wäre das Wichtige und zugleich das Ende, weiter könne der Mensch nicht gehen. Das ist nicht richtig, denn das ist noch nicht das Ende der Reise. Richtig ist: Wenn man sich dem Tod genähert hat und das Aufbegehren, das Bedauern, den Schmerz und die Trauer gefühlt hat und so zu einem tiefen Akzeptieren des Todes gelangt ist, dann wird man sich viel freier fühlen und mehr auf das Wesentliche ausgerichtet sein.

Die Reise kann noch weiter und tiefer gehen

Der Abgrund ist nicht das Ende, denn man kann hindurch und die Antwort auf die Frage finden: »Woraus besteht der Grund? Ist das nicht auch der Grund meines Daseins und meiner Existenz? Das Fundament, nach dem ich mich sehne und von dem ich hoffe, dass es mir eine ganz andere und tiefere Sicherheit sein kann?« Wenn man diesen Grund fände, wüsste man dann nicht auch mehr über sich selbst? Darüber, wer und was man eigentlich ist? Und: Wie kommt man durch den Abgrund?

Man richtet sich nach innen und findet dort eine Menge an Wahrnehmungen im Reich der Bilder, Fantasien und Gedanken und weiß, dass die eigentliche Reise nach unten geht, durch den Abgrund hindurch. Deswegen richtet man die Aufmerksamkeit auf das, was man fühlt. Würde man Gefühle beiseiteschieben, würde das neue Anspannung erzeugen und dem Loslassen im Wege stehen. Deshalb öffnet man sich den Gefühlen und fühlt sie bis zu Ende. Man befindet sich in der Haltung des Nichttuns, im Modus des Geschehenlassens. Und dann beginnt man, innerlich zu sinken, in das Gefühl hinein und tiefer. Unter den Gefühlen liegt die Angst vor dem Abgrund.

Es muss nicht sein, dass man bei diesem Sinken und In-sich-selbst-Hineinversenken diese Angst erlebt; es kommt nur darauf an, offen für sie zu sein. Sonst bestünde die Gefahr, dass man die Angst nicht bemerkt und ihr dadurch nicht erlaubt, da zu sein, und deshalb das Sinken wieder stoppt. Wenn man dagegen offen ist für die Angst und sie fühlt, wenn sie auftaucht, lässt man das Sinken weiter geschehen. Es ist ein Prozess, dem man sich aussetzt, ein Prozess, der einen erfasst und von dem man sich erfassen lässt, nicht etwas, das man tut. Für die Haltung des Nichttuns gibt es auch dem Begriff der Hingabe, das ist ein und dasselbe.

Jetzt sinkt man tiefer, manchmal wird es zu einem Fallen, wenn es an Geschwindigkeit zunimmt. Typischerweise beginnt es eng zu werden, man fällt durch eine Enge. Der ganze Prozess dauert etwa eine halbe Stunde oder ein wenig mehr; ganz selten dauert es deutlich länger.

Wenn man durch die Enge fällt, beginnt der Atem, sich zu ändern. Die Atemzüge werden ganz zart, sodass viele an dem Punkt Angst bekommen zu ersticken, obwohl das natürlich nicht passieren wird; der Körper atmet so wenig, weil er so still ist und deswegen so wenig Sauerstoff braucht. Er atmet ja nicht deswegen weniger, weil nicht genug Sauerstoff da wäre. Manch einer, vor allem wenn er nicht mit dieser Atemveränderung rechnet, fängt jetzt an, tiefer Luft zu holen – dann ist der Prozess natürlich zu Ende. Wenn man stattdessen das geringe Atmen aushält und auch die Bereitschaft hat, alles bereitwillig anzunehmen, selbst wenn man jetzt sterben würde, geht das Sinken weiter.

Der Atem ändert sich auch noch auf eine zweite Weise: Der Körper atmet vollständig aus, sodass fast keine Luft in der Lunge verbleibt. Manche beschreiben das so, also ob sie im Solarplexus ganz nach innen gezogen werden würden. Wenn man sich all dem überlässt und weiterhin nichts tut und nicht eingreift, wird das Fallen immer tiefer. Dann schließlich wird es langsamer, die Enge weitet sich, und das Fallen geht in ein Schweben über. Jetzt steht der Verstand völlig still.

Die ganze Wahrnehmung ist aus dem normalen, bekannten Bereich der Gedanken, der Körperempfindungen und der Gefühle hinausgetreten und in einem unendlich weiten, unendlich tiefen Raum gekommen; da ist ein unendlicher Frieden und ein tiefes Glücksempfinden. Das sind keine Gefühle, weil Gefühle, je intensiver sie sind, von umso mehr Körperaktivität begleitet werden. Diese tieferen Erfahrungen gehen einher mit einer Abnahme der Körperfunktionen, des Atems, des Herzschlages und des Muskeltonus, und je intensiver diese tieferen Erfahrungen sind, desto stiller und ruhiger ist der Körper.

Man hat auch plötzlich nicht mehr das Gefühl, dass da ein Ich ist, das etwas tut; von jetzt an ist da das Erleben, dass die Dinge geschehen; Gedanken kommen und gehen, Handlungen werden angestoßen, verworfen oder ausgeführt – aber da ist niemand, der das tut. Man schwebt, und dieses Schweben hört nie mehr auf.

Man hat einen Boden erwartet und Angst gehabt, auf dem Boden zu zerschellen oder in der Bodenlosigkeit vernichtet zu werden. Beides geschieht nicht, stattdessen ein Schweben und Fliegen. Auch das trifft es nicht ganz, weil man schnell entdeckt, dass man selbst dieser unendliche Raum ist und nicht ein Etwas, das in diesem Raume schwebt. Und dennoch behält das Dasein von diesem Augenblick an etwas von einem Schweben und Fliegen und behält dies immer.

Man realisiert sofort, dass sich diese Erfahrung ungleich wirklicher anfühlt als alles, was man bisher jemals als wirklich wahrgenommen hat. Das bisherige Leben kommt dir vor wie ein Traum, als wenn du eingeschlafen gewesen wärst: Daher heißt diese Transformation auch das »Aufwachen«.

Durch den Abgrund hindurch

Woher das alles so genau bekannt ist? Von denjenigen, die meine Seminare besuchen, haben weit mehr als 100, wahrscheinlich über 200 Menschen diese tiefe Transformation erlebt. Es existieren etwa 100 Tonbandaufnahmen davon. Und nicht – was sensationell genug wäre –, dass diese Menschen im Nachhinein von dieser Erfahrung berichten würden; sie berichten es, *während sie die Erfahrung machen, sie sprechen die Erfahrung laut aus, in dem Augenblick, in dem sie geschieht.* Denn es geschieht, während ich mit ihnen arbeite und immer wieder frage: »Was geschieht jetzt?« Oder: »Was fühlst du, was erfährst du jetzt?«

Nach der Transformation erfahren diese Menschen, wie sich von diesem Zeitpunkt an ihr Leben von Grund auf ändert; nicht das äußere Leben, obwohl auch das sich manchmal verändert, sondern das innere Leben. Die Stille bleibt; der Verstand ist tätig, wenn er gebraucht wird. Der Frieden bleibt. Auch das Glück, die Glückseligkeit bleibt – wobei die öfter geht und wiederkommt, sie ist nicht ständig da. Wenn viel zu tun ist oder wenn Konflikte zu bewältigen sind, dann tritt die Stille mehr in den Hintergrund; aber sie verschwindet nie ganz.

Nach dem Aufwachen, auch Erleuchtung genannt, fängt das eigentliche Leben an, und einiges ist zu berücksichtigen: vor allem, dass man weiter aufmerksam dafür ist, was man fühlt, und dass die Gefühle auch wirklich Raum bekommen und sich dadurch lösen können. Dazu immer wieder die Frage: »Was will ich jetzt genau?« Wenn nämlich ein Wollen auftaucht, das von einem Besitz ergreift, meistens ohne dass man das bewusst bemerkt, dann entstehen wieder Gedankenwolken und Gedankentätigkeit, dann kann auch die Ich-Struktur wieder erstehen. Dann kann es sein, dass das Aufwachen versandet, dass man wieder »einschläft«. (Mehr zu diesem Thema in: Christian Meyer, Aufwachen im 21. Jahrhundert; siehe Literaturverzeichnis Seite 349).

Auf der Suche nach Erleuchtung

Diese Transformation haben berühmte Psycholog(inn)en, Psychoanalytiker(inn)en und andere Psychotherapeut(inn)en des letzten Jahrhunderts angestrebt; mit weniger wollten sie sich nicht zufriedengeben. Sie haben vorbehaltlos das Wachstum gesucht, ohne sich in irgendeiner Weise einzuschränken, weil sie es für andere suchten und so auch selbst erfuhren.

Es ist dasselbe Ziel, das christliche Mystiker wie Meister Eckhart und Johannes Tauler und viele andere suchten und fanden, dasselbe, was Sokrates und griechische Denker vor ihm wollten, was Buddha und viele andere suchten und fanden. Es ist dieselbe Sehnsucht und dasselbe Ziel, das alle Menschen anzieht und bewegt, obwohl die meisten diese Sehnsucht nie benennen können und auch verdecken und verdrängen; die Energie, die Spannung der Sehnsucht wird auf Objekte, Menschen und Erfahrungen gerichtet, die leichter erreichbar zu sein scheinen.

Immer schon, wahrscheinlich seit 10 000 Jahren begeben sich Menschen auf diese innere Reise, die bis ans Ende gehen will, auch wenn es da nie ein Ende geben wird. Gerade jetzt scheinen wieder mehr und mehr Menschen dieser Sehnsucht zu folgen.

Dieses Buch ist dazu da, die innere Reise zu beginnen, die ein klares Ziel hat: Lebendigkeit und Authentizität. Es soll dich auf dieser Reise ein wenig begleiten, unterstützen und auch herausfordern. Vielleicht hast du selbst bemerkt, dass du manche Herausforderungen annehmen konntest und andere nicht, vielleicht: *noch* nicht. Wenn du neugierig geworden bist, wie die Reise und das Abenteuer weitergehen könnten, dann findest du hier einen Hinweis: Du könntest deiner tieferen Sehnsucht folgen, die du vielleicht schon manches Mal gefühlt und geahnt hast, und weitergehen, um aufzuwachen, um Erleuchtung zu finden. Es wird immer deutlicher, dass dies für jeden möglich ist.

EPILOG

Wenn du das Buch gelesen und vielleicht auch schon Übungen gemacht hast, wirst du merken, ob das Lesen und das Üben dich verändert haben – eine Veränderung durch Bewusstheit, eine Veränderung durch Verstehen.

Sich selbst zu erkennen war die wichtigste Forderung der griechischen Philosophen vor 2500 Jahren. Nicht erst seitdem verläuft die Geschichte menschlicher Erkenntnis in zwei Richtungen: Die eine ist die Erkenntnis der äußeren Welt, sowohl der Atome bis ins immer Kleinere als auch des Universums und, wovon man inzwischen ausgeht, mehrerer Universen nebeneinander. Die andere Richtung ist die Erkenntnis der inneren Welt: »Wer bin ich?« Das ist die grundlegende Frage der Philosophie und natürlich der verschiedenen spirituellen Wege in der Welt.

Welche Reise ist spannender – und man kann auch fragen: wichtiger –, die nach außen oder die Reise nach innen? Ist es wichtiger, zum Mars zu fliegen oder den inneren Grund zu entdecken? Ich glaube, dass die Kenntnis der äußeren Welt so weit fortgeschritten ist, dass Technik, Physik und Medizin so weit entwickelt sind, dass die Entwicklung des Menschen und seines Bewusstseins gefährlich hinterherhinkt. Wahrscheinlich hängt gegenwärtig die Lösung vieler Fragen nicht vom technischen Fortschritt ab, sondern vom menschlichen Fortschritt, vom Fortschritt des Bewusstseins.

Tatsächlich ist Bewusstseinsentwicklung für alle da, sie macht das Leben reicher, spannender und nicht zuletzt befriedigender und glücklicher. Es ist mein Wunsch, dass dieses Buch dazu beiträgt und positive Veränderung in deinem Leben bewirkt.

Der große indische Weise H.W. L. Poonja (siehe Seite 349 und 351) hat das Geheimnis des Loslassens unnachahmlich auf den Punkt gebracht: »Du musst alles loslassen, was du nicht hast.« Das ist nur auf den ersten Blick verwirrend, aber dann glasklar. Deine Gesundheit und auch all das Sinnvolle, das du dafür tust, brauchst du nicht loszulassen. Aber die Sicherheit, dass du nächstes Jahr auch noch gesund bist, und der Glaube, dass du nur gesund glücklich sein kannst, sind nur ausgedacht; sie hast du nicht wirklich, und wenn du sie loslässt, wirst du freier. Das Unbewusste weiß sowieso, dass es die Sicherheit nicht gibt. Wenn du glaubst, ohne Gesundheit nicht glücklich zu sein, wird dein Denken ständig im Konflikt mit dem unbewusten Wissen sein, und auftauchende Gedanken und Gefühle müssen verdrängt werden.

So kommt es dazu, dass 95 Prozent der Gedanken nichts als Vermeidung und Ablenkung sind. Die können losgelassen werden. Alle Wünsche, die dem Akzeptieren und Annehmen des Lebens, wie es jetzt ist, im Wege stehen, sind besser loszulassen. Und wieder: Du hast die Wünsche nicht, darum ersehnst du dir ja die verschiedenen Objekte. Und so trifft es wieder zu: alles loslassen, was du nicht hast.

Und die Reise geht weiter. Selbstverwirklichung, Erleuchtung, Aufwachen oder Erwachen: Die Worte bezeichnen alle dasselbe. Der Weg dorthin wird oftmals als eine Abwendung von der Welt verstanden. Doch der erfolgreiche Weg setzt ganz im Gegenteil Lebendigkeit und ein authentisches Leben voraus. Diese tiefgreifende Transformation geschieht in den letzten Jahren in meinen Seminaren immer häufiger, in nahezu jedem wachen mehrere Menschen auf. Hätte jemand das vor 20 oder 30 Jahren prognostiziert, man hätte gedacht, er leide unter Realitätsverlust. Das Aufwachen verbreitet sich, ziemlich leise, und es beginnt gerade erst langsam in der Mitte der Gesellschaft anzukommen und ein Teil des öffentlichen Diskurses zu werden – wieder zu werden, muss man sagen, weil es das früher eigentlich immer war. Auch da bewegen wir uns auf Normalität zu.

Das Erfahrene vertiefen

Wer an Seminaren und Retreats zur Persönlichkeitsentwicklung oder Weiterbildungen mit mir interessiert ist, findet Informationen unter *www.zeitundraum.org* und *www.karen-horney-institut.de.* Im Sommer finden 14-tägige Retreats statt; über das Jahr verteilt und in verschiedenen Städten Deutschlands, Österreichs und der Schweiz finden fünftägige oder Wochenend-Seminare statt.

Es gibt auch dreijährige Fortbildungen, in denen man Methoden und Übungen zu den 7 Schritten des Loslassens erlernt – für sich selbst und auch, wenn man will, um andere Menschen kompetent begleiten zu können.

Übungspartner und Bewusstheitsgruppen

Wer daran interessiert ist, die Übungen mit anderen zusammen zu machen oder Übungspartner zu finden, kann Gruppen in der Nähe unter *www.zeitundraum.org/Bewusstheitsgruppen* finden. Die Bewusstheitsgruppen werden von erfahrenen Personen geleitet, die lange Zeit bei mir ausgebildet wurden.

Einzelbegleitung

Wer eine Zeit lang an einer professionellen Begleitung interessiert ist – als Unterstützung des persönlichen Wachstums oder um die Übungen fundierter kennenzulernen –, findet auf der Website *www.karen-horney-institut.de* unter *Mentoren* und *BITEP-Therapeuten* eine Liste von bei mir ausgebildeten, qualifizierten Personen in Deutschland, Österreich und der Schweiz.

Literatur & CD/DVD-Tipps

Beland, Hermann: *Unaushaltbarkeit. Psychoanalytische Aufsätze II zu Theorie, Klinik und Gesellschaft II.* Psychosozial-Verlag 2011

Bucay, Jorge: *Komm, ich erzähl dir eine Geschichte.* Fischer Taschenbuch Verlag 2007

Fromm, Erich: *Haben oder Sein. Die seelischen Grundlagen einer neuen Gesellschaft.* dtv 2005 (New York 1976)

Gallwey, W. T. u. a.: *Inner Game Stress.* Allesimfluss-Verlag 2012

Hellinger, Bert: *Innenreisen: Erfahrungen – Betrachtungen – Beispiele.* Kösel Verlag 2007

Horney, Karen: *Neurose und menschliches Wachstum. Das Ringen um Selbstverwirklichung.* Fischer Taschenbuch Verlag 1985 (New York 1950), S. 16, 204; Nachdruck: Verlag Dietmar Klotz 2007

Jaxon-Bear, Eli: *Das spirituelle Enneagramm.* Goldmann Arkana 2009

Jaxon-Bear, Eli: *Plötzliches Erwachen. Ego, Seele und direkte Selbsterkenntnis.* Goldmann Arkana 2006

Johnson, Leland hinterließ keine Schriften außer einem Artikel in: Petzold, Hilarion: *Die neuen Körpertherapien.* Junfermann Verlag 1972

Levine, Peter: *Sprache ohne Worte. Wie unser Körper Trauma verarbeitet und uns in die innere Balance zurückführt.* Kösel Verlag 2010

Meyer, Christian: *Aufwachen im 21. Jahrhundert – Die größte Herausforderung deines Lebens.* Verlag J. Kamphausen 2016

Meyer, Christian/Winklhofer, Angelika: *Neun Farben der Stille. Das spirituelle Enneagramm und Selbsterfahrung.* Verlag zeit-und-raum 2016

Meyer, Christian: *7 Schritte zum Aufwachen.* Doppel-DVD. Tao Cinemathek im Verlag J. Kamphausen 2014. (Der Autor erläutert hier die von ihm (weiter)entwickelten Partnerübungen, u. a. die Bewusstheitsübung von S. 142, und demonstriert sie mit Seminarteilnehmern.)

Meyer, Christian: *Bewegungsübung.* CD und MP3-Download, Verlag zeit-und-raum, www.zeitundraum.org

Meyer, Christian: *Tonübung.* CD und MP3-Download, Verlag zeit-und-raum, www.zeitundraum.org

Meyer, Christian: *Yoga zum Aufwachen.* DVD Verlag zeit-und-raum 2011 (Übung S. 290 auf der DVD: »Strömungs-Yoga«)

Poonja, H. W. L. : *Wach auf, du bist frei.* Verlag J. Kamphausen 1993

Tolle, Eckhart: *Jetzt. Die Kraft der Gegenwart.* J. Kamphausen 1998

Glossar

Hermann Beland: geb. 1933; deutscher Psychoanalytiker. Veröffentlichungen zur Psychoanalyse gesellschaftlicher Konflikte, zu Persönlichkeitstheorie, Traumforschung und Behandlungstheorie.

Wilfred Bion: 1897–1979; britischer Psychoanalytiker; bahnbrechende Arbeiten über das Denken und den Zugang zu tieferen Erfahrungen.

Meister Eckhart (Eckhart von Hochheim): 1260–1328; deutscher Theologe, Philosoph und Mystiker.

Existenzialisten: Vertreter der französischen philosophischen Strömung der Existenzphilosophie nach dem 2. Weltkrieg, u. a. Jean-Paul Sartre, Simone de Beauvoir, Albert Camus und Gabriel Marcel.

Sigmund Freud: 1856–1939; österreich. Neurologe, Tiefenpsychologe und Kulturtheoretiker; einer der einflussreichsten Denker des 20. Jahrhunderts. Begründer der Psychoanalyse.

Erich Fromm: 1900–1980; deutsch-US-amerikan. Psychoanalytiker, Philosoph und Sozialpsychologe. Autor u. a. von »Die Kunst des Liebens« (1956) und »Haben oder Sein« (1976).

Gestalttherapie: Von Fritz Perls zusammen mit Laura Perls und Paul Goodman um 1950 begründete Therapieform; mehr dazu ab Seite 301.

Karen Horney: 1885–1952; deutsch-amerikan. Psychoanalytikerin. Sie entwarf neue Wege in der Psychoanalyse und inspirierte die Begründer der Humanistischen Psychologie; siehe auch Seite 6.

Humanistische Psychologie: begründet von Karl R. Rogers, Fritz Perls, Abraham Maslow u. a. Ihr Ziel: nicht nur therapeutische Arbeit, sondern Wachstum und Selbstverwirklichung, die Entfaltung einer gesunden, schöpferischen Persönlichkeit.

Eli Jaxon-Bear: geb. 1947; US-amerikan. spiritueller Lehrer und Autor, Schüler von H. W. L. Poonja; brachte das Enneagramm nach Europa.

Leland Johnson: 1932–2003; US-amerikan. Psychologe und spiritueller Lehrer, Schüler von Fritz Perls. Gründer der Gestalt-Körpertherapie, die er mit reichianischer Körperarbeit, Yoga, Meditation und anderen östlichen Methoden verband; Brückenbauer zwischen Ost und West.

C. G. Jung: 1875–1961; Schweizer Psychiater, Begründer der analytischen Psychologie. Erforschte die spirituelle Dimension des Menschen.

Jiddu Krishnamurti: 1895–1986; indisch-US-amerikan. Philosoph, Autor, spiritueller Lehrer. Seit 1945 Vorträge u. Seminare in der ganzen Welt.

Peter Levine: geb. 1942; Biophysiker, Psychologe, Körperpsychotherapeut und Autor, spezialisiert auf somatisch ausgerichtete Traumatherapie.

Ignatius von Loyola: 1491–1556; Gründer des Jesuitenordens; entwickelte mit den »geistigen Übungen« einen spirituellen Weg.

Ramana Maharshi: 1879–1950; indischer Lehrer des Advaita-Vedanta; empfahl die Ergründung des Selbst anhand der Frage: »Wer bin ich?«

Abraham Maslow: 1908–1970; US-amerikanischer Psychologe, Mitbegründer der Humanistischen Psychologie.

Claudio Naranjo: geb. 1932 in Chile; US-amerikan. Mediziner, Psychiater, Gestalttherapeut sowie Meditations- und Enneagramm-Lehrer.

Osho (Bhagwan Shree Rajneesh): 1931–1990; indischer Philosoph, spiritueller Lehrer, Begründer der Neo-Sannyas-Bewegung (Sannyasins).

Fritz Perls: 1893–1970; deutsch-US-amerikan. Psychiater und Psychotherapeut. Schüler von Karen Horney und Wilhelm Reich. Mit Laura Perls und Paul Goodman Begründer der Gestalttherapie.

H. W. L. Poonja (auch Papaji genannt): 1910–1997; indischer spiritueller Lehrer, Schüler von Ramana Maharshi; lehrte den Weg der plötzlichen Erleuchtung, ohne Übungen, nur durch Selbsterforschung.

Psychoanalyse: Theorie über unbewusste psychische Vorgänge sowie anerkannte Behandlungsform; um 1890 von Sigmund Freud begründet.

Wilhelm Reich: 1897–1957; österr.-US-amerikan. Psychiater, Psychoanalytiker, Sexualforscher, Soziologe; entwickelte die Charakteranalyse; Begründer der körperorientierten Psychotherapie.

Johannes Tauler (1300–1361): deutscher Theologe, Mystiker, Prediger und Schüler von Meister Eckhart.

Transpersonale Psychologie: erweitert die klassische Psychologie um philosophische, religiöse u. spirituelle Aspekte sowie spirituelle Techniken.

Über-Ich: Begriff aus der Psychoanalyse; die innere moralische Instanz oder das Gewissen (neben den beiden anderen Instanzen Es und Ich).

Irvin David Yalom: geb. 1931; US-amerikan. Psychoanalytiker, Psychotherapeut und Schriftsteller; Vertreter der existenziellen Psychotherapie.

Zen-Buddhismus: Übungspraxis, um ganz im gegenwärtigen Moment zu sein und so innere Stille, Leere und ggf. Erleuchtung zu erfahren.

Der Arkana Verlag weist ausdrücklich darauf hin, dass im Text enthaltene externe Links vom Verlag nur bis zum Zeitpunkt der Buchveröffentlichung eingesehen werden konnten. Auf spätere Veränderungen hat der Verlag keinerlei Einfluss. Eine Haftung des Verlags ist daher ausgeschlossen.

Dieses Buch ist auch als E-Book erhältlich.

FSC
www.fsc.org
MIX
Papier aus verantwortungsvollen Quellen
FSC® C014496

Verlagsgruppe Random House FSC® N001967

1. Auflage
Originalausgabe

Neumarkter Straße 28, 81673 München
Lektorat: Felicitas Holdau
Umschlaggestaltung: Uno Werbeagentur, München
Umschlagmotiv: Gettyimages/picturegarden
Bildnachweis: Noun Projekt: Icon Blüte (Andrew Was); Shutterstock: Icon Buch (stoklaima), Figuren (Fabrika Taz), Matte (Valeriya Kozoriz); S. 216 (Accent)
Satz: Felicitas Holdau
Druck und Bindung: GGP Media GmbH, Pößneck
Printed in Germany
ISBN 978-3-442-34204-4

www.arkana-verlag.de